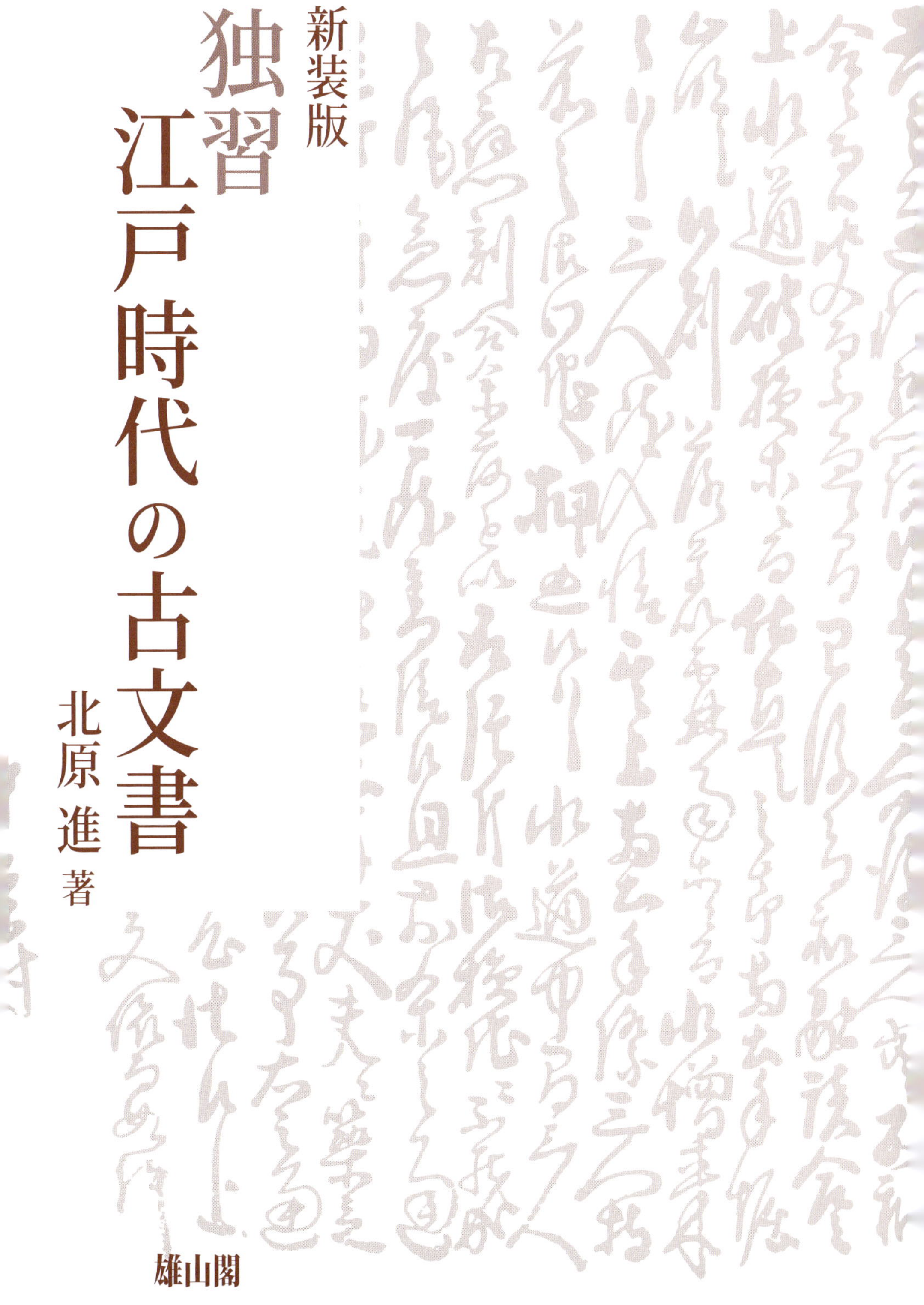

新装版

独習 江戸時代の古文書

北原 進 著

雄山閣

はじめに—これからの古文書学習—

一　多くなった講座や展示

「古文書」と呼ばれる未刊の文献資料群は、いまや誰にも身近なものになっている。かつては大学の古文書学講義の講座を聞き、一年間かけて単位を取ったからといって、古文書を自由に読めたり解釈したりすることは、ほとんど無理な話であった。しかし最近では、実物でなくても精巧なコピーや写真版を手にすることができ、ある程度基礎的な読み方や解釈の仕方に慣れれば、独習も不可能ではなくなっている。

特に近世（江戸時代）古文書の解読法の解説書や練習帳のような本が、いろいろと出まわっているし、カルチャーの講習や大学の公開講座にも、歴史資料の読み方に関する時間がたいてい置かれている。これもひと頃では想像もつかなかったような、歴史学習環境の大変化である。

ただふつうには、それほど多種多様な古文書のコピーや写真版を持っている人は少ない。実物史料はもちろんである。練習用のテキストだって、何冊も持てばそれだけ多様な資料・古文書に会えるかも知れないが、現実にはそんなに手元に置くことはない。またその必要もないと思う。古書店のパンフレットやデパートの展示会の解説に載った古文書の写真を丹念に集め、これをテキストとして独習している熱心な人がいたが、工夫と努力によっては、このようなことも出来るという見本である。だが、これまた大変なことである。

一方、もっと古文書を正確に読み、正しく解釈できるようになりたいと願っている人もまた、非常に多い。カルチャーなどの講座が絶えない理由もここにある。

二　接する機会は多いほど良い

著者がこれまで多少経験してきた大学やカルチャーセンター、博物館での講座などから、古文書の学習、特に独習について言えることは、まず、最も基礎的な、易しいテキストをたくさん読むことである。そして次に、正しく読めるようになった文書を、何度も、繰り返し読むことである。どれほど見飽き、読み飽きた古文書でも、それが写真であれ、実物であれば一層、何回でも見、何度も読み返すことである。これは大変詰まらない、また根気のいる学習法である。辛いかも知れないが、本当に古文書の力のつく方法であると、自信を持ってお奨めできる。

それは最も基礎的な読解力が、実力として蓄積されるからであろう。しかもその実力は必ず応用が効く。ずっと難しい、程度の高い文書であっても、これまで見たこともない崩し字や語句に出会っても、確実度の高い推定ができたり、「何とか読める」ようになってくるのである。いささか乱暴な説明であるが、これも著者がたびたび体験してきたことである。

第三に、いろいろ多様な古文書・史料の文字や言葉に出会う機会を、数多く持つこと、自らそのように努力することである。

近世古文書は、武家・寺社・公家の文書から村方名主の民政文書、商人の経営資料、個人の書簡から記録、文芸的な文献にいたるまで、まさに多種多様なものがある。さらに、木版本と呼ばれる出版物が非常に多い。これまた種類も多いし、文字や語句も多様である。これらのすべてに通ずることは困難なことかも知れないが、考えてみれば近世社会に生きた人々は、それら多くの文献や文字に囲まれて生きていたのである。幸いなことに、近世の古文書類には、いわゆるお宝もの・偽物の類が極めて少ない。一部の有名人や有名事件にかかわるものに偏って、それがあることは確かである。だが、近世古文書で金儲けとか、財産づくりしようという試みはたいてい失敗する。

こうしたことも近世文書の特徴といえるが、ともかくも多くの文書・記録・文献史料類に、触れる機会をたくさん持つことが、実力を高めるためにぜひ必要なことである。

もう一度まとめておこう。

㈠正しく読んだ古文書を、何度も、繰り返し読んで、古文書・史料の言い回し、口調に慣れる。

㈡易しい文書をたくさん見、かつ読む。その機会を増やすよう努力する。写真でも、木版本でも、ともかく多くの文書・文字に触れる。

㈢そのためには展覧会など、古文書の公開・展示に努めて出ていく。解読文が誤読している場合もあるから、それを見付けるくらい、頑張って読む。

㈣独習しながらも、一緒に読む仲間を見付ける。互いに遠慮せず聞き合い、教え合える同学の士がいることは、共にレベルアップできる絶好のチャンス。こうしたことの積み重ねが、上達への道であると著者は考えている。

三　取り上げた古文書

本書のテキストとした古文書類はかなり多様であり、選び方も恣意的である。しかも近世文書の全体像からすればほんの一部に過ぎない。また易から難へと並べてある訳ではない。しかし、日頃あまり古文書に接する機会のない、あるいは古文書の入門講座ぐらいは受けたが、いわゆる中級・上級の講座を受けたことのない方の要望には、多少とも応じ得ることを念頭に入れた。

こんな文書もある、このような史料にも出会っておいたら、というお節介な気持でえらんだテキストもある。ともかく著者の身のまわりで選択したものを、あれこれ多様に引っ張り出して、解説を加えたものである。著者としては、不満足なできであるが、本書をうまく利用して下さり、古文書愛好者の方々が、ひとりでも多く育って下さることを願っている次第である。

なお、文字は原則として新字を用いたが、解読文や筆法などでは必要に応じて旧字を使用している。

独習　江戸時代の古文書　目次

本書は、底本を二〇〇二年八月刊行『独習　江戸時代の古文書』を新装し、刊行したものである。
株式会社 雄山閣 編集部

X　宗教

I　法度と触書

1、元禄二年六月　覚（生類あわれみ令）

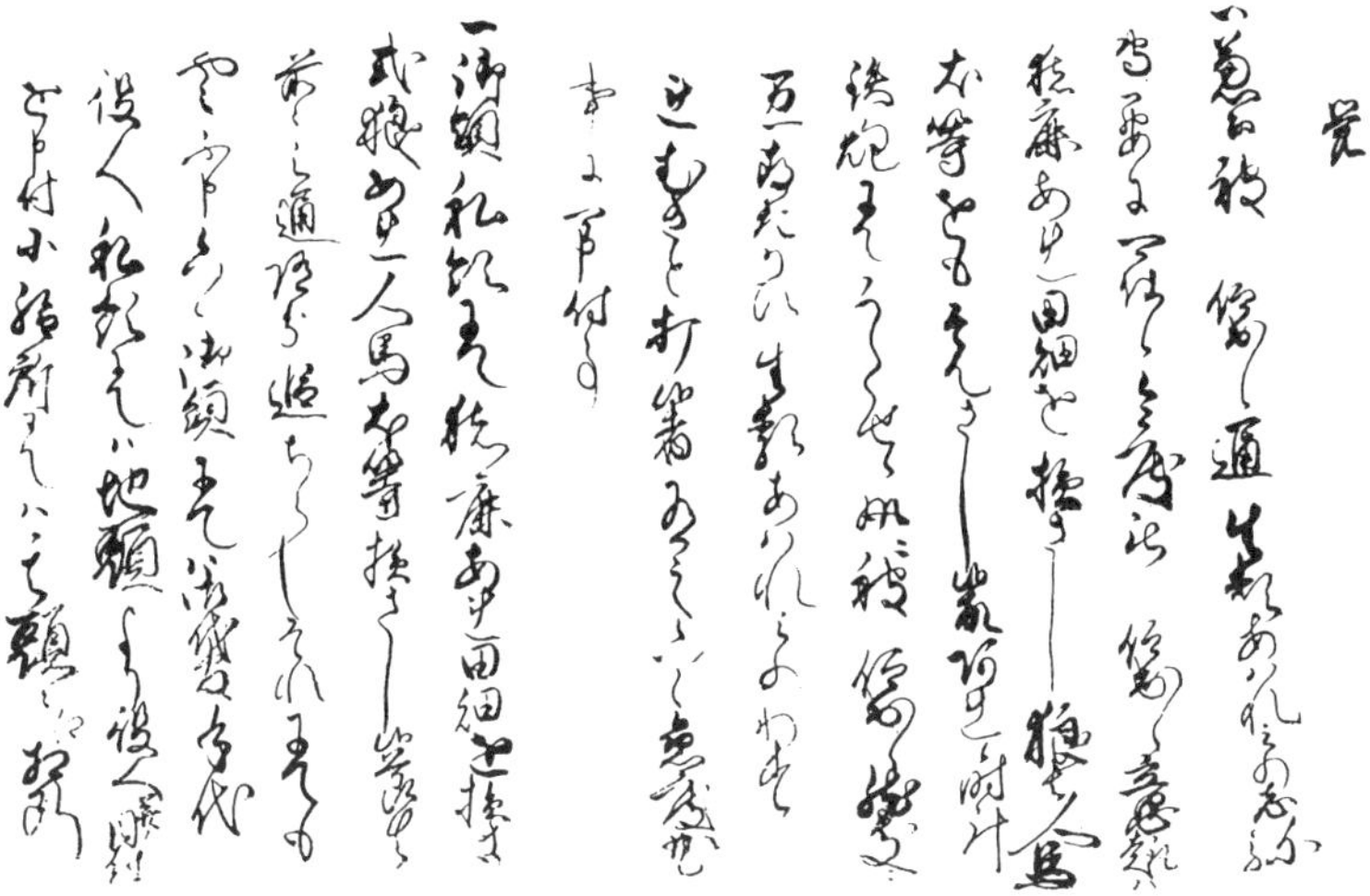

【解読文】

覚

一兼而被　仰出候通、生類あハれミの志、弥
専要に可仕候、今度被　仰出候意趣ハ
猪鹿あれ田畑を損さし、狼者人馬
犬等をもそんさし候故、あれ候時計
鉄炮にてうたせ候様ニ被　仰出候、然處ニ
万一存たかひ生類あハれミの（「心」脱）わす
れ、むさと打候者有之候ハヽ、急度曲
事に可申付事

一御領私領にて猪鹿あれ田畑を損さし、
式（或）狼あれ人馬犬等損さし候節者、
前々之通随分追ちらし、それにても
やミ不申候ハヽ、御領にてハ御代官手代
役人、私領にてハ地頭より役人并目付
を申付、小給所にてハ其頭々江相断

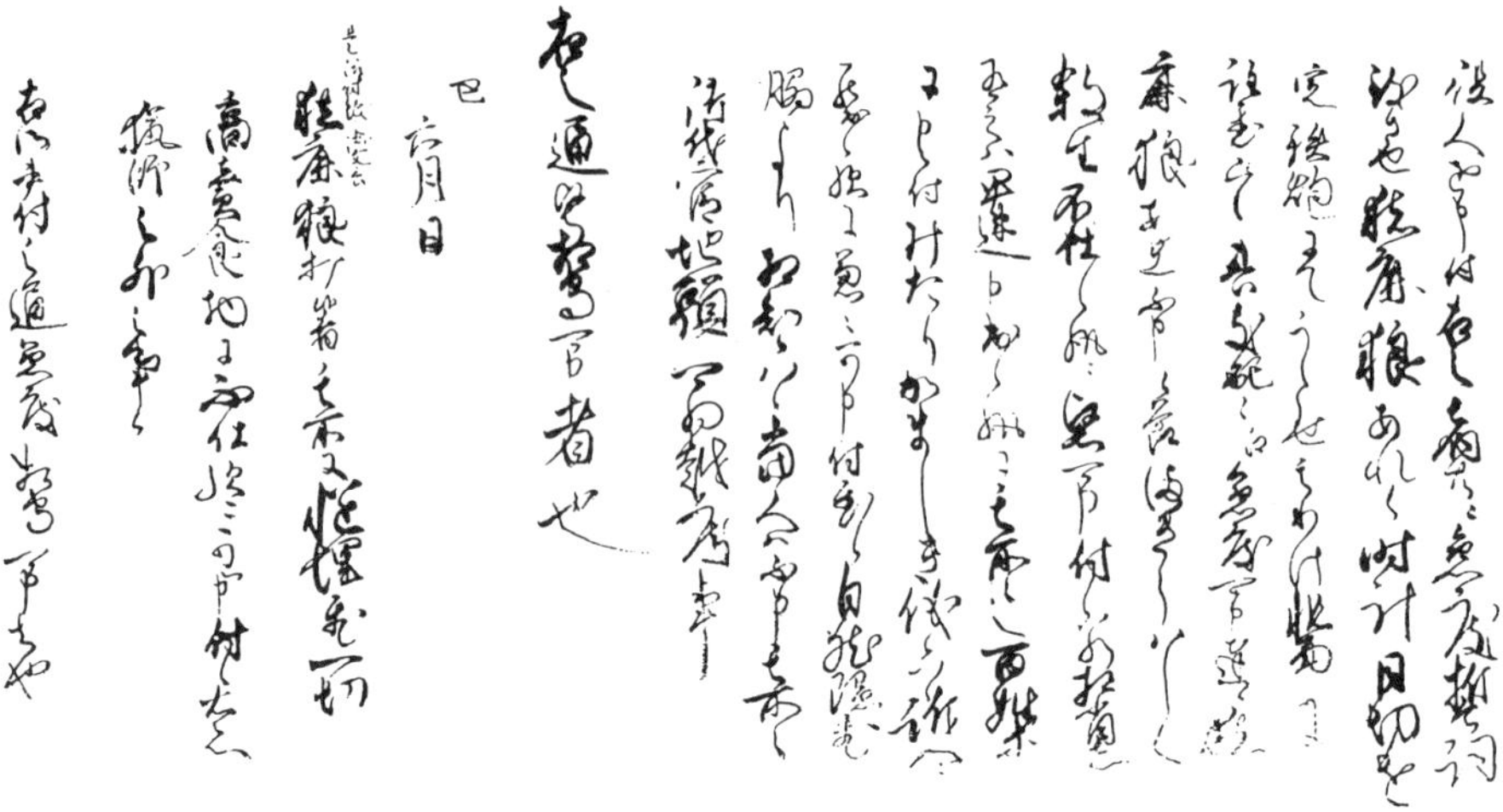

役人を申付、右之者共ニ急度誓詞
致させ、猪鹿狼あれ候時計日切を
定鉄炮にてうたせ、其わけ帳面に
註置之、其支配々江急度可申達候、猪
鹿狼あれ不申候節まきらハしく
殺生不仕候様ニ堅可申付候、若相背者
有之ハ早速申出候様に、其所々之百姓等
に申し付、みたりかましき儀候ハヽ、訴人ニ
罷出候様に兼々可申付置候、自然隠置
脇より相知候ハヽ、当人ハ不（「及」脱）申、其所々（之）
御代官地頭可為越度事
右之通堅相守可申者也

巳六月日

是ハ御付紙の御文言
猪鹿狼打候者其所に慥埋置、一切
商売食物に不仕様ニ可被申付候、右者
猟師之外之事候
右御書付之通急度相守可申者也

元禄二巳年七月日

【読み下し文】

覚

一、兼て仰せ出され候通り、生類あわれみの志、いよいよ専要に仕るべく候、今度仰せ出され候意趣は、猪鹿あれ、田畑を損ぜさし、狼は人馬犬等をも損ぜさし候故、あれ候時ばかり、鉄炮にて打たせ候ように仰せ出され候、然る処に、万一、存じ違い、生類あわれみの（心）忘れ、むざと打ち候者これ有り候わば、きっと曲事に申し付くべき事。

一、御領・私領にて猪鹿あれ、田畑を損ぜさし、或いは狼あれ、人馬犬等損ぜさし候節は、前々の通り、随分追いちらし、それにても止み申さず候わば、御領にては御代官、手代、役人、私領にては地頭より役人ならびに目付を申し付け、小給所にては、その頭々へ相断り役人を申し付け、右の者共にきっと誓詞致させ、猪鹿狼あれ候時ばかり日切を定め、鉄炮にて打たせ、そのわけ帳面にこれを註し置き、その支配支配へきっと申し達すべく候、猪鹿狼あれ申さず候節、まぎらわしく殺生仕らず候ように堅く申し付くべく候。若し相背く者これあらば、早速、申し出で候様に、その所々の百姓等に申し付け、みだりがましき儀候わば、訴人に罷り出で候様に兼々申し付け置くべく候。自然隠し置き、脇より相知れ候わば、当人は申さず（申すに及ばず）、その所の御代官・地頭、越度たるべき事。

右の通り堅く相守り申すべき者也

巳の六月日

是は御付紙の御文言
猪鹿狼打ち候わば、その所に慥かに埋め置き、一切商売、食物に仕らざる様に申し付けらるべく候、右は猟師の外の事に候
右御書付の通り、きっと相守り申すべき者也
元禄二巳年七月日

【語　釈】（○内の数字は本文の行数を示す。以下同）③専要…最も大切なこと。④損さし…損ぜさせ（そこなう）の意。⑦存たかひ…存じ違い、心得違いをして。⑧むさと…わけもなく。無分別に。⑧曲事…罪科。⑩御領…御料とも書く。幕府領（天領）。⑩私領…大名・旗本の領地。⑫随分…極力。大いに。⑬手代…代官の配下にあって事務に従った小役人。⑮小給所…御家人や諸侯の家来などの小領地。㉓みたりがましき儀…「みだりがわし」ともいい、ここでは、無法なこと。勝手な行動の意。㉔自然…万一。もしも。㉖越度…罪。あやまち。「おちと」とも読む。

【解　説】この法令は元禄二年（一六八九）六月二十八日に出されたもので、『徳川実紀』（徳川幕府の正史）第六篇に同意の和文が載っている。二か条とも田畑を荒らす猪・鹿など人馬や犬に害をおよぼす狼に対する心得である。第一条はそれら害獣が被害を与える時だけ鉄砲を使うことを許し、第二条では第一条の心得と運用で、できるだけ追い払い、それでも被害がやまなければ支配所から担当役人を出し、誓詞を提出させた上で、日限をきめて鉄砲を使い、そのことを帳面に註し置くようにとしている。最後は「御付紙の御文言」とあり、打ち倒した害獣は必ず埋めて、（毛皮や肝を）売ったり（肉を）食べてはならない、ただしそれを商売にする猟師を除くとしている。この文言も『徳川実紀』に「又…」と続いて出ているから、やはり六月二十八日に同時に発布されたもので、末尾に「七

月日」とあるのは、この写を実際に発布した尼崎藩（当時青山氏、四万八千石）で発布された月を示している。
第一条の六行目、「あハれミのわすれ」は「憐みの心を忘れ」のことで、第二条二行目の「式」は「或は」の間違い。同一〇行目は「詿置候ハ、」にみえるが、「詿置之」の書き間違い（「之」と小さく訂正している）。一四行目、「申」の下は「申ニ付・申候付」とも読めるが、意味からすると「申し付」と読まねばならない。これも誤字。それぞれ法令を急いで写しとったときの脱字や誤字である。

この文書では、ひらがなに慣れること、特殊なくずし字や異体字の形を覚えることができる。例えば鹿・所・曲・書の形に注目したい。

2、天保七年八月　飢饉のため倹約の触書写

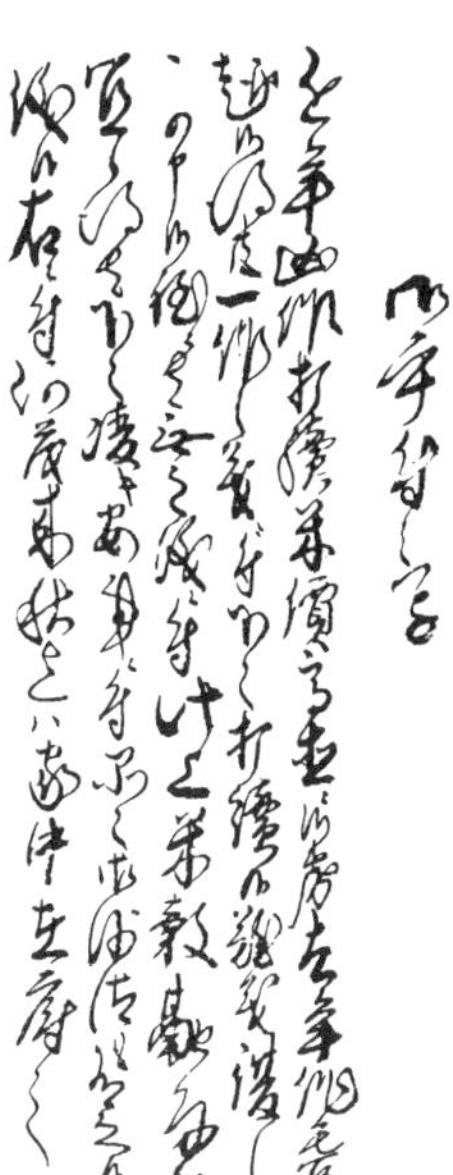

【解読文】

御書付之写

近年凶作打續、米價高直(値)ニ候處、去年作毛宜
趣候得共、一作之義ニ付下々打續候難義復し
可申候程ニ者無之儀ニ付、此上米穀融通
宜候得者下々凌キ安事ニ付、品々御沙汰も有之候
儀候、右ニ付何茂来秋迄ハ家中在府之

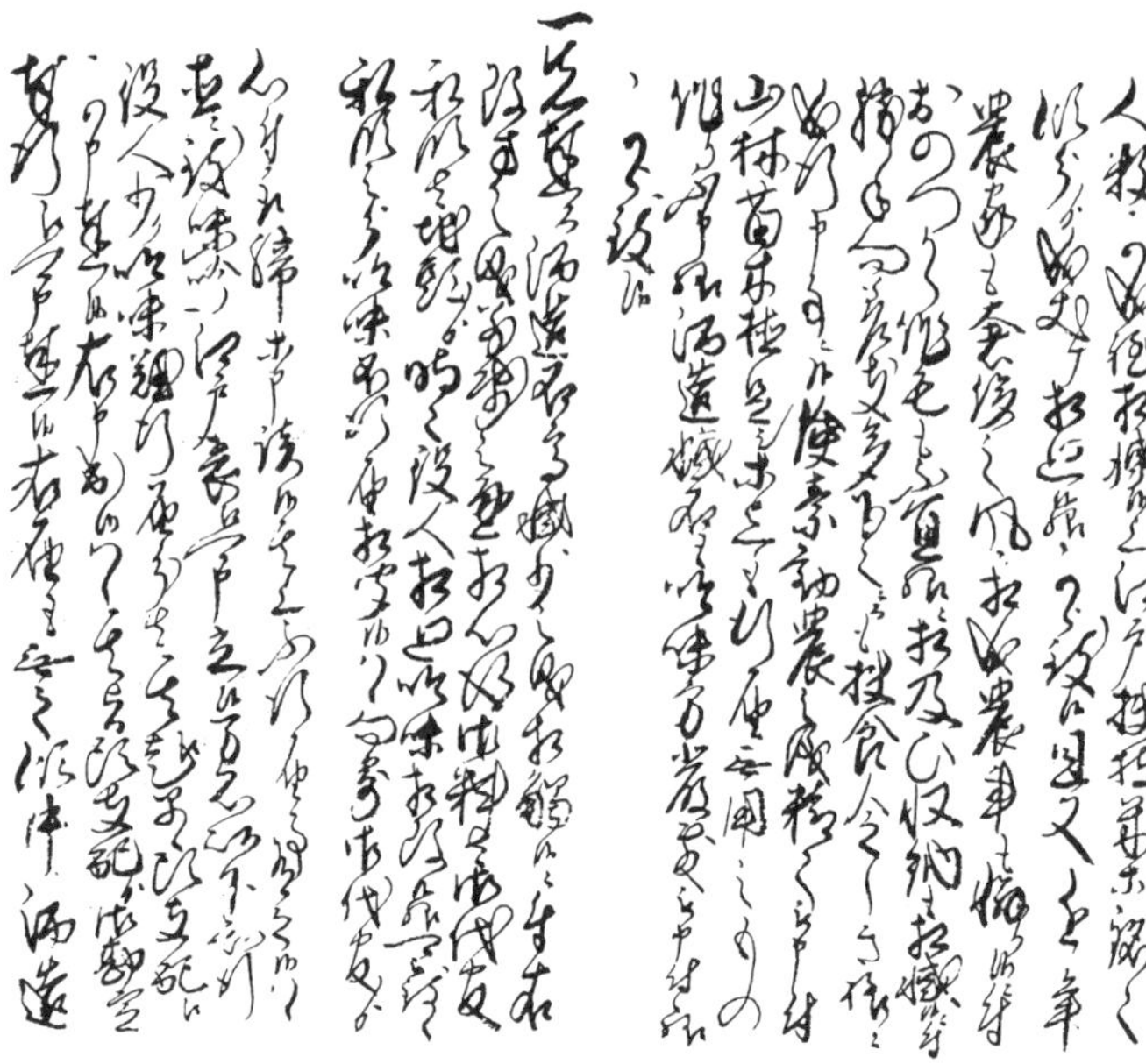

人数可成程相減候上、江戸扶持米等銘々
領分ゟ成丈ヶ相廻候様可被致、且又近年
農家も奢侈之風相成、農事も懈り候ニ付
おのつから作毛も不宜様ニ相及ひ、収納も相減候ニ付
勝手向差支多、下々ニ而も扶食乏しき様ニ
成行申事ニ候、倹素勧農之儀、精々被申付
山林苗木植足シ等迄も行届、無用之もの
作り不申様、酒造減石も吟味方厳敷被申付候様
可被致候

一先達而酒造石高減少之儀相触候ニ付、右
改方之儀、別帋(紙)之通相心得、御料者御代官
私領者地頭ゟ時々役人相廻、吟味相改候様可被致候、
私領之分吟味不行届相聞候ハヽ、向寄御代官
心付取締等申談候、其上不行届事有之候ハヽ、
直ニ致味レ吟(ママ)、江戸表江可申立候、万石以下知行
役人少ク吟味難行届分者、其趣早々頭支配江
可申達候、右申出候ハヽ、其旨頭支配ゟ御勘定
奉行江可申達候、右届も無之、領中酒造

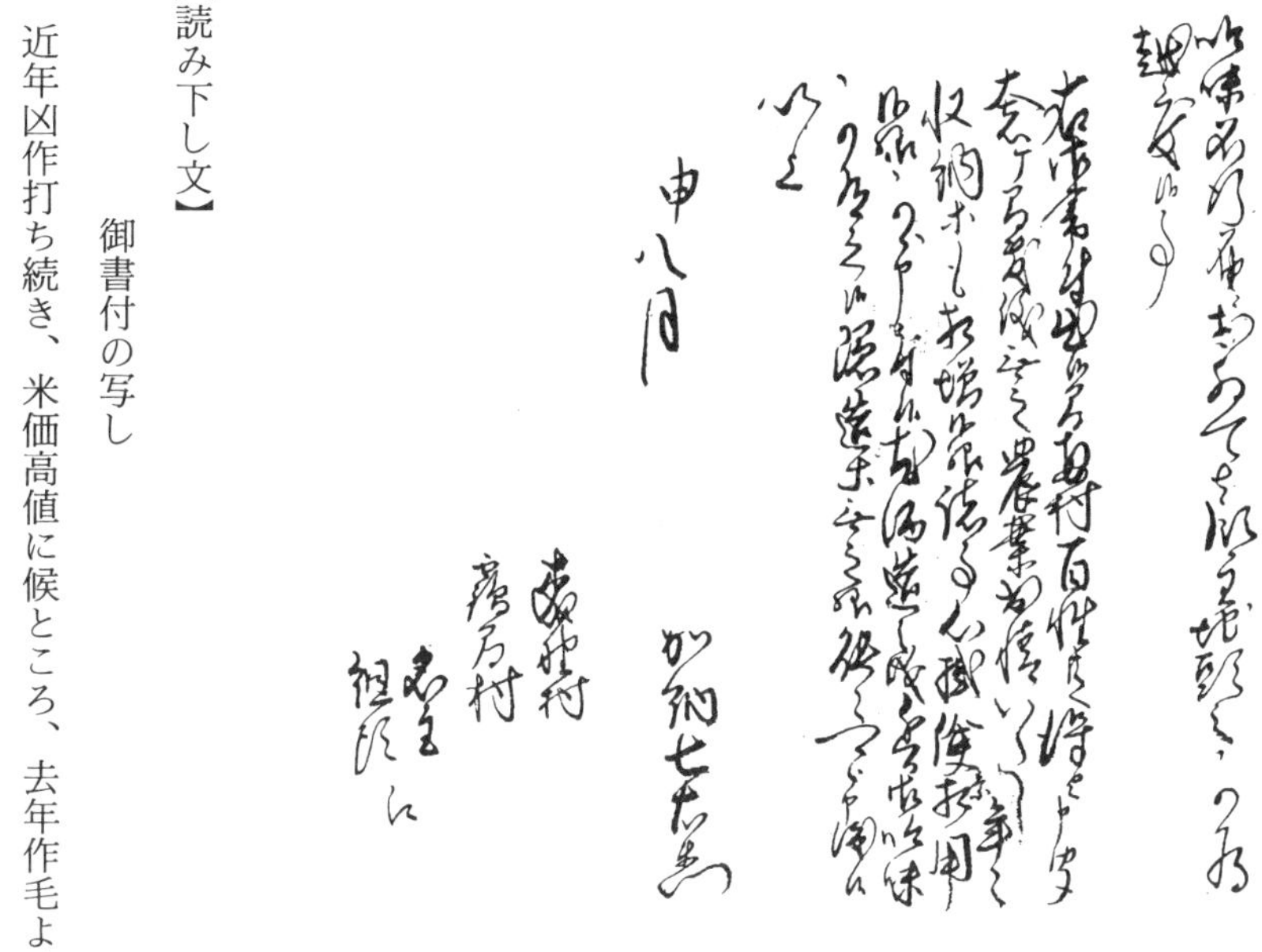

吟味不行届ニおゐて者領主地頭之可為
越度候事
右御書付出候間、両村百性共へ得与申聞、
奢ヶ間敷儀無之、農業出精いたし、年々
収納等も相増候様諸事心掛、倹素相用
候様可被申付候、尤酒造之儀、近日御吟味
可有之候、隠造等無之様能々可被申渡候、
以上

申八月　　　　加納七右衛門

森野村
鶴間村
名主
組頭　江

【読み下し文】

御書付の写し

近年凶作打ち続き、米価高値に候ところ、去年作毛よろしき趣きに候えども、一作の義に付き、下々打ち続き候難儀、復し申すべく候ほどにはこれなき儀につき、この上米穀融通（ゆうづう）宜しく候えば、下々凌ぎやすき事につき、品々ご沙汰もこれあり候儀に候、右に付きいずれも来秋迄は、家中在府の人数なるべく程あい減じ候上、江戸扶持米等、銘々領分よりなるたけ相廻し候よう致さるべく候、且つ又、近年農家も奢侈（しゃし）の風にあい成り、農事も懈（おこた）り候に付き、おのずから作毛も宜しからざるように相及び、収納も相減じ候に付き、勝手向き差し支え多く、下々にても扶食乏しきように成り行き申す事に候、倹素勧農の儀、精々申し付けられ、山林苗木植え足し等までも行き届き、無用のもの作り申さざるよう、酒造減石も吟味方きびしく申し付けられ候よう致さるべく候

一、先達て酒造石高減少の儀相触れ候に付き、右改め方の儀、別紙の通り相心得、御料は御代官、私領は地頭より、時々役人相廻り、吟味相改め候よう致さるべく候、私領の分、吟味不行届き相聞け候わば、向き寄り、御代官より心付け、取締り等申し談じ候、その上不行届きの事これあり候わば、ただちに吟味致し、江戸表へ申し立てべく候、万石以下知行役人少なく、吟味行き届き難き分は、その趣き早々、頭（かしら）支配へ申し達すべく候、右申し出候わば、その旨頭支配より御勘定奉行へ申し達すべく候、右届けもこれなく、領中酒造吟味不行届きにおいては、領主地頭の越度たるべく候事

右御書付出し候間、両村百姓共へとくと申し聞け、奢（おごり）がましき儀これなく、農業出精（しゅっしょう）いたし、年々収納等も相増し候よう諸事心掛け、倹素相用い候よう申し付けらるべく候、尤も酒造の儀、近日御吟味これあるべく候、隠造等これなきよう、よくよく申し渡さるべく候、以上（以下略）

【筆法・語釈】①…書。下の日を略して「出」のような書き方をすることがある。「手」「平」に似ているが、柱書（事書き）の位置であること、付の上にくる字を類推すれば「御書付」と読めるであろう。②…近。「を」の初画がないものに見える。似たくずし字に…「進」や…「遣」がある。②…處。この形は見慣れない。俗字の・をさらにくずして「房」の形に似ている。②作毛…さくもう。農作物（の出来ぐあい）。

③一作…一年分・一回分の農作。⑤・⑨…事。一般的には⑫「申事」のと書かれることの方が多い。⑥在府之人数…江戸邸滞在中の家士の数。⑦…減。相減・減石など、同例が⑩⑭にもある。左側の氵（さんずい）の部分をと書き、右側も下の画数が多いのは、この筆者の癖であろう。⑨懈り…怠りに宛て「オコタリ」と読む。⑪勝手向…経済状態、財政、家計の意。⑪扶食（ふじき）…夫食。食糧、特に庶民の食糧をいうことが多い。⑪之…と書いている。これは誤字。⑫精々…努めて。⑭酒造減石…許可されている酒造の石高を減らす。⑰別紙…「別」をと書く。「前」と見たのは誤り。点の部分が刂（りっとう）に当たる。紙は異体字の帋。形が（決）と間違えやすい。⑲向寄…むきより。今後、段々に。㉑致味吟…「致吟味」の書き違えで返り点が付いている。㉒頭支配…役職の頭、上役。㉔達…「奉」を書いて、下のが辶（しんにょう）である。㉘出情…出精の慣用字。㉙倹素…倹約・質素。

【解　説】旗本が領地の村方（森野村・鶴間村＝現在東京都町田市）に出した触書の写しである。差出人の加納七右衛門は、領主（旗本須藤氏）の用人である（大きな大名領を別として、関東・東海や近畿地方など、中小大名・旗本・寺社の領地が錯綜している地方では、旧領主名さえ分からなくなっていることが多い。幕末・明治維新期について『旧高（だか）旧領取調帳』が参考になる）。

年代の中年は、冒頭の「近年凶作打続」という文から、天明八年（一七八八）と天保七年（一八三六）が候補に上がるが、「凶作が続いて去年だけ作毛が良好であった」という条件からすれば、後者であると判断できる。

全体は三段に分かれ、第一段目は、この通達の総論といえる内容で、前半は、連年の凶作で米価高騰が続いているが、去年の稲作はまずまずの出来であった。だが、一年だけの良作だから、下々の者たちの打ち続く難儀が回復するほどではない。この上にも米がよく出回るようになれば、下々も生活しやすくなるであろう。それに付き、種々御沙汰もあるけれど、いずれにせよ、来年秋までは、家中の江戸滞在者の人数をなるべく減らし、江戸渡しの扶持米(ふちまい)も各自の所領から廻米して渡すように(そうすれば江戸の米をそれだけ消費せずに済む)。それに近年は農家も生活が華美となり、農業を怠るようになったため収穫も減った。倹約と勧農、植林もすすめて無駄なものを作らせない。酒造高も減らすよう厳しく取り調べるように。

第二段目は酒造石高の減少のみに集中している。前もって触れたように、減少の改め方を別紙により通知しておき、支配ごとに厳重に吟味して、もし不行届があれば領主の越度とするとしている。

第三段目は地頭所(旗本)から百姓に申し聞かせ、農業出精と倹素を守らせ、近く酒造の吟味が行われるので密造酒など出ないようにせよ、と付加したもの。

この古文書の史料としての面白さは、江戸の米価を高騰させないように江戸在勤武士を減らし、在勤者への給与米も領地から回送したものにするように、としている点である。次に酒造米を減らして食糧米を確保しようとしていることである。その背景には、農民生活が華美になり、倹素が忘れられたことが収納を減少させ、扶食を乏しくしたという、領主の認識があったことが分かる。米価が高騰すると、すぐに酒造米を減石させることも通例のように行われており、旗本須藤氏の領地では森野村に酒造株を持って経営していた者もいた。

3、天保九年　法度書

【解読文】

前々ゟ之法度并被　仰出等有之義者、弥可
奉守候、且又博奕御法度之儀者何れも兼而相心
得居申事なから、間ニハ心得違候族有之哉ニ候、
不埒之至奉恐入候事ニ付、是又厳重ニ相嗜
可申候、且隣家組内ゟ急度心付、精々世話可致、
宿致し候ものハ、當人ゟも厳敷可為越度候、
依之夜四時後通行致間敷候、若用事有之節ハ
無挑燈にて出申間敷候、尤役人分ハ締之
為、無挑燈ニて相廻候事可有之、并當所前々の
掟之通、四時過無挑燈にて通行致し候もの者
夜番之ものゟ差咎メ可申候、若又不相咎、差通シ
候ハヽ、夜番之もの可為越度候、但し旅人并近在之
ものに候ハヽ、差通し可申候、若不審なるもの有之
候ハヽ、最寄之役人手前に可申届候、且亦宿内
無挑燈にて通行致し候ハヽ、名前を承り、是又役人

の手前へ可申届事

【読み下し文】

前々よりの御法度並びに仰せ出されなどこれある義は、弥々守り奉るべく候。且つ又、博奕御法度の儀は、何れも兼ねて相心得居り申す事ながら、間には心得違い候族これあるやに候。不埒の至り、恐れ入り奉り候事に付き、これ又厳重に相たしなめ申すべく候。且つ、隣家・組内より、きっと心付け、精々世話致すべし。宿致し候者は、当人よりも厳しく越度たるべく候。これにより夜四つ時後、通行致すまじく候。若し用事これある節は、無挑燈にて出で申すまじく候。尤も役人分は締りのため、無挑燈にて相廻り候事これあるべし。並びに当所前々の掟の通り四つ時過ぎ無挑燈にて通行致し候者は、夜番の者よりさし咎め申すべく候。もし又相咎めず、差し通し候わば、夜番の者の越度たるべく候。但し旅人並びに近在の者に候わば、差し通し申すべく候。もし不審なる者これあり候わば、最寄の役人手前に申し届けべく候。且つ又、宿内無挑燈にて通行致し候わば、名前を承り、これ又、役人の手前へ申し届くべき事。

【筆法・語釈】③間ニハ…中にはの意。③哉…くずし字はが多く、この字形になることは少ない。④相嗜…老はと書き「左」のくずし字に似る。博奕御法度の儀を厳重に心得おくように、の意である。窘（たしなむ）の宛字ではない（他人の不心得を注意することになり、次行の周辺の者の注意をうながした文と二重になる）。⑤急度…必ず・きちんと・心を引き締めての意。屹度とも書く。⑤且隣家〜可致…隣家や組内など近隣者が互いにきちんと気を付け、日ごろより（精々）注意しあう（世話）べきである。⑥宿…ここでは博奕の開帳場。宿の提供者にも多額の所場代や心付けが入った。⑥越度…おっと・おちど。近世では不法行為を指し、罰せらるべきことをいう。過失・あやまちより重い意味をもつ。⑦四時後…大体午後十時を過ぎた頃。後述「時間の表し方」を参照。⑧役人分…分は役職・身分を意味し、百姓分の語もある。「役人の職分の者」の意。⑪差咎メ・差通し…差は動詞につく接頭語で意味を強める。⑭役人手前…役人の手元。役人のところ。

＊時間の表し方……近世の時刻法には、辰之刻・申ノ刻のように十二支で示す定時法と、お八ツ・暮六ツなどと表される不定時法があった。定時法は深夜を子（ね）とし、二時間おきに丑（うし）・寅（とら）…と二十四時間を十二等分する、古代から行われた方法である。不定時法は近世に特徴的な生活時法で一日を日の出・日の入りで昼夜に分け、それぞれ六ツに分ける。だから、春分・秋分の頃は昼夜とも、一ツの時間は約二時間ずつだが、夏は、昼の一ツが夜より長く、冬はその逆になる。そして夜半を九ツとして八ツ・七ツと数を下げ、正午をまた九ツとする。明と暮の六ツはほぼ午前・午後の六時となる。古代の時報に鐘や太鼓を、その数だけ打ったことによる呼称である（32頁参照）。

【解　説】鳥取県八頭（やず）若桜（わかさ）町は鳥取市の東南、兵庫県・岡山県に接する山間にある。町南の鶴尾山に鬼ケ城があり（元和三年の一国一城令で廃城）、姫路に通ずる城下・宿場町であった。近世においては鳥取藩に属し、盆地のような地形と播磨・但馬との国境要地から、若桜目付（めつけ）が特に置かれて行政に当たらせ、別置の代官所が年貢など民政を担当した。幕末には境界警衛のため番所が置かれている。

若桜宿は上中下の三町と新町・農人町からなり、今も往時の整然たる町並を残している。この文書は新町の天保九年（一八三八）閏四月「宿内掟書」中の一節である。博奕の法度と夜間通行の禁止が、同一条文に収められているのは、博奕が、夜間密かに行われることが多いからであろう。もっとも、用事がある時は提灯を灯けること、取締り役人が無提灯で廻ることがあるのは例外である。また、四ツ時（夜十時ごろ）以後の無提灯の通行者は、夜番の者が検問することが「当所の掟」となっている。旅人と近在の者は通すとなっているが、これは行先が明らかで、宿内を通り過ぎるだけの場合である。

省略した後文には、嫁取りの際に行われることが多かった石打や、嫁の親類廻りに子供が石や雪泥などを投げたりすることの禁止である。これも祝言が夕方から夜にかけての宴会になるから、同一条の附則とされたのであろう。

4、慶応三年六月　大坂市中急町触

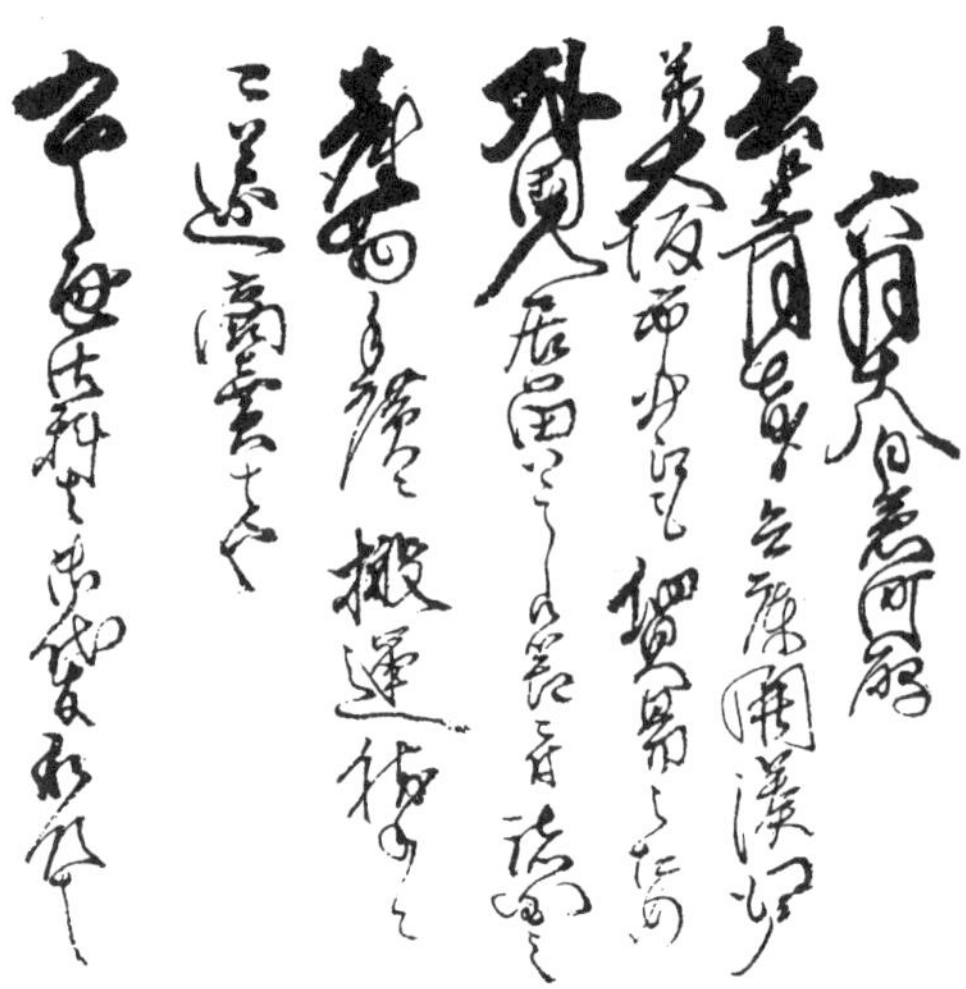

【解読文】

六月十八日急町触
去ル十二月七日ゟ兵庫開湊、江戸
并大坂市中江も貿易之ため
外国人居留いたし候筈ニ付、諸国之
産物手廣ニ搬運、勝手ニ
可遂商賣者也
右之通御料者御代官、私領者

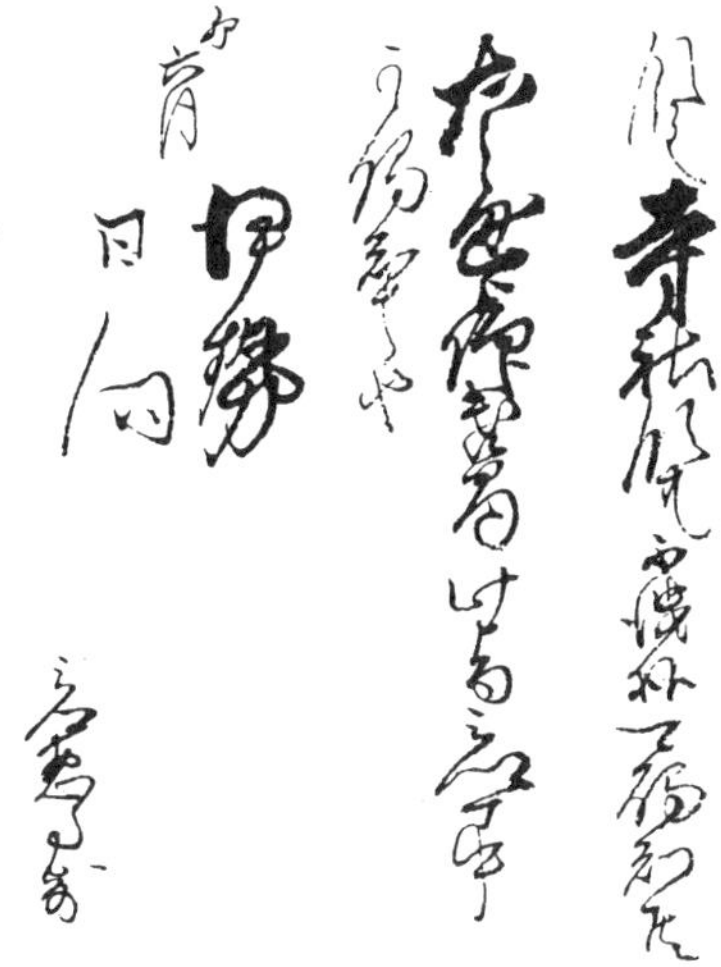

領主、寺社領共不洩様可触知候、
右之通被仰出候間、此旨三郷丁(町)中
可被触知者也
卯六月　伊勢
日向
三郷惣年寄

【読み下し文】
六月十八日急(きゅうまちふれ)町触
去る十二月七日より兵庫開湊(かいそう)、江戸并びに大坂市中へも貿易のため、外国人居留いたし候筈(はず)に付き、諸国の産物手(て)広(びろ)に搬運(はんうん)、勝手に商売を遂(と)ぐべきもの也、
右の通り御料(ごりょう)は御代官、私領は領主、寺社(じしゃ)領とも洩(もら)さざる様、触れ知らすべく候、
右の通り仰せ出され候間、此の旨三郷丁(さんごうちょう)中触(ふ)れ知らさるべきもの也、
卯の六月　伊勢・日向、三郷惣(そう)年寄

【読み方と意味】①急町触…町触は町々に出した布告。至急通達の布令で、手続きは一般に、町奉行→町年寄→町名主へと達せられる。②開湊(かいそう)…開港。④居留(きょりゅう)…貿易のため外国人が居住し営業すること。それを認許された地域が居留地（中国では租界）で江戸・神奈川（横浜）・大坂・兵庫・長崎・新潟・箱館にあったが、明治二十三年に廃止された。⑤手広ニ…大いに。⑤搬運…運搬・搬入。⑥可遂商売者也…商売を遂(と)ぐべきもの也。⑦御(ご)

料（りょう）…幕府領・天領のこと。⑦私領…大名領または旗本領。⑧不洩様…洩らさざるよう。遺漏のないよう。⑨三郷丁中（さんごうちょうちゅう）…三郷は大坂の北組・南組・天満（てんま）組を指し、大坂の別称でもある。丁中は町中と同じだが、行政上は丁の方が古く公式的。⑩可被触知者也…触れ知らさるべきもの也。

【筆　法】②湊…「湊」の慣用書体で、「春」をと書くのも同じ例。③市中…「中」の中の部分を一筆で、右まわりに四角を書き、縦棒も曲がっていて短い。④筈…ちょっと見には「節」と似ているが、節の「竹」はやのように書くことが多い。ここでは「竹」を丁寧に書いている方。⑤勝…月（にくづき）は一見、犭（けものへん）や子（こへん）・扌（てへん）のように書かれている。⑦官…「友」のようにみえるが、「友」のくずしには「反」や「官」と間違えぬよう「ゝ」を肩つける慣習がある（土に「ゝ」をつけて士と区別するのも同様）。⑨出…と書いている。ほかにも・・などもある。⑬年…単独に「年」の字を書くときには、こんなくずし字は書かない。「惣年寄」と前後を補って読める字である。「寄」も書き順が分からないと、判読しにくいが、と宀（うかんむり）から標準的なくずしの書き順で書いている。

【解　説】この文書は一八六七年（慶応三）六月、大坂市中に急町触として出された布達である。内容はその年の十二月から兵庫（神戸）港を外国貿易港として開く旨を伝え、それにともない江戸・大坂とも外国人の貿易商人が居留するようになるので、自由に諸国（日本各地の意味である）の物産を持ち込み取り引きするように、というのである。

「可遂商売者也」までが町触の本文。次の二行で全国に触れ知らせるようにとあり、幕府評定所から発せられたときは、これに「右之通可被相触候」とあって、この部分は大坂町奉行への命令である。大坂町奉行はこの文言を本文のように「右之通被仰出候間、此旨三郷丁中可被触知者也」と変えて、三郷惣年寄に命じたのである。

では伊勢・日向とは誰か。当時の大坂町奉行が伊勢守であるかどうか、それをどう探したらよいか。多くの「読史便覧」の類には、将軍・大老・老中・寺社・勘定・町奉行、それに京都所司代あたりまでは表示されていても、長崎・大坂・山田のような遠国奉行までは載せていないことが多い。『日本史総覧』（新人物往来社）には出ているが、大部な本だから個人で持っている人は少ないであろう。『新版角川日本史辞典』は付録の資料ページが分厚いので有名だが、これには勘定奉行に溝口伊勢守勝如（慶応三年一月十六日〜同十二月二十八日在職）が出ているので、あるいはこの人物かと思わせる。しかしこの在職期間が大坂町奉行でないと理屈に合わない。

そこで辞書・事典類によらずに、『続徳川実紀』第五篇（新訂増補国史大系52）の「慶喜公御実紀」で慶応三年の条から調べてみる。すると正月二十九日条に「御役替一人、大坂町奉行、寄合小笠原刑部（長功）。右被仰付」とあった。残念ながら受領名が異なる。だがこの人物が大坂に赴く二月二十八日条には、金子五枚、時服二、羽織を拝領とあり、同時に「同人、伊勢守と改」とあった。さらに五月十三日条に「大坂町奉行、外国奉行柴田日向守（剛中）」と役替えの記録があった。これで当時二人の大坂町奉行は、伊勢守が小笠原長功、日向守が柴田剛中と判明した。

次に町触の内容である。兵庫（神戸港）の開港は、安政五か国条約にあったものの勅許がなく、慶応元年（一八六五）九月各国公使らが要求し、十月に新潟など他の港には勅許が出た。兵庫開港の勅許はさらに遅れ、同三年五月であった。その旨が江戸に届いたのが六月二日、そしてこの文書が発布されたのが六月六日で「依外国人居留、諸国産物売買令」と記されている（以上『続徳川実紀』）。

方位・時刻表

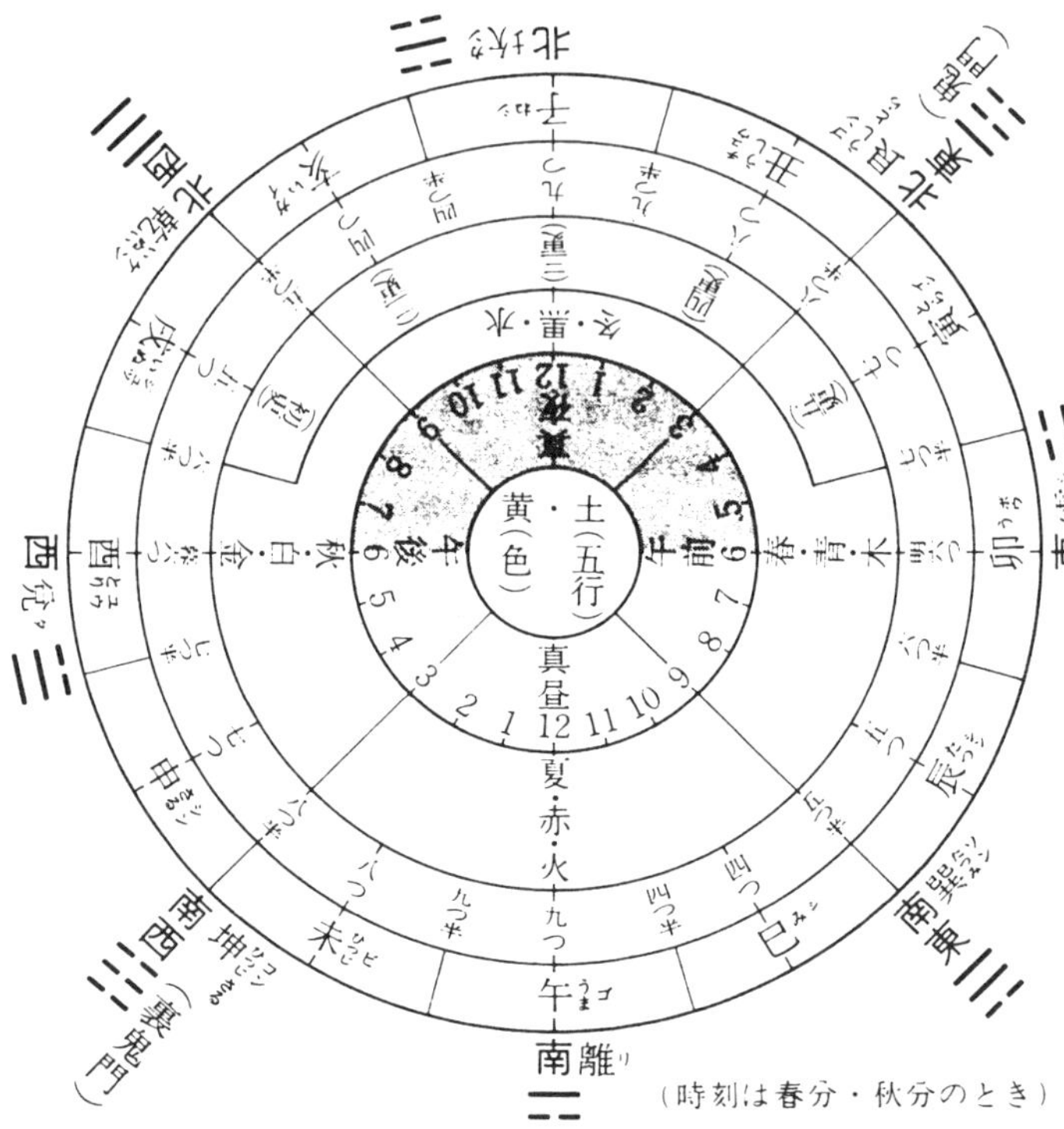

（時刻は春分・秋分のとき）

江戸時代の不定時法（夜明けと日暮れが基礎）

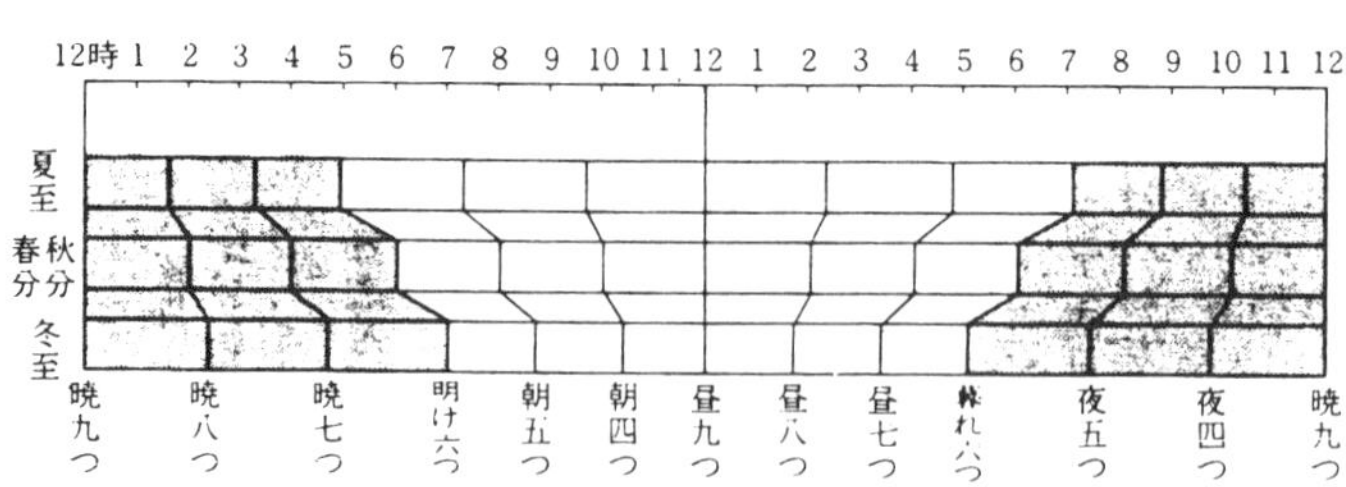

II 村（農民）と領主

1、弘化三年正月　銀子借用証文

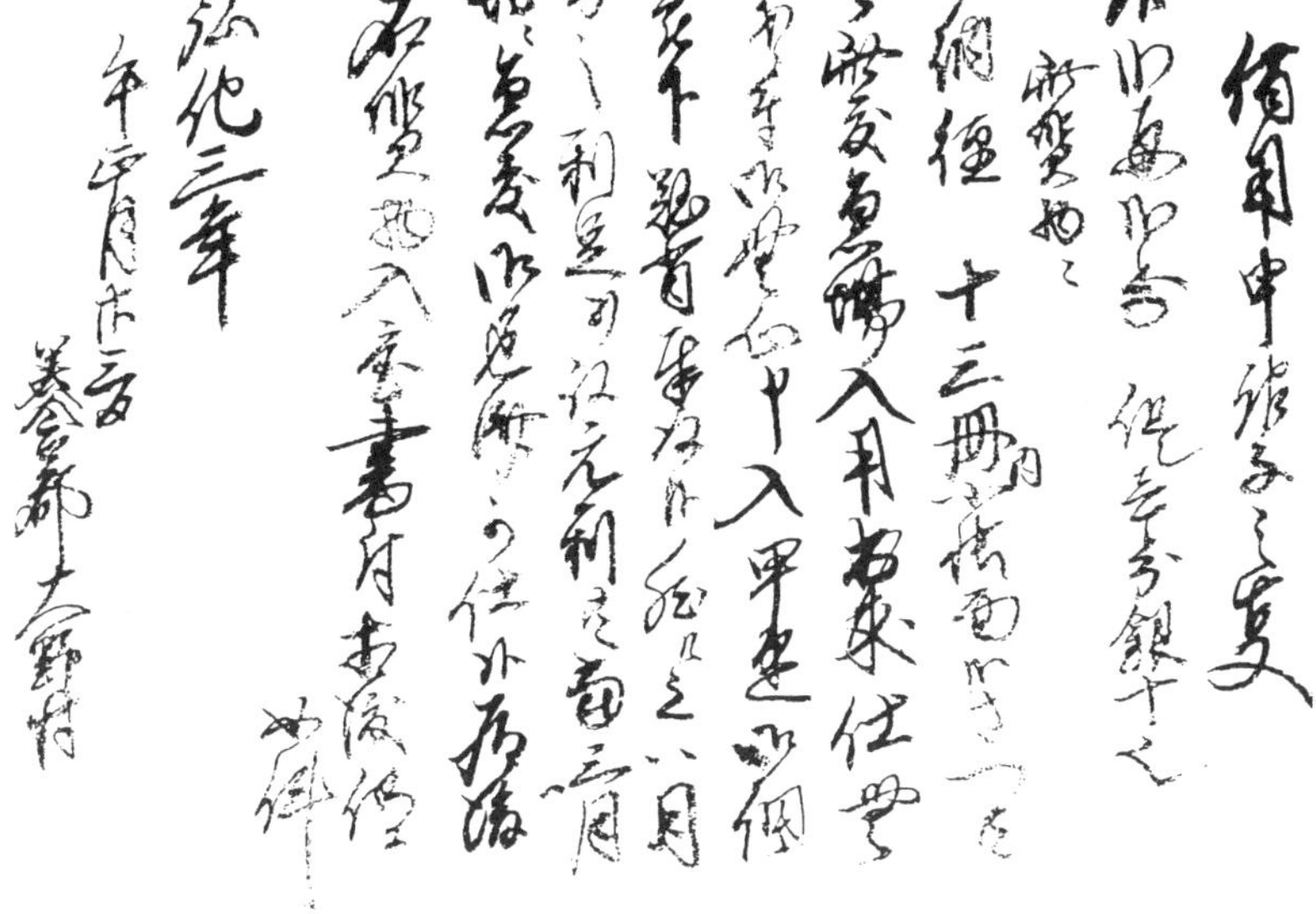

【解読文】

借用申銀子之事
一正銀弐両弐分　但シ壱分銀十也
此質物ニ
一御納經　十三冊　内小帳面弐さつ共
右者此度急場入用出来仕、無
據義ニ付御無心申入、早速御調
達被下難有奉存候、然ル上八月
壱分之利足（息）ヲ以、元利共當三月
限切ニ急度御返済可仕候、為後
證右質物入置書付相渡、仍而
如件
弘化三年
午正月廿三日
美含郡大野村

六部
彦左衛門（爪印）
水口村
與八郎殿

【読み下し文】（本文のみ）

借用申す銀子（ぎんす）の事

右は此の度急場（きゅうば）入用出来（にゅうようしゅったい）仕り、よんどころなき儀につき、御無心（ごむしん）申し入れ、早速御調達（ごちょうたつ）下され、有難く存じ奉り候。然る上は月一分（ぶ）の利足を以て、元利（がんり）とも当三月限切（かぎり）に、急度（きっと）御返済仕るべく候。後証（こうしょう）の為に、右質物入れ置き、書付（かきつけ）相渡す、よって件（くだん）のごとし。

【筆法・語釈】②正銀…現銀と同じ。正金・現金と同じく、正はまさにそのものの意。銀の偏の筆順がわかりにくく、「鮎」に似ているが、借用証文だからまず間違えまい。②弐分…「歩」に見えないこともないが、筆順・画数からして「分」。②・⑧の「壱分」も同じ。②也…・・と書く。④納経…糸（いとへん）の形に注意。イに似る。⑤出来…このくずしは奇妙。筆順はで、常体は点が不要。しかし前からの文章で「来」以外にはない。⑦難有…と書き、上のがに当たる。⑨限切…「限」の一字でもよいが、ここでは二字で「カギリ」と読む。⑬美含郡…みくみぐん。但馬国（現、兵庫県）の北、日本海に面してあった古代〜近代の郡。今は城崎郡の一部。大野村は現、香住町大野。

【解　説】廻村してきた六部が急な必要から、大事な納経を担保に二両二分を借りた、という証文である。六部は六十六部の略。日本全国（六十六ヵ国）の霊場に、法華経六十六部を筆写して一部ずつ奉納する行者で、諸国を行脚する法華宗の修行僧や、百姓町人の巡礼もいた。彦左衛門の身分は百姓。廻国巡礼のための大切な納経を質に入れ、爪印で、他村の人から借金をしたという事情が、いかにも急な金の工面が必要だったことを思わせる。

正銀とありながら金貨の両・分が使われている。これは安永元年（一七七二）南鐐二朱銀が発行されて以来、文政十二年（一八二九）に一朱銀、天保八年（一八三七）に一分銀など、近世後期になると、銀なのに金貨の呼称をもつコインが発行され、すでに珍しくないほど流通していた事情がある。近世の金・銀・銭三貨の併用は確かに不便で、江戸幕府は何とか金貨を中心に統一しようとして、銀貨を銀粒でなく定量定位の通常貨幣として、金貨の単位で発行したのである。したがって、一分銀を一〇枚、すなわち二両二分を借用したということ。一両は四分だから、一分銀八枚で二両、一〇枚で二両二分となる（二両二分を一分銀一〇枚に換算したのでも一分銀一〇枚を質物に入れたのでもない）。

次に利子と期間。利息は近世では「利足」と書くのが通常。月一分は一割の意（近代の質屋などで十日一分などというときは一パーセント。月に三分になるから、年に三割六分）。元金が「壱分銀」で一〇枚だから、月に銀一分の利子である。問題は、借入れた正月二十三日から「当三月限切」が、足かけ三か月か正味二か月余りなのか、である。中近世の文書では足かけ計算（借入れた月も含める）が普通である。この証文のように十五日を切っていると、正月は半月分とする例もある。恐らくこの証文の場合、月一分は一分銀一枚と同じだから、三月中に正味二か月分の利子銀二分と、元金を合わせて一分銀一二枚（＝三両）で返済したのではないかと思われる（足かけ三か月なら三両一分、二か月半なら三両二朱（二分＝四朱）となるが、厳密にそう計算したかどうか疑問）。

大野村から廻村してきた六部の彦左衛門は、しかし金を返しに戻ってこなかった。証文は水口村与八郎の手元に残されたままである。納経の一三冊は質流れとなって、後はどのような運命をたどったことだろうか。

2、嘉永六年八月　熊野三山修復名目金借用証文

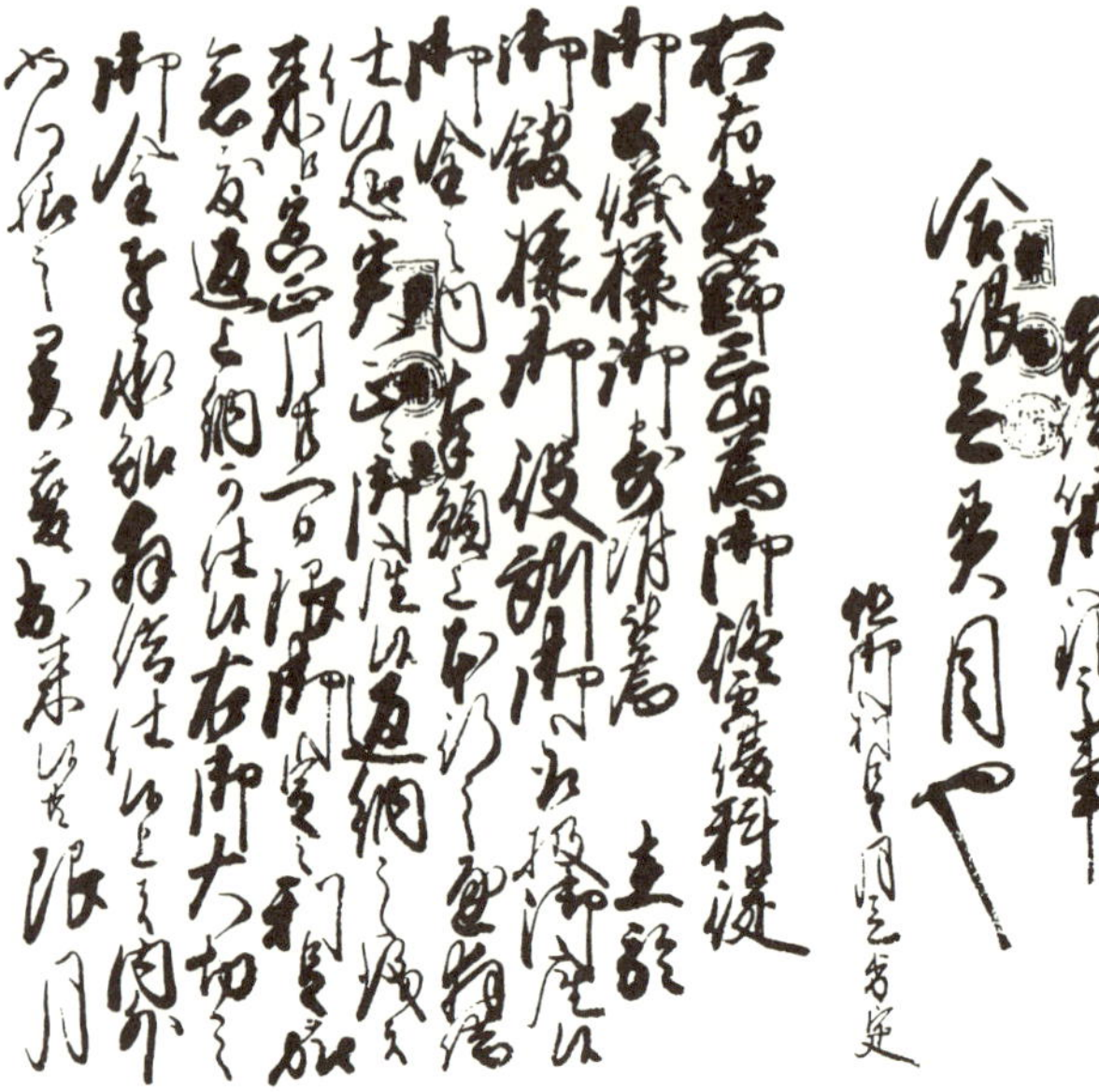

【解読文】

拝借仕御銀之事

合銀（印）（印）（印）壱貫目也

但御利足（息）月壱歩定

右者熊野三山為御修覆料、従

御公儀様御寄附被為　在、於

御館様御役所御取扱御座候

御金之内奉願上、本行之通拝借

仕候処（印）（印）（印）実正ニ御座候、返納之儀者

来ル寅正月廿一日限、御定之利足ヲ加

急度返上納可仕候、右御大切之

御金奉承知拝借仕候上者、内外

如何様之異変出来候共、限月

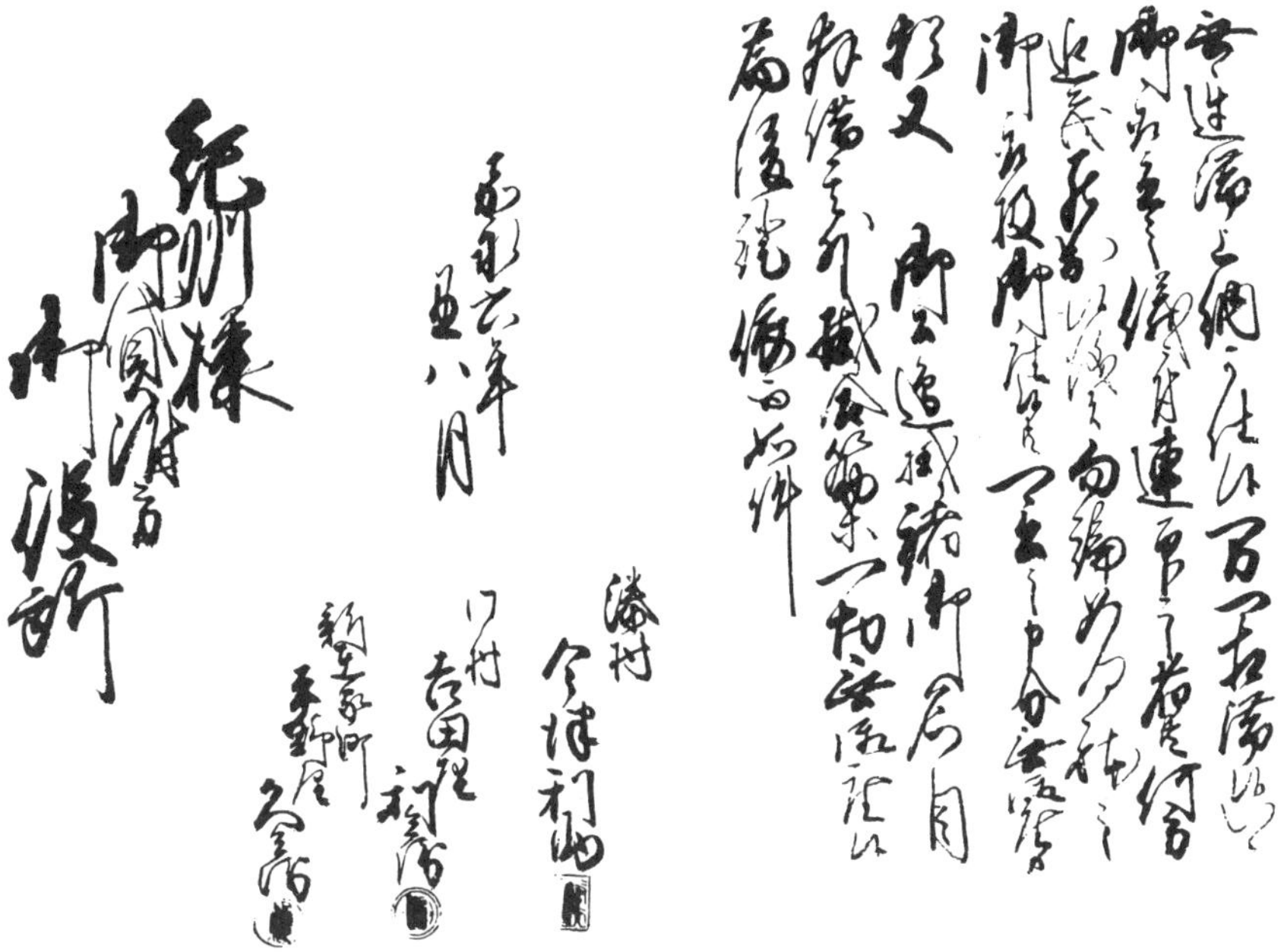

無遅滞上納可仕候、万一相滞候ハヽ、
御取立之儀ニ付連印之者共何方
迄茂罷出候儀者勿論、如何躰之
御取扱御座候共、一言之申分無御座候、
猶又　御公邊掛り諸御名目
拝借其外掛り合筋等一切無御座候、
為後證依而如件

嘉永六年
丑八月

湊村
今津利助㊞

同村
吉田屋利兵衛㊞

新在家町
平野屋久兵衛㊞

紀州様
御貸附方
御役所

【読み下し文】

拝借仕る御銀の事

合わせて銀一貫目也。但し御利息、月一歩定め。

右は熊野三山（さんざん）御修覆料として、ご公儀様より御寄附在（あ）らせられ、お館（やかた）様お役所に於いてお取り扱い御座候お金の内、願い上げ奉り、本行（ほんぎょう）の通り拝借仕り候処実正（じっしょう）に御座候。返納の儀は、来る寅正月廿一日限り、お定めの利息を加え、急度（きっと）返上（へんじょう）納（のう）仕るべく候。右お大切のお金と承知し奉り拝借仕り候上は、内外如何（いかよう）様の異変出来（しゅったい）候共、限（かぎり）月遅滞（ちたい）なく上納仕るべく候。万一相滞（とどこお）り候わば、お取り立ての儀につき連印の者共、何方（いずかた）迄も罷（まか）り出で候儀は勿論、如何体（いかてい）のお取り扱い御座候共、一言の申し分け御座なく候。猶（なお）又、ご公辺掛り諸御名目（みょうもく）拝借、其の外掛り合（かかわりあい）筋等、一切御座なく候。後証（こうしょう）の為、依て件（くだん）の如し。（年月、差出書、受取書略）

【筆　法】　近世文書の標準的な字体で、あまり難しいくずし字は使っていない。①拝借…扌（てへん）が手の書き方を残して犭（けものへん）のようにみえる。②壱貫…上の母の部を刃のように書く。⑫の（異）と似ているが、上部の筆順の違いに注目のこと。④修覆…正しくは「修復」だが「覆」を使うのは百性（姓）などと同様の慣行。④従御公儀様…「従」がに似た形で、と書いている。くずし違い、または異体字の一つ。⑯一言…「上」を「可」とみてしまうと下が読めない。一立では意味不明となる。「言」のくずし字は、略字として用いる云（ウン）に似ており、事実そう書いていることがある。⑰御公邊…「鳥」に辶を書いているようであるが、一般的なくずし字形。

【語　釈】　③利足…利息のこと。古くは一般に利足と書いた。月壱歩…いわゆるツキ一。年利一二パーセント。④熊野三山…熊野三所権現または熊野三社のこと。熊野坐（にます）神社（本宮）・那智神社（那智大社）・速玉神社（新宮）。⑤御公儀様…一般に幕府・将軍を指す。公的最高権力の征夷大将軍、その政庁たる幕府を公儀という。⑥御館様…中世以来、大名を指す言葉に用いられる。ここでは宛所にある紀州徳川家。⑦本行之通…表記の通りと同じく、合銀一貫目也を指す。⑫限月…期限の月。⑨に「寅正月廿一日限」とある。⑰御公辺…幕府・将軍関係の。辺を使って直接名指しするのを避けた。近代では「かしこきあたり」といって皇室関係を指した。⑰御名目…名目金。寺社のほか公的な貸付金もあった。

【解　説】　江戸時代の後期は、農村にまで貨幣経済が浸透したといわれるが、一面では金融関係が行きわたった社会ともいえる。上は大名貸（諸藩と大商人）から、下は農民同士の頼母子講などに至るまで、様々な種類の金融が、人々を取り結んでいた。この文書は御三家の一つ、紀州藩が経営していた名目銀貸付けの証文である。一般に名目金・銀は寺社が建物・宝物類の破損修理料として、幕府から特別に下された寄附金という名目で、たっての願いにより一時的に貸付けるという形式をとっている。使途を明らかにした幕府「被下金（くだされきん）」の転貸、という名目で返済を確実に約束させるのである。実は「被下金」でなくとも、その名目を使うことを認許されて、自分資金や商人に資金を出させ、利ざや稼ぎをしている例が多い。

本文書は、幕府が熊野三山の社殿修復費として、紀州藩に下賜した金を、領内の町村の三人が借りたというもので、扱いは紀州家の貸付方役所となっている。これが紀州藩の名目銀貸付け窓口で、武士の財政補塡や商人らの資金が貸し出されることが多かった。

最後の「御公辺掛り諸御名目拝借」などに掛りあっていないというのは、幕府みずからも郡代貸付とか御番所金貸付などという公的資金の貸下げ所があり、それらと関わっていないことを述べているのである。

3、慶応二年八月　農兵人受書

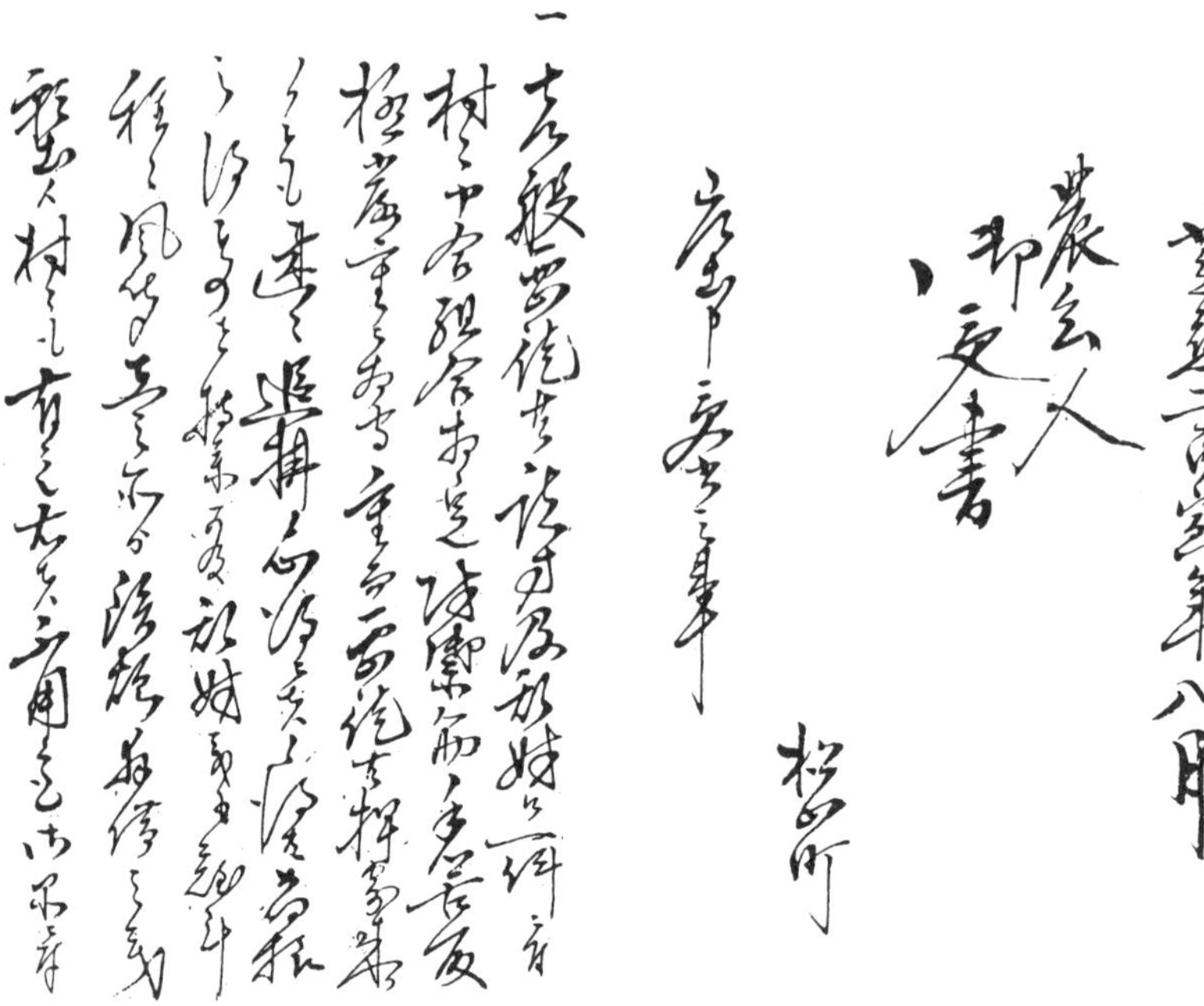

【解読文】

「（表紙）慶応二丙寅年八月

農兵人

御受書

松山町」

差出申受書之事

一先般悪徒共諸方及乱妨（暴）候一件ニ付
村々申合組合相定、防禦筋手筈取
極厳重ニ相守、重而悪徒共押寄来り
候とも、速ニ追拂候心得ニ者候得共、如何様
之得ものを持参可及乱妨義も難計
種々風聞在之所ゟ鉄炮拝借之義
願出候村々も有之、右者不用意（容易）御品ニ付
貸渡候義難相成候、乍去当時期之義

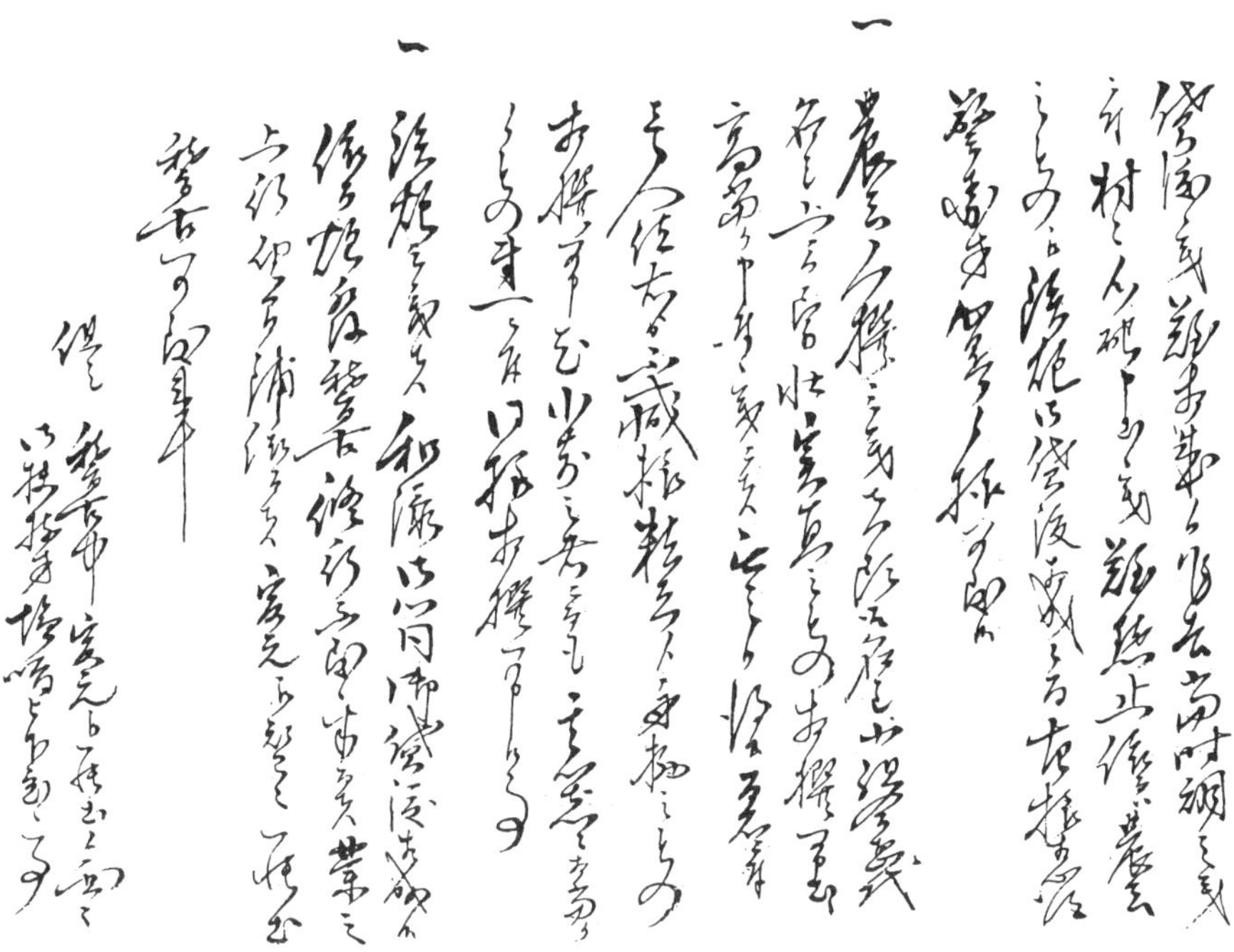

ニ付、村々心配申出候義難黙止、依而ハ農兵
之もの江鉄炮御貸渡相成候間、左様相心得
警衛方心懸ヶ候様可致候
一農兵人撰之義者頭取名主、小組合惣代
名主、上ニ而勇壮実直之もの相撰可申出候、
高当り申付候義ニ者無之候得共、百石ニ付
壱人位、右ゟ不減様精兵候身柄之もの
相撰可申、尤小前之者ニ而も其器ニ相当り
候もの第一ニ付、同様相撰可申候事
一鉄炮之義者和流御筒御貸渡相成候、
依而炮發稽古修行不致候半而者、業之
上行届間鋪、依而者爰元江替々罷出
稽古可致事
但シ稽古中爰元江罷出候面々
御扶持方塩噌被下置候事

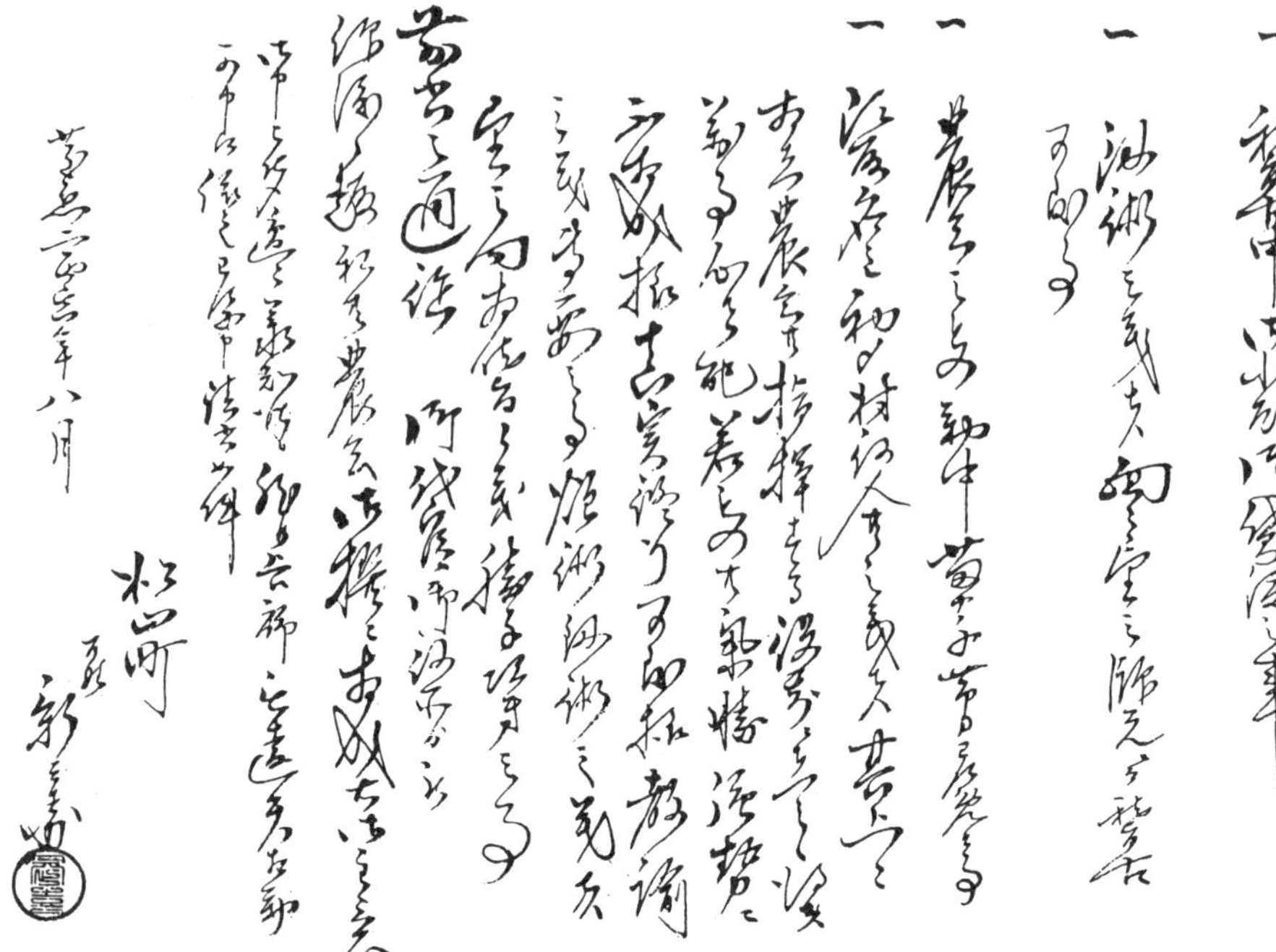

一稽古中、御小屋御貸渡之事
一釼術之義者面々望之師元ニ而稽古
　可致事
一農兵之もの勤中苗字帯刀差免候事
一頭取名主初メ村役人共之義者、其上ニ
相立農兵共指揮する役前ニ在之候得者、
萬事心を配、若もの共気勝強勢ニ
不相成様、真実修行可致様教諭
之義専要之事、炮術釼術之義者
望之向相嗜候義、勝手次第之事
前書之通、従　御代官御役所ゟ被
仰渡候趣、私共農兵御撰ニ相成、右御主意
御申被聞、逸々承知仕候、然ル上ハ聊無違失相勤
可申候、依之差出申請書、如件

松山町

慶応二丙寅年八月　　百姓新兵衛㊞

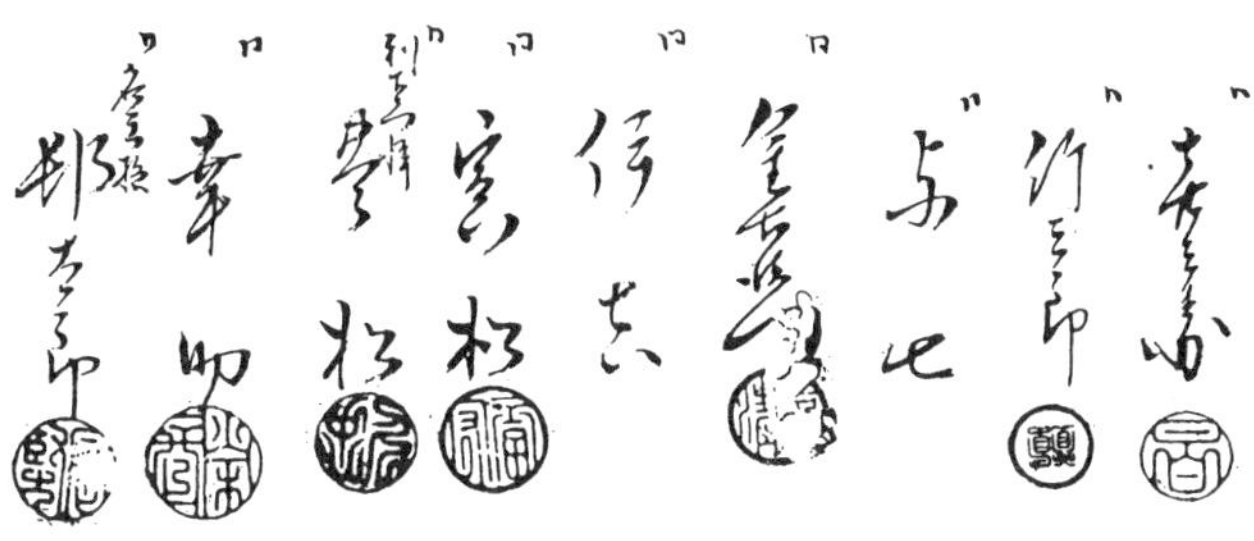

同　喜兵衛㊞
同　竹三郎㊞
同　与七
同　金右衛門㊞
同　伊吉
同　寅松㊞
同　利右衛門伜
　　豊松㊞
同　幸助㊞
同　名主格
　　邨太郎㊞

【読み下し文】

「慶応二丙寅年八月、農兵人御受書、松山町」（以上表紙）

差し出し申す受け書の事

一、先般悪徒共、諸方乱妨（暴）に及び候一件に付き、村々申し合わせ組合相定め、防禦筋手筈取り極め、厳重に相守り、重ねて悪徒共押し寄せ来たり候とも、速かに追い払い候心得には候らえ共、如何様の得ものを持参、乱妨に及ぶべき義も計り難く、種々風聞これ在る所より、鉄炮拝借の義願い出で候村々もこれあり、右は容易ならざる御品に付き、貸し渡し候義相成り難く候、去り乍ら当時期の義に付き、村々心配申し出で候義、黙止難く、依ては農兵のものへ鉄砲御貸し渡し相成り候間、左様相心得え、警衛方心懸け候様致すべく候

一、農兵人撰の義は、頭取名主・小組合惣代・名主、上にて勇壮実直のもの相撰び申し出ずべく候、高当り申し付け候義にはこれなく候え共、百石に付き一人位、右より減らざる様精兵候身柄のもの相撰び申すべし、尤も小前の者にても其の器に相当り候もの第一に付き、同様相撰び申すべく候事

一、鉄砲の義は和流御筒御貸し渡しに相成り候、依て砲発稽古修行致さず候らはんでは、業の上行き届くまじく、依ては爰元へ替る〳〵罷り出で稽古致すべき事

但し、稽古中、爰元へ罷り出で候面々、御扶持方・塩噌下し置かれ候事

一、稽古中、御小屋御貸し渡しの事

一、剣術の義は、面々望みの師元にて稽古致すべき事

一、農兵のもの、勤め中苗字・帯刀差し免しの事

一、頭取名主初め、村役人共の義は其の上に相立ち、農兵共指揮する役前にこれ在り候らえば万事心を配り、若もの共気勝ち強勢に相成らざる様真実修行致すべき様、教諭の義専要の事、砲術・剣術の義は望みの向相嗜み候義、勝手次第の事

前書の通り、御代官御役所より仰せ渡され候趣、私共農兵御撰びに相成り、右御主意御申し聞けられ、逸々承知仕り候、然る上は聊も違失なく相勤め申すべく候、これに依り差し出し申す請書、件の如し（以下年月日・差出書の連名略）

【語　釈】⑥得もの…武器。自分の得意とする武器。⑩難黙止…だまっていられない。そのままにしておけな

い。　⑬惣代名主・頭取名主…関東では近世後期に村々の治安を守る目的で数か村の組合村ができ、その代表名主を一般に惣代名主とか小惣代とよび、小組合をいくつかまとめた名主が、大惣代とか頭取名主といった（所により呼称が異なる）。　⑯精兵候身柄之もの…精兵となりうるしっかりした身体の人物。　⑰小前…一人前とか一軒前と同じ。ふつうの本百姓を小前百姓といい、小前とはその略。　⑰其器…それに相当する器量、才覚のある。　㉑爰元…この方、こちら（ここでは代官所の砲術教練場を指している）。　㉔剣術…幕末には関東の農民で剣術を習う者が多かった。武州多摩郡出身の近藤勇や土方歳三が天然理心流を習っていたのもその例。

【解　説】　明治維新の直前、慶応二年（一八六六）六月十五日夜、武蔵国秩父郡の山村から起こった打ちこわしは、近くの町村へたちまち広がり、武州一四郡・上州二郡（最近の研究ではもっと広範）にわたる大一揆となった。横浜開港による物価高騰、幕長戦による付加税などに苦しんだ貧農層が、富商・大地主・質屋・代官所陣屋などを打ちこわし、幕府は近隣の藩にも出兵を命じて鎮圧に努めたが、多摩地方では江川太郎左衛門が支配する村々で養成していた農兵が、鎮圧に最も力を発揮した。それまで農兵を取り立てるのに反対していた代官や諸藩でも、江川支配地にならって、急ぎ農兵を取り立てることにした。

松山町は武州比企郡で、もと川越藩、幕末には前橋藩領となった。世直し一揆の打ちこわしを受けた家もあり、地主・村役人や中農層以上から農兵としてふさわしい者を選定することとした。この文書は代官所から、農兵として選ぶ基準などを示したことに対する町村側の請書である。村高一〇〇石につき一人位の割合で、勇壮実直（健康でまじめ）、ふさわしい家柄の者を選出すべきこと、農兵には和式小銃を貸し与え、発砲訓練も行うこと、農兵の期間中は苗字帯刀が許される（武士なみの取り扱いを受ける）などとなっている。明治元年は、このわずか一年半後のことである。

4、（年不詳）正・二月　改年・元服祝儀献上品礼状

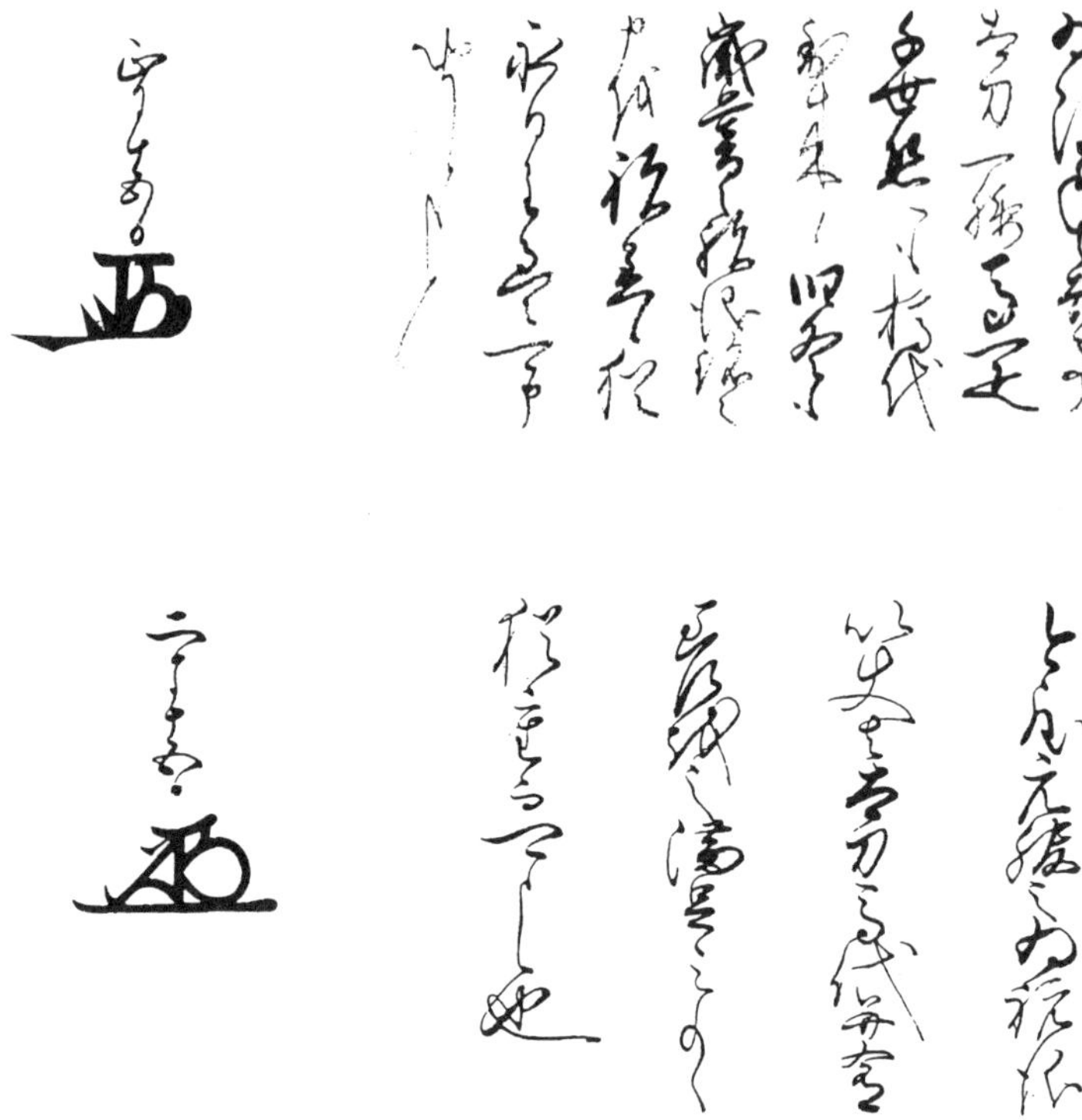

【解読文】

（上）為改年之吉事
太刀一腰、馬一疋、
千世熊へも樽代
到来候、旧冬も
歳暮之祝儀銘々
申越、祝着候、猶
永日重畳可申
聞候、かしく
正月十五日　（花押）
桂伊勢松とのへ

（下）今度元服之為祝儀
以使者太刀馬代并肴
差越之、満足之事候
猶重而可申候也

二月十五日　（花押）

桂主殿とのへ

【読み下し文】

(1)改年の吉事として、太刀一腰(ひとこし)、馬一疋、千世熊へも樽代到来(とうらい)候。旧冬も歳暮(せいぼ)の祝儀、銘々申し越し、祝着(しゅうじゃく)に候。猶、永日重畳(ちょうじょう)申し聞けべく候。かしく。（以下略）

(2)今度元服の祝儀として、使者を以て太刀、馬代並びに肴これを差し越し、満足の事に候。猶、重ねて申すべく候也。（以下略）

【語　釈】　（上）①改年之吉事…新年のよろこびごと。　②太刀一腰・馬一疋…太刀は一振とも数えるが、腰に帯びるものを「〜腰」と数えた（袴なども同様）。馬一疋とあるが贈り物の場合は馬代の意味で金一封である。　③樽代…酒一樽分の代金一封。　④旧冬…昨年の末　⑥祝着…よろこび祝うこと、慶賀の至り。　⑦永日…いずれまた。別れの言葉ともなる。手紙の終りに用いる。　⑦重畳…いくえにも重なること、または大層満足であること。　⑦可申聞候…申し伝える。

（下）①元服…男子は成人して髪型をかえ、頭に冠を加え、衣服を改める儀式で、武士は童名を廃して烏帽子名(えぼしな)がつけられる。今日の成人式に相当する。

【解　説】　二通とも、毛利（長州）藩の上級家臣、桂氏の文書。厚手の奉書紙一枚を、折紙（図1）とし、日付の下に藩主の花押(かおう)（書判(かきはん)）が据えてある。藩主から家臣に宛てた判物と呼ばれる形式の書状。もとは本書の上に半紙一枚のたたみ封（図2）がかけてあったが、下段の文書の封のみ現存し、「桂主殿とのへ、〆」とある。

（上）年不詳。花押は毛利輝元の子秀就（一五九五〜一六五一）のもの。正月および歳暮とも、家臣たちから藩主に対して慶事の献上品（太刀・馬代）が贈られ、藩主からは受領の礼状が出される例であったことが知られる。千世熊は、秀就の子綱広の幼名千世熊丸のこと。彼は寛永十六年（一六三九）の生まれであるから、秀就の没年（慶安四年・一六五一）までの間、すなわち恐らく一六四〇年代の文書であろう。大意は「新年のお祝いごととして太刀一腰と馬代、息子の千世熊丸にも樽代を贈られた。年末にも歳暮の祝儀を二人に申し越されて満足である。なおいずれ、いくえにも満足の旨、申し伝えるであろう」。「申し聞ける」は下一段活用の他動詞（広辞苑）。「かしく」は「かしこ」から転じたもので、どちらに読んでもよい。昔は男子の手紙でも普通に使った。恐惶謹言と同じ用法。ふつう図3のように書かれる。

（下）花押は毛利宗広、輝元から数えて七代目の藩主（一七一五〜五一）。彼が元服したのは享保十五年（一七三〇）十二月十八日（『寛政重修諸家譜』第一〇巻）だから、この文書は翌十六年のもの。大意は「この度の元服の祝儀として、使者を遣わされて太刀・馬代および肴を贈り越され、満足に思っている。なお重ねて（使者が同じ感謝の意を）申すであろう」。あて名の主殿は「とのも」と読む。この文書には封の上に包み紙があって、「御太刀馬代箱肴差上候」とあり、肴は箱入りの鰹節であったと思われる。（長州藩士桂家文書、国文学研究資料館史料館蔵）

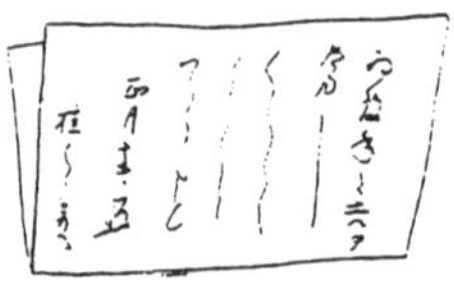
図1　折紙

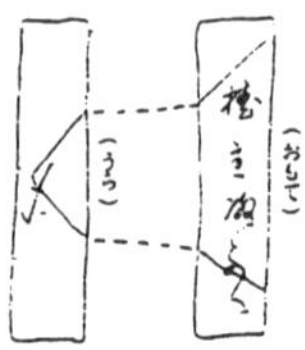
図2　たたみ封

図3

5、（年不詳）七月　岩城平藩甘田氏書状

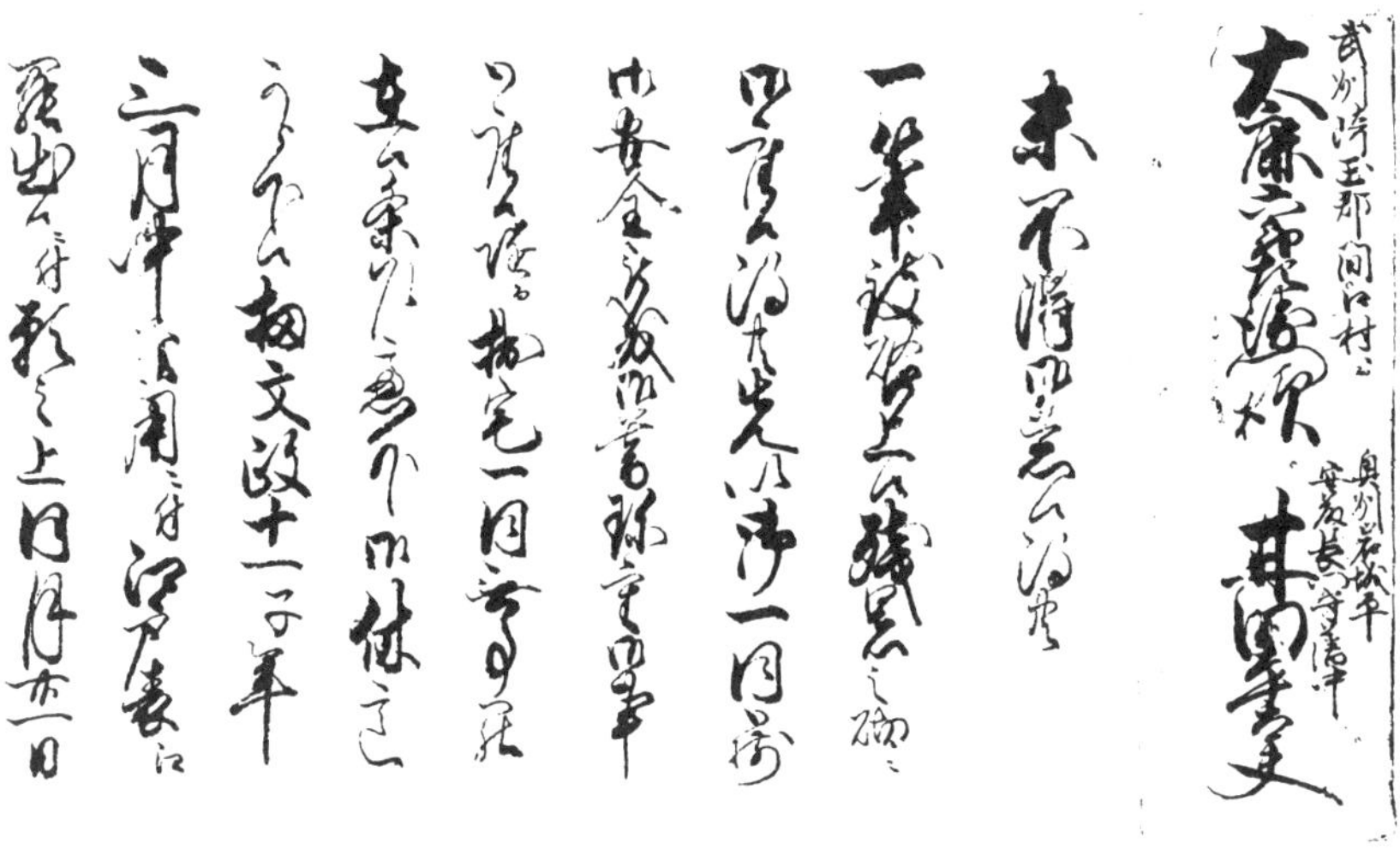

【解読文】

（封上ハ書）

「　　　　　　　　奥州岩城平
　　　　　　　　　安藤長門守藩中
武州崎（埼）玉郡間口村ニ而
大鹿六郎左衛門様　　　　甘田平太夫」

未不得御意候得共
一筆致啓上候、残暑之砌ニ
御座候得共、先以御一同御揃
御安全被成御暮、珍重御事
御座候、随而拙宅一同無事罷
在候条、乍慮外御休意
可被下候、扨文政十一子年
三月中公用ニ付江戸表江
罷出候ニ付、願之上同月廿一日

御宅江初而罷出候処、折悪敷
其節御他行之趣ニ而不懸
御目、甚残念ニ御座候、御家内様
方ニ者御目ニ掛り大慶致し候、
其節御家内おみや殿并御妹
おみちとの、御子息大吉殿ト
十次郎殿者六七才位之
御様子ニ存候、此節御一同御
無事ニ可有御座と存罷在候、
其後も江戸表迄公用ニ付
罷出候得共、願不相済候ニ付
罷出兼候、御文通も不致御用捨

可被下候、江戸表高梨官平殿
御宅江ハ罷出候、是以御文通茂
不致候事ニ御座候、此度拙者
甥時山恂蔵と申者鑓術
為修業、江戸表江罷出候ニ付
修業中御宅江御尋申呉
候様頼申遣候間、罷出候ハヽ、
御世話ニ可相成候、何分宜
御頼申候、御文通致度存候
得共、遠路横道之儀ニも有
之候間、乍存御無音罷成候

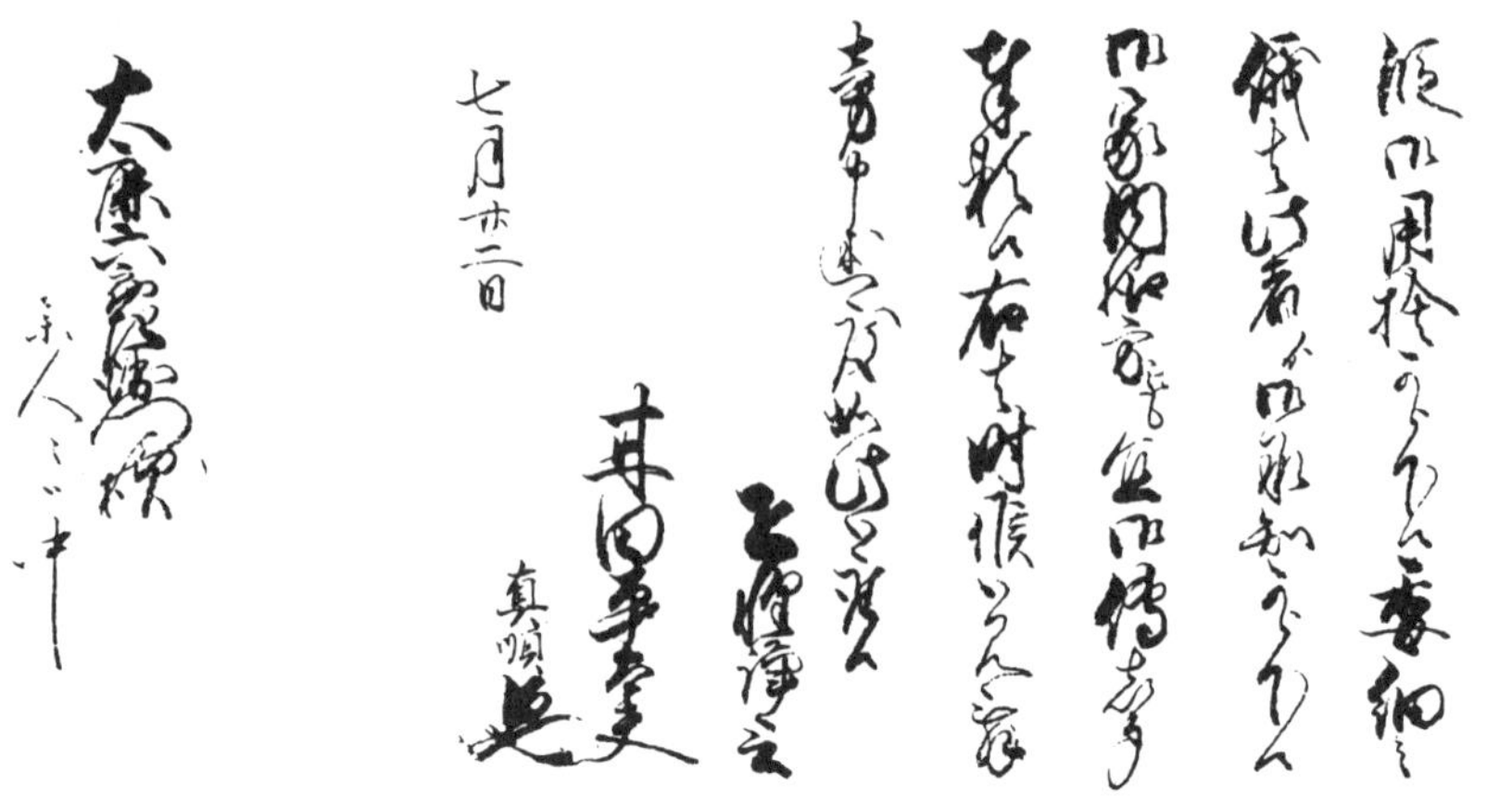

段御用捨可被下候、委細之
儀者此者ゟ御承知可被下候、
御家内様方江も宜御傳聲
奉頼候、右者時候御見舞
旁申述度如此御座候、
恐惶謹言
七月廿二日　甘田平太夫
真順（花押）
大鹿六郎左衛門様
参人々御中

【読み下し文】（本文のみ）

いまだ御意を得ず候えども一筆啓上致し候、残暑の砌りに御座候えども、まずもって御一同御揃（そろ）い御安全に御暮しなされ、珍重の御事に御座候、随（したがっ）て拙宅一同無事罷りあり候条、慮外（りょがい）ながら御休意下さるべく候、さて文政十一子年三月中公用につき江戸表へ罷り出で候に付き、願いのうえ同月二十一日御宅へ初めて罷り出で候ところ、折り悪しく其の節御他行の趣にて御目に懸かれず、甚だ残念に御座候、御家内様方には御目に掛り大慶致し候、其の節御家内おみや殿ならびに御妹おみちとの、御子息大吉殿と十次郎殿は六七才位の御様子に存じ候、此の節御一同御無事に御座あるべしと存じ罷り在り候、其の後も江戸表迄公用に付き罷り出で候えども、願い相済まず候に付き罷り出でかね候、御文通も致さず御用捨下さるべく候、江戸表高梨官平殿御宅へは罷り出で候、是（ここ）をもって御文通も致さず候事に御座候、此のたび拙者甥時山恂蔵と申す者鍼術修業として、江戸表へ罷り出で候に付き、修業中御宅へ御尋ね申しくれ候様頼み申し遣わし候間、罷り出で候わば御世話に相成るべく候、何分宜しく御頼み申し候、御文通致したく存じ候えども、遠路横道の儀にもこれあり候間、存じながら御無音（ごぶいん）罷り成り候段御用捨下さるべく候、委細の儀は此の者より御承知下さるべく候、御家内様方へも宜しく御伝声頼み奉り候、右は時候御見舞かたがた申し述べたく、かくの如くに御座候、恐惶謹言

【筆　法】（封上八書）鹿…广の中の𣏟は「林」のくずしと似ているので、「麻」と間違えることがある。そう多くある字ではないが、使う場合は大ていこのくずし字である。　甘…下の横棒が左右に突き出ているので間違え易いが、この書き方はむしろ一般的。

④暮…上の点と横棒までが草かんむり。傍（つく）りの方も楷書の画数を追うと分かりにくい。手紙挨拶の例文として見慣れておきたい。　⑥慮…これも「慮外」という語句として慣れれば良いが、上部が亠（なべぶた）とみると該当の字が思い

当たらず苦労する。下心と二字目の外とで覚える。⑫残念…「残」の左が虫くいだが、右と下の字で読める。戋（）はのように書く。念は下心を大きく書くのが特徴。⑬慶…广なのに草かんむりの書き方をする。傍りはずい分くずしてあるが、この程度は行書のうち。⑲後…イがシのように見え、「浮」に似ている。次行の「得」と同じくイはあとから点を入れることが多い。⑳願…⑨の「願」と偏のくずし方が違い、「預」にも見えるが、「原」の小の部分のくずしはやはり「願」。㉒官…上部のの書き方が「宀」。「友」は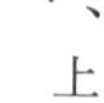、上にかえり点を打つ。「反」は。㉟声…たて長に書いてあるが、上が「」、下が「耳」に当たる。

【語　釈】［封上ハ書］間口村…今の埼玉県北埼玉郡大利根町間口。藩中…大名の家臣。公的な文書で藩という語を使うのは幕末だが、私的な書簡や日記などには近世中期ごろから使われた。

①御意を得る…お目にかかる。④珍重…めでたい。⑥慮外ながら…失礼ながら。㉕鑓術…槍術。㉛横道…脇道に外れている。間口村は奥州街道の栗橋宿より一里ほど西にある。㉜存じ乍ら…分かっているのに。㉜御無音…御無沙汰。㉟御伝声…お声をかけて下さること。㊷参る人々御中…丁重な脇付（わきづけ）。直接差し上げるのは控え、近くの人に取次いで頂くという思いである。

【解　説】　磐城平藩（福島県）の家臣と武州埼玉郡（埼玉県）の有力農民との交流を示す書簡である。年代は文中の文政十一年三月以降として、殿様の安藤氏が長門守を名乗っていた頃ということになる。三代信義（文政十二年まで）、四代信由（弘化四年まで）の二人は長門守に叙せられていない。幕末・維新に大活躍をした五代信正は、伊勢守→長門守→対馬守となっているが、文政十一年から二十年近くもたって、この手紙が書かれたとは考えにくい。安藤氏は通常なら長門守に叙せられる家柄であり、手紙の肩書に使ったことも考えられる。内容からして文政十一年より数年後であろう。また両者が親交を結ぶようになった契機もよく分からないが、大鹿家は利根川の舟運にかかわって江戸と結びつき、周辺農村や江戸との金融関係の面でも手広く活動していた在郷商人である。興味深い関係である。

内容は残暑の時候見舞かたがた久闊を叙する、という挨拶状からはじまり、文政十一年の出府の節には会えなかったが、家族とは会えて子供の成長ぶりを喜んでいる。後段で、甥が槍術修行のため江戸表に出た折には訪ねて行くのでよろしく、というのが主要な用件である。非常に丁寧な文章、しかも余りへり下っている訳でもない。ただ何度も無沙汰をわびて文通したいと言い、「委細この者より聞いてくれ」という中に、何らかの依頼ごと等が含まれているのかも知れない。なお「此者」は甥時山恂蔵で、使者ではない（手紙の送達は飛脚による幸便）。

近世後期には、このように、かなり遠くの武士と農民・商人らとの身分を越えた交友関係が、時には経済関係や文芸的な趣味などから深まっていることがよくある。甘田氏が大鹿家を一度だけ訪問した日や家族のことをきちんと記録していたことは、人柄の実直さであろう。国元から江戸へ何度も往復していることも、当時の実情を想像させるものがある。

6、（年不詳）亥七月　代官奉納の金幣を受け取るべき旨通達

【解読文】

其村神社江

御代官ゟ御納候金幣

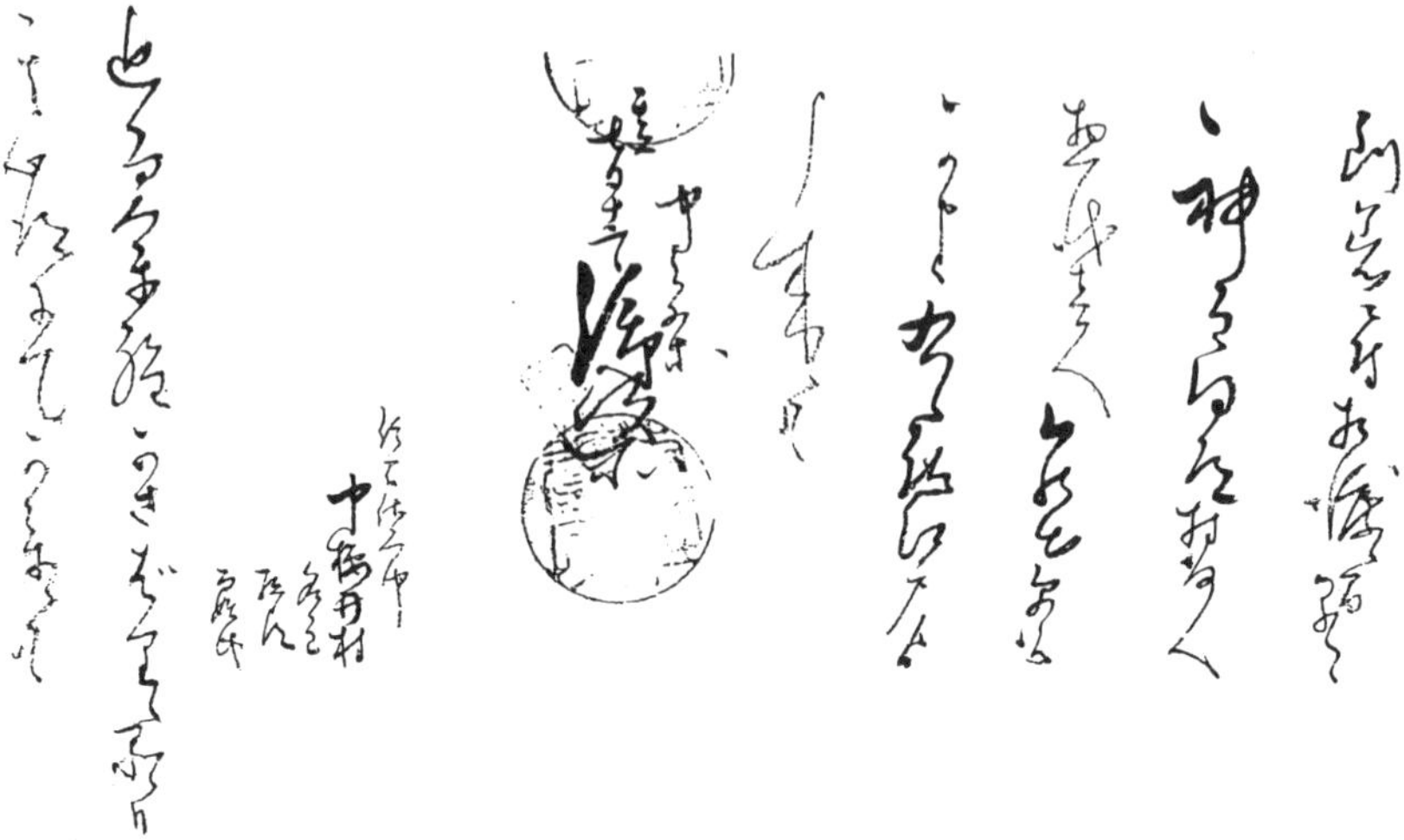

到着ニ付相渡候間、早々
神主同道、村役人
惣代壱人罷出、受取
可申候、右之趣江戸ゟ
申来候、以上

亥七月十二日
中之条
御役所㊞

信州佐久郡
中桜井村
名主
組頭
百姓代

追而余程かさばり候品ニ付
其心得にて可参候、以上

【読み下し文】

其の村神社へ、御代官より御納め候金幣到着に付き相渡し候間、早々神主同道、村役人・惣代壱人罷り出で、受け取り申すべく候、右の趣、江戸より申し来り候、以上（日付・差出・宛書は省略）

追て、余程かさばり候品に付き、其の心得にて参るべく候、以上

【筆法・語釈】　②御代官…「官」のくずしは「友」の形に似てと書く。点を打つと「友」になる（点なしが官、点ありが友）。　②金幣…「金色」の御幣（神前に供え、または神官がお祓いや祈禱の際に用いる。白・金銀または五色の紙を幣串にはさんだもの）。　③到着…「到」がくずしてあるが、「着」と共に読めば難読ではない。　④神主…「主」をと書いている。　⑤罷出…「罷」の「四」の部分が大きく、これも次の「出」と共にみると判読できる。　⑤受取…この二字だけでは難読。「取」は次行の「趣」の旁と共通。　⑥可…第一画を点にして上方に離して書くのは筆者の書き癖。①の「神」の最初の点も同じ。　⑦以上…書き順が分かるように書き直せば、。点が跳ね上がっている。「追而書」の最後の「以上」も参照。　⑩信州佐久郡…代官所から村への通達だから、宛書が下方に小さく書かれている。「州」（𠘨）と「郡」の字は、形だけの走り書き。そのあとの組頭も同様で、名主・百姓代の間にあるから読める。　⑮余程…「余」が二字にみえ、「程」の偏が「子」か「糸」にみえ、「給」の字に似ている。旁の「呈」の部分が異なる。

【解　説】　用件のみを簡潔に記した代官所の通達。折封には中央に「書付　中之条御役所」と大きく、宛書の村名は左下に小さく書かれていた。本紙の右端および、本文と日付の間に余白がある。

中之条の代官所から中桜井村の鎮守に奉納する金幣が届いたので、神主と村役人が取りに来るように、という内容であるが、受け取りに行く先は中之条役所であると解するのが普通である。しかし、本文の最後に「江戸より申

来候」とあり、金幣が中之条役所に到着したことを、江戸から申し来るのでは辻褄が合わない。そうではない。

金幣は江戸の職人に注文し、それが完成して代官の江戸屋敷に届けられた（到着した）のである。その旨を江戸から中之条役所に通知してきたので、神主・村役人は江戸屋敷まで罷り出て受け取るように、と解すれば矛盾なく理解できるであろう。しかも「追而書（おってがき）」に「余程かさばり」持ち運びにくい品であることを心得て受け取りに来るように、と親切に付記している。中之条役所の近くの村ならば、このような付記は不要であろう。神主と村役人一人は受け取り代表であり、長い道のりの運送のために、もう一人二人連れてくる方が無難といっているのであろう。

次に、代官が特定の村社に金幣を奉納するという事情である。金幣は金色の御幣〈幣帛・ぬさ〉で、真鍮を貼って金色に光らせる旨の、職人の仕様書がある。直接の事情は不明であるが、公的に、または制度として代官から下賜したものではない。公祭ならば代官より幣と米銭が下されることはある。また全村の神社に下賜するのであれば、一斉に行われたであろうし、通知も廻状でよいはずである。この場合は、中桜井村の神社に対する、特注の金幣であるから、この神社に対する代官の信仰の問題かとも思われ、非常に特殊な事例である。村の鎮守は、祭礼・神事の費用を村入用で賄っている場合も多く、代官・領主は寺社も村落共同体を取り結ぶ機関として、村の一部に捉えていることが多い。この場合も中之条役所代官は、神主と村役人を受け取りに来させること、通達を村方三役あてに出し、神社あてでないことに注意したい。

7、（年不詳）十一月　拝借銀仰せ付けられ御礼

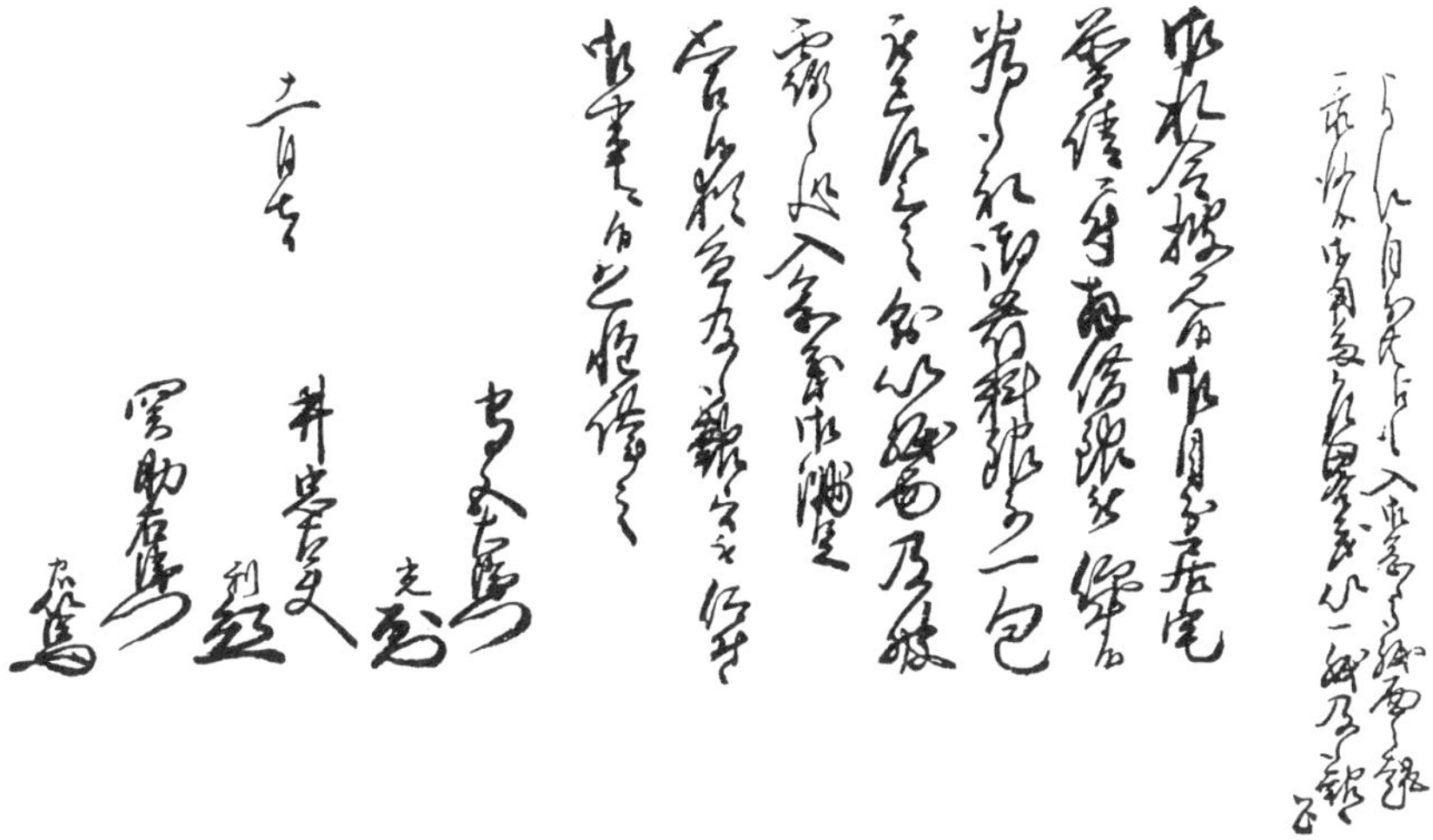

【解読文】

御札令披見候、御自分居宅
普請ニ付、拝借銀被　仰付候、
為御礼御肴料銀子一包
被差上之、則以紙面及披
露候処、入念義御満足
思召候、猶宜及御報旨被仰付候
御事ニ候、恐惶謹言

十一月七日

守五右衛門
光（花押）

井忠太夫
利（花押）

関助右衛門
忠（花押）

森嶋清右衛門殿
御報

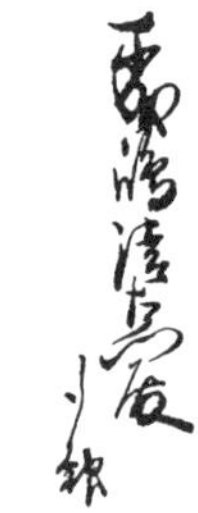

「(追而書)尚以自分共江も入御念候御紙面之趣
忝存候、御用多乍略義以一紙及御報候、
以上」

【読み下し文】　御札(ぎょさつ)披見(ひけん)せしめ候。御自分居宅普請に付き、拝借銀仰せ付けられ候。御礼の御肴料として銀子(ぎんす)一包(ぼう)これを差し上(のぼ)され、則ち紙面を以て披露に及び候処、入念の義と御満足に思(おぼ)し召(め)し候。なお宜(よろ)しく御報(ほう)に及ぶべき旨、仰せ付けられ候御事に候。恐惶謹言(きょうこうきんげん)

(追て書) 尚以(なおもっ)て自分共へも御念(ごねん)に入り候御紙面の趣、忝(かたじけな)く存じ候。御用多(ごようた)略義ながら一紙を以て御報に及び候、以上

【筆法・語釈】　①御札…あなたからの手紙。②拝借銀…幕府や領主からの貸し下げ金。御恩貸・公金貸下なども。領主が特定の産業育成・保護のため、あるいは利殖を図って公的資金を商人や株仲間・村などに貸し下げることがある。この場合は拝借金を願い出て許されたのではなく、仰せ付けられた（借りるよう命ぜられた）のであり、領主の有余金を利殖にまわしたものか。拝借はもちろん、貸し下げられた側の言い方。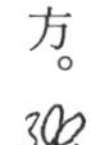（銀）の金偏の書き方に注意。「る」を下にのばして右上にはねる書き方。すぐ左にも同例。③銀子一包…通例は判銀一枚または銀一〇匁。ほぼ金一両の六分の一に相当。④・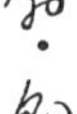（則）…刂(りっとう)の部分がくずし字では右がわの点になる。逆に点を刂に置き換えてみて解読できる字も多い。刑・刮・例なども。⑤満（満）の旁の書き順は模式的に書くと。⑥（思召）…思〆に心。ただし、書き順は点が先。⑥（宜）…「宜」は再読文字（よろしく……すべし）。「宜及御報旨」となる。⑥御報…ゴホウと音訓みにする。お報せの意。あて書の脇付けと「追

て書」にもある。なお「報」の字の旁は「銀」の「艮」と同様に書いている。

（追て書）① 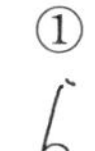（尚以）…もっと長細く書くこともある。ほぼ記号化された書き方の一つ。② 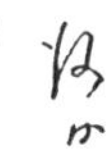（忝存候）…上の三のように見えるのが「天」、その下が にあたる。「存候」は、これだけ見ると「後日」のようにも見え、「後日ノ御用」と誤読すると意味をなさなくなる。

なお文中の「御」は「・・」の三通りに書かれている。また「令」と「為」について…「令」は「セシム」。「令披見」のように動詞の上について使役の助動詞として用いる。「為」も使役の助動詞「ス」「サス」（口語の「セル」「サセル」）のほか、「トシテ・タリ・ナリ・ノタメ」など広く用いられる。

【解　説】　この古文書は旗本知行地の庄屋に宛て、用人三名が連署で主人の意を得て差し出した書状。主文は庄屋（森嶋清右衛門）が居宅を普請するについて、領主の旗本から借銀するようにとの配慮を受けたらしい。これは命令に近い好意であったとしても、領地の百姓代表たる者、御礼も包んで差し上げねばならない。礼状と礼金が殿様の屋敷に届いたので、用人がその旨を披露したのである。本書の大意は、御肴料献上の目録（紙面）を披露に及んだところ、心の篭った（入念）ことであると満足に思し召され、宜しくその旨を伝えるようにと仰せられたということ。冒頭二行の「追て書」は三名の用人に対しても、森嶋は配慮ある趣を手紙に記し、付け届けもおくったのであろう。その礼状であるが、多忙なので正式な書簡でなく、追伸で簡単にしたのである。

文書は山城国相楽郡祝園（ほうぞの）村の庄屋文書で、Ⅲ―1・Ⅶ―1でも取り上げる。村の概要、領主旗本天野氏のこと等はⅢ―1・Ⅶ―1の解説をみていただきたい。差出人の用人三名も、受取人の森嶋もⅢ―1で登場する。なお差出人の姓は名乗の一字だけで示し、花押は近世武士に多い明朝体であるが、デザインする前の原字が明らかで一字体に近い。もし名乗の二字目を花押にしたのであれば、光則・利知・忠篤と読める。

8、（年不詳）斬奸状写

【解読文】

大谷仲之進

右之者事、去冬泉州堺ゟ長崎運送として
莫太(大)之綿油買〆積下り候趣相聞ニ候付附覡(ママ)、
此度於周坊(防)別符浦厳重ニ及糺明候処、外
夷交易之為積下候段逐一及白状、豈計ん
薩藩順野(ママ)公已来、尊攘之大義を被唱
天下之人心奮起致候程之處、只今迄先公
之深旨を忘却し、外夷と令交易之段
全諸役人貪慾無恥之私計にして、上ハ十餘
年来日夜宸襟を被為　悩、然而被仰
出候攘夷之聖慮を蔑にし、下は諸品拂底
物代高直ニ相成、人民次第困窮相迫ルをも不
顧、内者神明之国力破弊を示して、外者
豺狼にひとしき夷賊の術中に陥り、神州有
限の品をもて夷賊無厭の慾にミ(充)てんとする

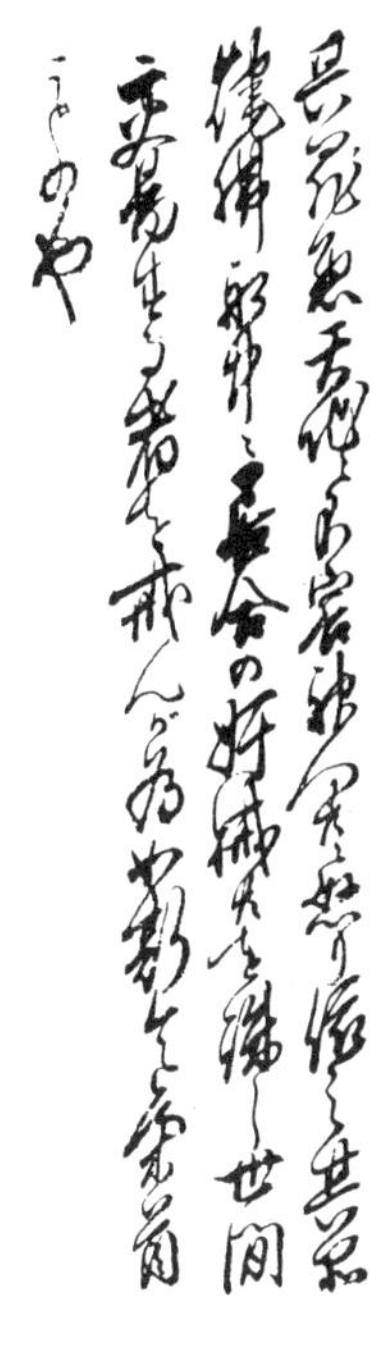

其罪悪、天地ニ不容、神人共ニ怒り、依之其品
焼拂、船中ニ居合の奸賊共を誅し、世間
交易する者を戒んが為、如斯令梟首
もの也

【読み下し文】

大谷仲之進、右の者こと、去る冬、泉州堺より長崎運送として、莫大の綿油買占め、積下り候おもむき相聞き候に付き、つけうかがい、この度、周防別符浦（すおうべっぷうら）に於て厳重に糾明に及び候ところ、外夷交易の為積下（つみくだ）り候段、逐一（ちくいち）白状に及ぶ。豈（あに）はからん、薩藩順聖公已来、尊攘の大義を唱えられ、天下の人心、奮起致し候程のところ、只今まで先公の深旨を忘却し、外夷と交易せしむるの段、全く諸役人貪欲無恥（どんよくむち）の私計（しけい）にして、上は十余年来日夜宸襟を悩ませられ、しかして仰せ出だされ候攘夷の聖慮をないがしろにし、下は諸品払底、物代高値に相成り、人民次第に困窮相迫るをも顧みず、内は神明の国力破弊を示して、外は豺狼（さいろう）にひとしき夷賊の術中に陥り、神州有限の品をもて、夷賊あくなきの欲にみてんとする、其罪悪天地に容れず、神人共に怒り、これにより其品焼き払い、船中に居合の奸賊共を誅し、世間交易する者をいましめんが為、かくのごとく梟首（きょうしゅ）せしむるもの也。

【筆　法】　③趣…はじめに走の部分をしのように大きくまわした中に、取を「江」のように書いている。③附覘…恐らく附覘（つけうかがう）または附狙・附睨（つけねらう）の積りでこの字を書いたもの。⑤逐一…「辶」が「心」か「灬」のように書かれている。⑤白状…「白」のくずしは「日」に似ているが、「日」のくずしを[illegible]と書き、これに「ノ」が付いた形である。⑧交易…「交」の字は「亠」に「父」と書いている。

【語　釈】　④周防別符浦…「付」を「苻」と書いている。「別符浦」は現山口県小野田港。もっとも小野田市は周防でなく長門である。　⑥薩藩順野公…順聖院殿とおくり名された島津斉彬のことであろう。「野」は聖とも書き、「聖」と間違えて筆写したものか。安政五年（一八五八）没で⑦に「先公」と呼ばれている。　⑥尊攘之大義…尊皇攘夷の重大な道義。尊攘は幕末の排外思想の一つで、天皇（幕府・将軍でなく）を尊び、「夷狄」を攘つべしとする立場。大義は臣下として当然ふみ行うべき道。　⑧深旨…深い思し召しの意義。　⑨私計…個人的で浅はかな計り事。　⑩宸襟…天皇の大御心。　⑪聖慮…天皇のお考え、ご配慮。　⑭夷賊の術中…外国の計略のまま。手管・策略の通り。夷賊は外国人を侵略者とみなし卑しめた言葉。四方に東夷・南蛮・西戎・北狄の蛮族がわが国を常にねらっているとする中華思想。　⑰奸賊…わるがしこい賊。　⑱梟首…さらし首の刑。罪人の首を斬り、木の柱など高いところに掲げて人目に晒す。獄門。

【解　説】　資料の出典は『諸方珍説書』という幕末の風聞記録。開港以後の物情騒然とした社会の色々な出来事を書き留めている中から一節を選んだ。長い鎖国体制が破れ、朝廷と幕府との関係も何とか釣りあっていたのが、変動し落ち着かなくなり、社会不安からか、それまでにはなかったような事件が次々と起こるようになる。政治的な事件は京都を主な舞台として、経済的な事件は横浜と交易品出産地を結ぶ売り込み商人をめぐって、社会的な事件は神州の祖法を乱す軽挑浮薄な都市、江戸などで起こりがちであった。またこれを題材として、漢詩・和歌・俳句をはじめ、狂歌・独々逸・ちょんがれ等が作られる。こうした幕末の新しい風潮や事件は、数多くの風聞記録を生み、流行歌となって出版されたものもある。本書は筆写本で表紙に「壱」と書いてあるが、「弐」以下を欠いている。この文書は、文久三年（一八六三）に周防（山口県）で起こった貿易商人の暗殺事件で、さらし首に並べ立てられた斬奸状の写し。裏面には、中国浪士と名乗る水井精一・山本誠一郎の二人が所存あって国許を発し、泉州堺（大阪府）で商品買い占めをして貿易する商人に誅戮（ちゅうりく）を加え、彼らを改心させて天皇の叡慮を貫くためであり、赤心を天地神明に誓って照覧願うために割腹するとあり、辞世三首も添えてある。

こうした幕末の風聞記録は農村文書などにもよく見出され、都市の一部にしか知られなかったような事件も、山奥の村々まで情報が届くようになったことが分かる。

9、（年不詳）鷹場の村中入用に関する記録

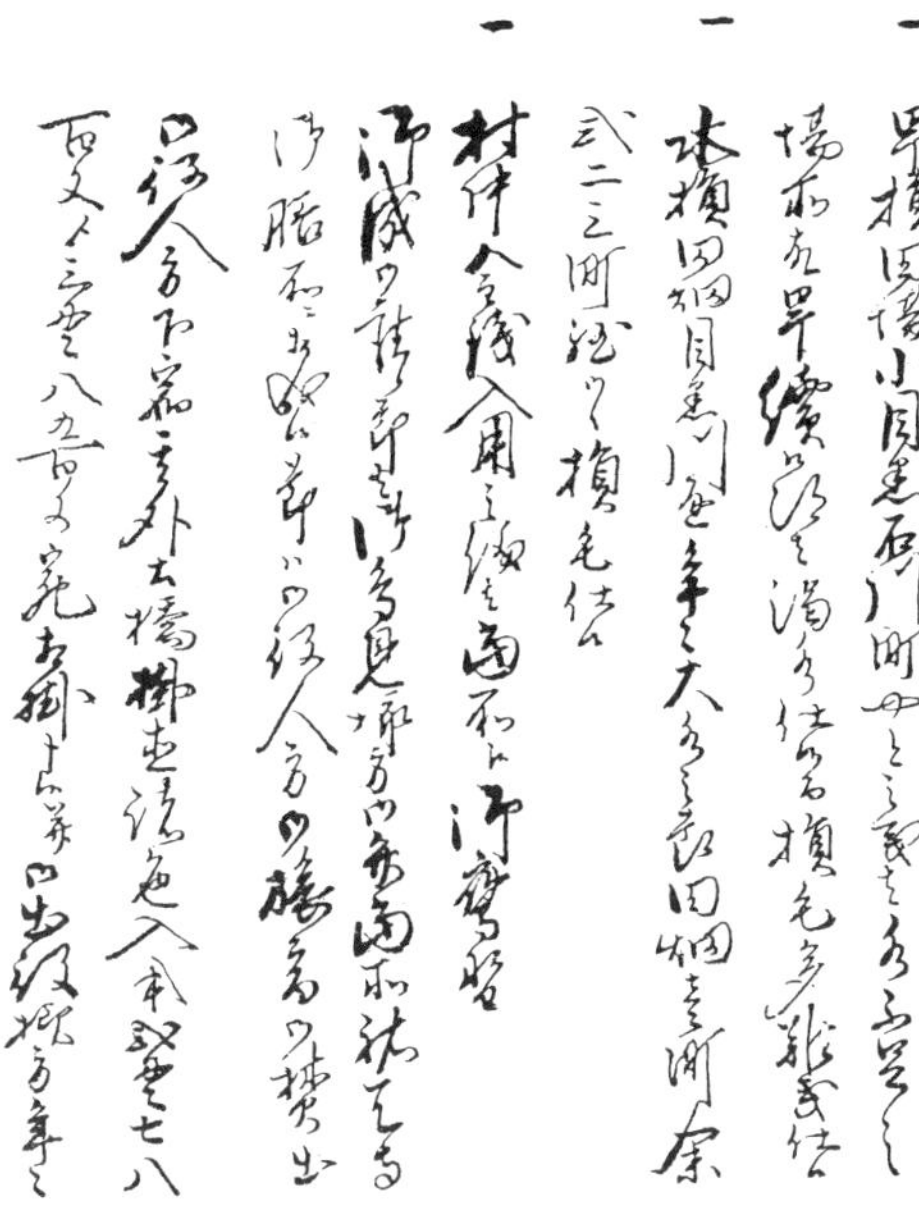

【解読文】

一旱損田場、小目黒石川町やと之義者水不足之
場所故、旱續候得者渇水仕候而、損毛多難義仕候

一水損田畑、目黒川通、年々大水之節田畑壱町余
哉二三町程ツ、損毛仕候

一村中金銭入用之儀者、當所江御鷹野
御成御座候節者、御鳥見様方御弁當所、祐天寺
御膳所ニ相成候節ハ、御役人方御旅宿御焚出、
御役人方下宿、其外土橋掛直諸色入用、弐貫七八
百文ゟ三貫八九百文宛相掛申候、并御出役様方年々

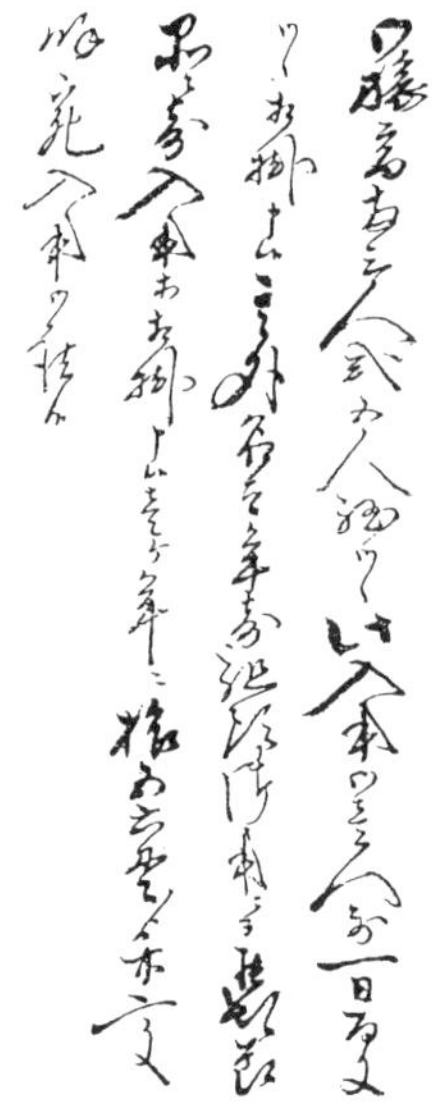

御旅宿両三人哉五人程ツヽ、此入用御壱人前一日百文
ツ、相掛申候、其外名主年寄組頭御用ニ而罷出候節、
品ニ寄入用等相掛申候、壱ケ年ニ拾五六貫ゟ廿〆（貫）文
餘宛入用御座候

【読み下し文】

一、旱損田場、小目黒・石川町やとの儀は水不足の場所故、旱続き候えば渇水仕り候て、損毛多く難義仕り候

一、水損田畑、目黒川通り、年々大水の節、田畑壱町余りか二三町程ずつ損毛仕り候

一、村中金銭入用の儀は、当所へ御鷹野お成り御座候節は、御鳥見様方御弁当所、祐天寺御膳所に相成り候節は、御役人方御旅宿・御焚出し、御役人方下宿、其の外土橋掛け直し諸色入用二貫七、八百文より三貫八、九百文ずつ相掛り申し候、并に御出役様方、年々御旅宿、両三人か五人程ずつ、此の入用御一人前一日百文ずつ相掛り申し候、其の外名主・年寄・組頭、御用にて罷り出で候節、品に寄り入用等相掛り申し候、一か年に一五、六貫より二〇貫文余ずつ入用御座候。

【筆法・語釈】　①やと…  と書いているので、ゆと・中とと読んでも無理からぬが、こう書くのも普通。谷間・低地を意味し、谷戸・谷津の字を当てる。関東の地名に多い。　④⑩哉… ・と書いてあり、「式」または「或」と読める。これは完全に筆者の書きぐせである。と、「戈」をはっきり書けば誤読もなかろう。「或」を「アルイハ」と読めば意味が通るから始末が悪いが、近世文書では通常、「或者」と「は」を補う。中世文書には「或」一字だけもあるが、その場合「アルハ」と読むのが慣例。同じ書き手による他の文書を調べたところ、

「〜から〜」の意味のとき「哉（か）」を多用しているようである。⑤御鷹野…鷹野狩り・鷹場・鷹狩り場を鷹野と称し、また鷹狩りに出掛けることを鷹野とも称した。「野」は異体ののくずしで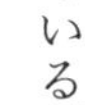と書いている。⑥鳥見…鳥見役。将軍鷹狩り場の野鳥の繁殖状況を調べたり、付近の農民の取り締りに当たった。若年寄支配の役職。⑦御膳所…貴人の台所を丁寧にいう語。ここでは食事を取る場所。⑩程…偏も旁も大きくくずして。この一字だけだと「執」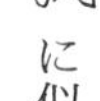に似ている。⑪罷出候節…四字がくっついているのと、「出」が略してあり、読みにくい。「出」のくずしには・・などがある。⑬餘…食偏が口に見えるので「呼」と間違えやすい。

【解　説】　将軍家の鷹狩り場を御拳（こぶし）場といい、江戸周辺五里以内におかれていた。それよりさらに五里の範囲で、獲物の確保・繁殖のため禁猟区とした御留場（おとめば）、その外がわに御三家の御鷹場が囲むようにおかれていた。将軍綱吉の時代には、生類憐みの令が出されて鷹狩りは慎まれ、鷹場の諸役も停止されていたが、これを復活したのは吉宗の享保改革においてである。享保三年（一七一八）には、御留場を目黒筋・品川筋など六筋（方面）に編成し、それぞれ鳥見役をおいて支配させた。鷹場内の村の名主から触次（ふれつぎ）名主が選ばれ、鳥見役の命令の伝達に当たった。

現在、東京大学教養学部のある辺りの駒場原は、上・中・下の三目黒村が入り会う秣場であったが、享保年間に「御鷹野鶉場所」に指定され、秣の刈取りが禁止された。さらに原の中に一町歩ほど、鳥の飼餌を作ることを命ぜられている。また、将軍が放鷹の御成りで百姓たちが御用にかり出されるときは、人足賃として一日五合の扶持米が支給されることになっている。時には、多摩川の川狩り（鮎漁）の御成りに御用を勤めさせられることもあり、御鷹場の村々は、通常の年貢・助郷などの負担の上に、鷹場課役とその支配を負担させられた。

しかし将軍家が、式典など表立った行事には見せない、くつろいだ姿を農民に見せることもあり、休憩所が「爺が茶屋」や「目黒のさんま」などの伝説となることがあった。

この文書は村明細帳の一部である。領主・代官所など支配者への答申のような書上げ書類は、村方への負担を増やさぬよう、特産物の有無、地味や水利の便などについて、実際より内輪に記述されていることが多いとされる。早損田場・水損田畑を対比的に強調しているのもその例。小目黒は北目黒かと思われたが別の明細帳にも小目黒とあり、小字である。石川町も小字で、バス停等に今も残っている地名。三条目の祐天寺は浄土宗の大寺で、増上寺の末。境内は一千坪（石高は一石一斗余りしかない）。将軍御成りの節は、休息所や役人の弁当所などによく使われた。村入用は、御成りの節の役人が駐留する経費と、村役人が江戸府内などに出張する際の入費である。

10、（年不詳）　鷹場近在の村々へ華美・遊興慎み申渡し書

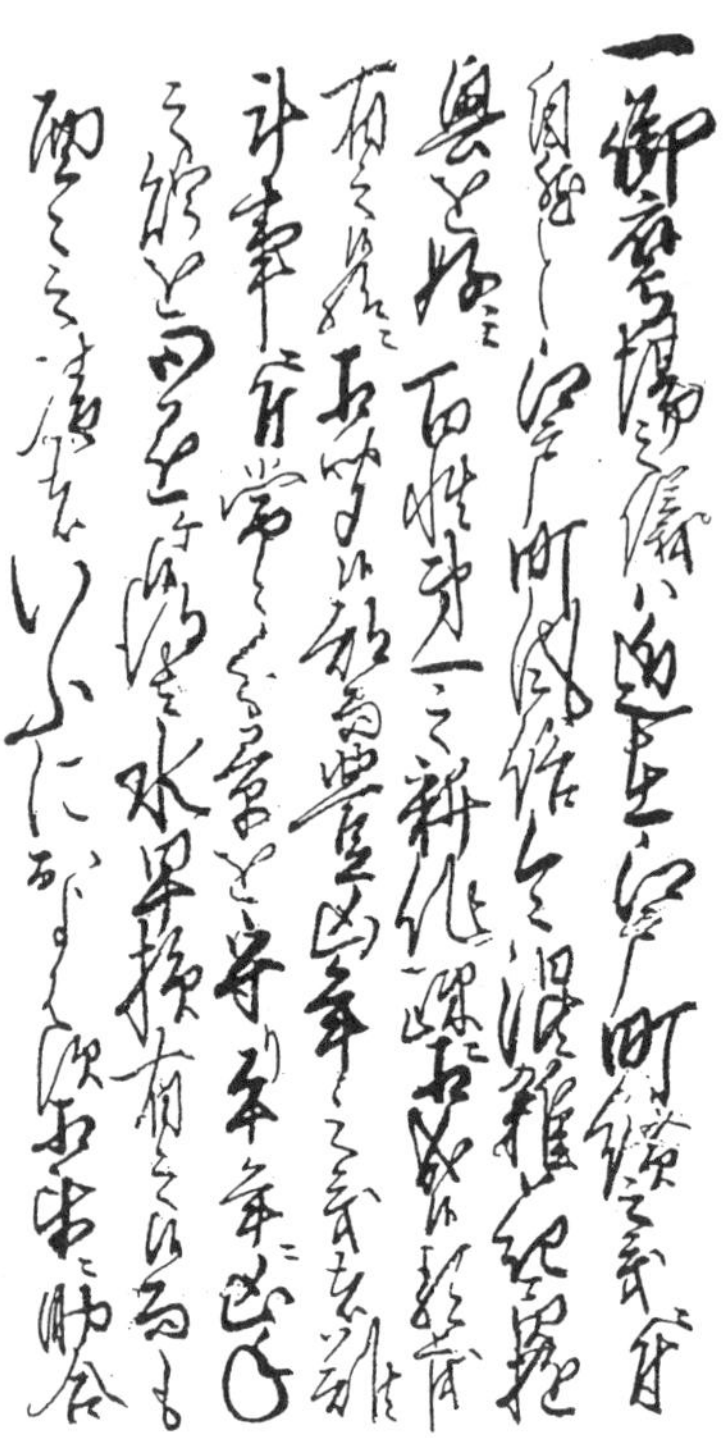

【解読文】

一御鷹場之儀ハ近在江戸町續之義ニ付、
自然と江戸町風俗令混雑、花美遊
興を好ミ、百性第一之耕作疎ニ相成候類茂
有之候様ニ相聞候、都而豊凶年之義者難
計事ニ付、常々分量を守り、平年ニ凶年
之貯を心懸ヶ候得者、水旱損有之候而も
面々之凌者いふにおよはす、相互ニ助合

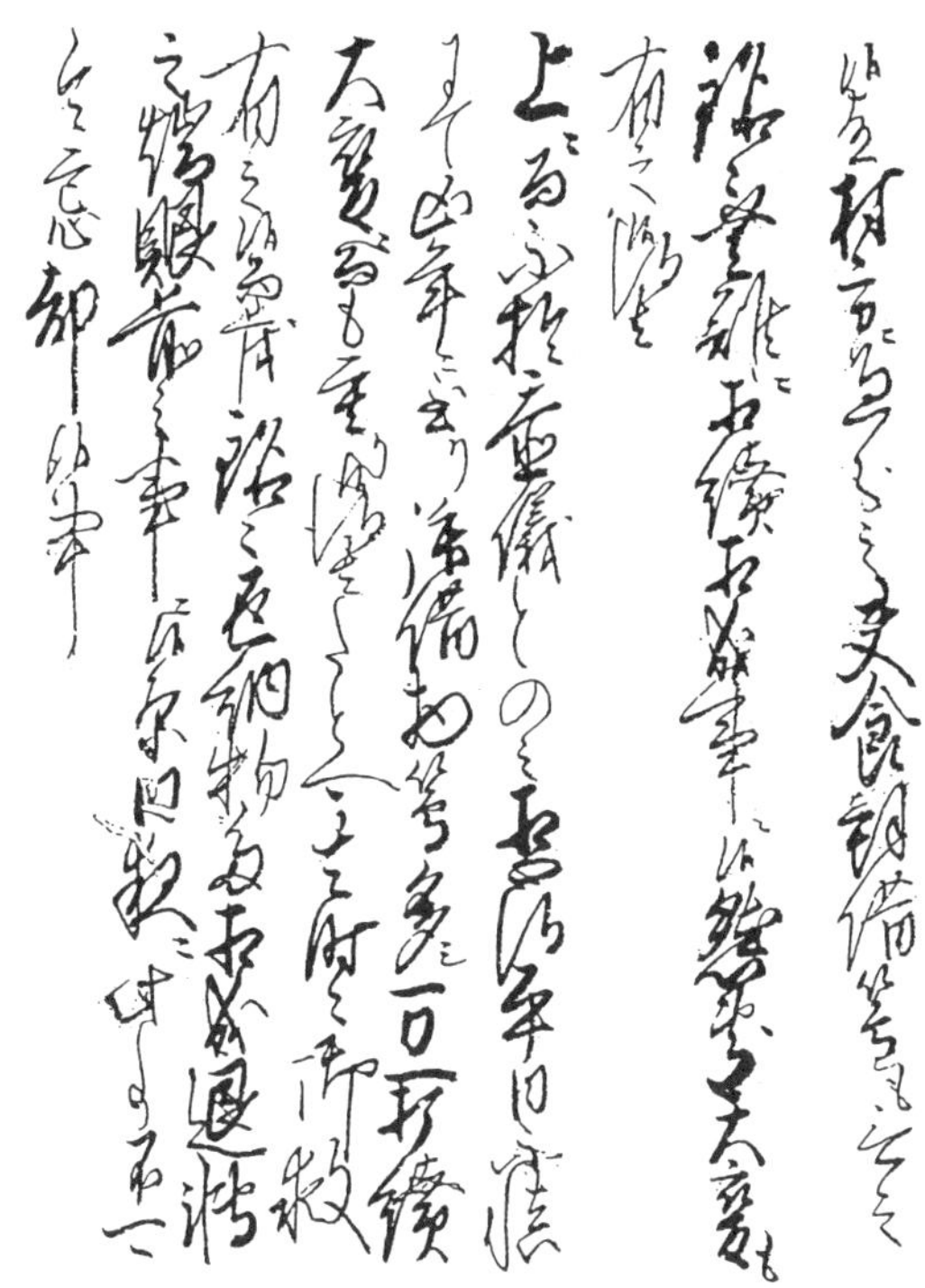

候故、村方ニ過分之夫食拝借等も無之、
銘々無難ニ相續相成事ニ候、然處大変も
有之候得者
上ニ而不指置儀とのミ相心得、平日不慎
にて凶年ニ至り拝借物等多シ、万一打續
大変ニ而も重り候得者、たとへ其時々御救
有之候而茂銘々返納物多相成、退轉
之端眼前之事ニ候条、日夜ニ此事不可
令忘却候事

【読み下し文】

一、お鷹場の儀は近在(きんざい)江戸町続きの義につき、自然と江戸町風俗混雑せしめ、華美・遊興を好み、百姓第一の耕作疎(おろそか)に相成り候類(たぐい)もこれあり候様に相聞え候、都(すべ)て豊凶年の義は計らい難き事に付き、常々分量を守り、平年に凶年の貯(たくわ)えを心懸け候えば、水旱損(すいかんそん)これあり候ても面々の凌(しの)ぎは言うにおよばず、相互に助け合い候故、村方に過分の夫食(ふじき)拝借等もこれなく、銘々無難に相続相成る事に候、然るところ、大変もこれあり候えば、上(かみ)にて指し置かざる儀とのみ相心得、平日不慎にて凶年に至り拝借物等多し、万一、打ち続き大変にても重なり候えば、たとえ其の時々お救いこれあり候ても、銘々返納物多く相成り、退転の端(はし)、眼前の事に候条、日夜に此の事忘却せしむべからず候事、

【筆法・語釈】①（近在）…都市の近くの村方。①…「続」の旧字体「續」のくずし。⑨⑫にもある。②（花美）…派手でぜいたくなこと。「花」は「華」の別字。同様に用いられた。③（興）…この字は奥とほとんど同じ書き方。奥書・奥儀などの字を見たとき写しておき、比較するとよい。③（疎）…おろそか。④（都而）…すべて。④難計事…予測が困難なこと。⑤（分量）…食料を消費する分量。の上部を少し左に書くと（限）と読めるが、「分限」なら百姓の身分を心得て、という意味である。⑥水旱損…水害と旱（ひでり）（干害）による損害。⑦面々之凌…一人一人が何とか生活を送ること。⑦（相互）…「互」の二画目が左から入るように書かれたため、東（）のような形になった。⑧夫食…凶作のときなどに飢民を扶（たす）けるための食糧。夫食貸の糧食。⑧（拝借）…「拝」はほとんど「朝」のような書き方であるが、「拝」以外の字では意味をなさない。⑫の「拝借」をのように書くところ、くずし違いであろう。⑪（不指置）…「指」は「於」のような形であるが、ここの意味は「指」または「捨」である。しかしどちらも右の旁が画数不足。「指」の方がやや近い。意味は指（さ）し置く・捨て置く、ともに「そのままにしておく。放っておく」の意。⑬（大変）…大きな変事。凶変。は「変」の旧字体「變」のくずし。⑭退転之端…退転はもと仏教用語で、修業を怠り悪い方へ転落すること。貧窮の末、水呑（みずのみ）になり、さらには村から退去するなど。「端」は発端。⑮眼前…目のまえ。すぐ近く。「眼」の偏が貝（かいへん）になっているが、このような明らかな誤字の場合、原稿化するときは「眼」に直してよいであろう。⑰忘却…この二字とも不正確な書き方に注意。

【解　説】　近世の初期、家康・秀忠は江戸周辺で泊りがけの放鷹（ほうよう）をしばしば行ったが、当時はまだ鷹狩場として特定地域が指定されてはいなかった。家光の代になってかなり広範な村々が鷹場に指定され、御三家にも与えられた。五代将軍綱吉の代に生類憐みの令により鷹狩が行われず、鷹場村々の規制もなくなったが、八代吉宗が将軍就任まもなく復活した。およそ江戸から五里以内を将軍の鷹場（御拳場（おこぶしば）という）とし、それより五里は御留場（おとめば）に指定して獲物となる鳥獣の繁殖・保護区とし、さらにその外側を囲んで御三家の御鷹場が拡がっていた。

代官や領主の支配とは別に、御鷹場には陣屋がおかれて見廻り役（鳥見役）が詰め、その下で鷹場預り案内が村々を支配した。鷹場の村々は鳥獣の繁殖をはかり、材木や草刈の制限や、案山子を立てることも、獲物の鳥がいなくなるとして禁じられたりした。また鷹の生餌の小鳥の、そのまた餌として蝗（いなご）・えびずる虫・けら等を課せられたり、荷物の運送や勢子の人足に動員されることもあった。

この文書は御鷹場内の村方文書のうち、御用廻状の請印帳から採った。角筈村は現在の東京新宿・歌舞伎町のあたりであるから、「江戸の町風俗と混じりあい、華美遊興を好むようになる」と、まるで現代的なことが書いてある。内容は特に御鷹場だけを重視している訳ではなく、近世後期の関東農村に広く見られた遊興・華美の流行に対して警告したもの。

江戸の町は町奉行所の取締る範囲が一応決まっていたが、落ち葉の吹き溜まりのように地方から流入する人口が増えるに従い、周辺農村が次第に町場化し、どこからが江戸の町、隣の村と分からぬほどに拡がっていった。際限もなく人を集め首都圏を拡大していく東京の性格は、江戸期から始まっていたといえる。

一方、近在の村々も江戸向けの野菜や加工品を作って取り引をするようになると、いきおいその地に江戸の風俗が流行するのも自然であろう。町人は遊民だとする考えにこり固まっている武士にとって、食料生産に励む農民が、江戸町人のように贅沢（ぜいたく）になり「百姓第一之耕作疎（おろそ）」かになっては、武士階級の危機にもつながる。

農民は常に凶作年に備えて消費の分量に気を付け、貯えに気をつけていれば水旱損にも困らず、村方として過重な夫食拝借もしないで済み、その返納に追われることもない。だが万一大変な年があっても、お上は農民をそのまま差し置くことはあるまいと、甘く考えていると、拝借物も多くなり返済に追われるようになる。

凶作などに備えて村に備蓄の倉を設けさせたり（郷倉）、救済貸付などが制度的に調うようになったのは、天明大飢饉のあとの寛政改革からであったが、それ以前にも宝暦三・五・六年と不作が続いたあと、農民の不安定な生活を補うようにと、夫食（扶食とも書く）の貸し下げが行われるようになった。一日の基準は、米なら男二合、女一合、麦は男四合、女二合、黍、稗は男八合、女四合で、翌年より五年賦で返済というのが通例であった。

III　旗本の家政改革

1、宝暦六年閏十一月　旗本勝手方用人より知行地庄屋惣代あて書状

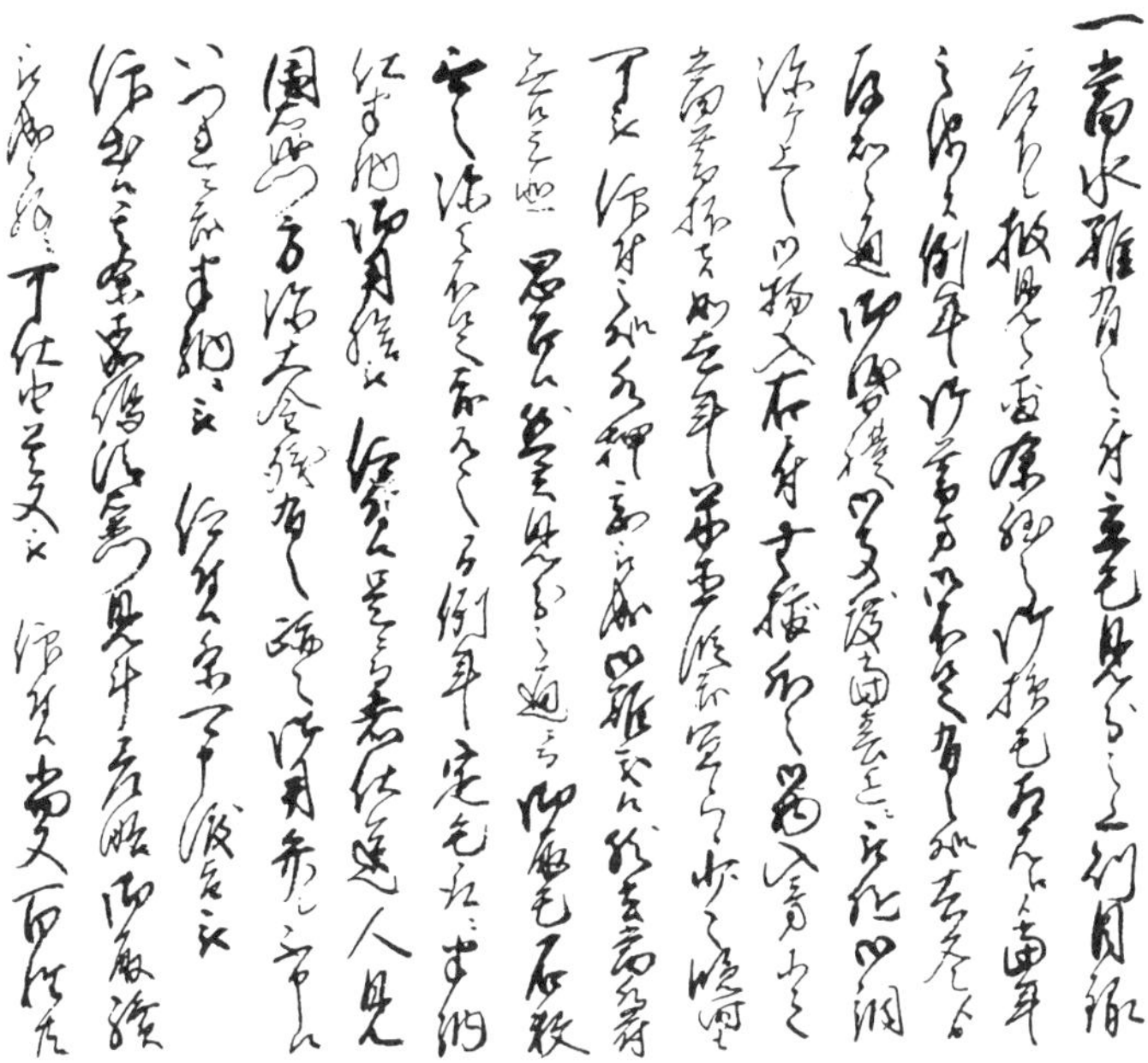

【解読文】

覚

一當水難有之ニ付、立毛見分之上、則目録
差下シ披見之處、余程之御損毛相見江候、当年
之儀者例年御暮方御不足有之処、去冬ゟ
存知之通、御婚禮御支度当春迄ニ被遊御調、
弥ヶ上之御物入右ニ付無據外々御物入旁にて
當暮抔者如去年米直段茂宜候ハヽ、少々臨時も
可被　仰付之処水押甚被成御難義候、然者當水苻(付)
無是悲(非)　思召候、然共見分之通ニ而御取毛石数
無之、弥々不足茂有之間、例年定毛取ニ半納
仕、半納御用捨被　仰付候、是ニ而者仕送人見
團右衛門方弥大金残有之、跡々(後)御用弁シ不申候、
いつれニ茂半納ニ被　仰付候条、可申渡旨被
仰出候、其余森嶋清右衛門見計、差略御取續
被成候様ニ可仕由、是又被　仰付候、尚又百姓共

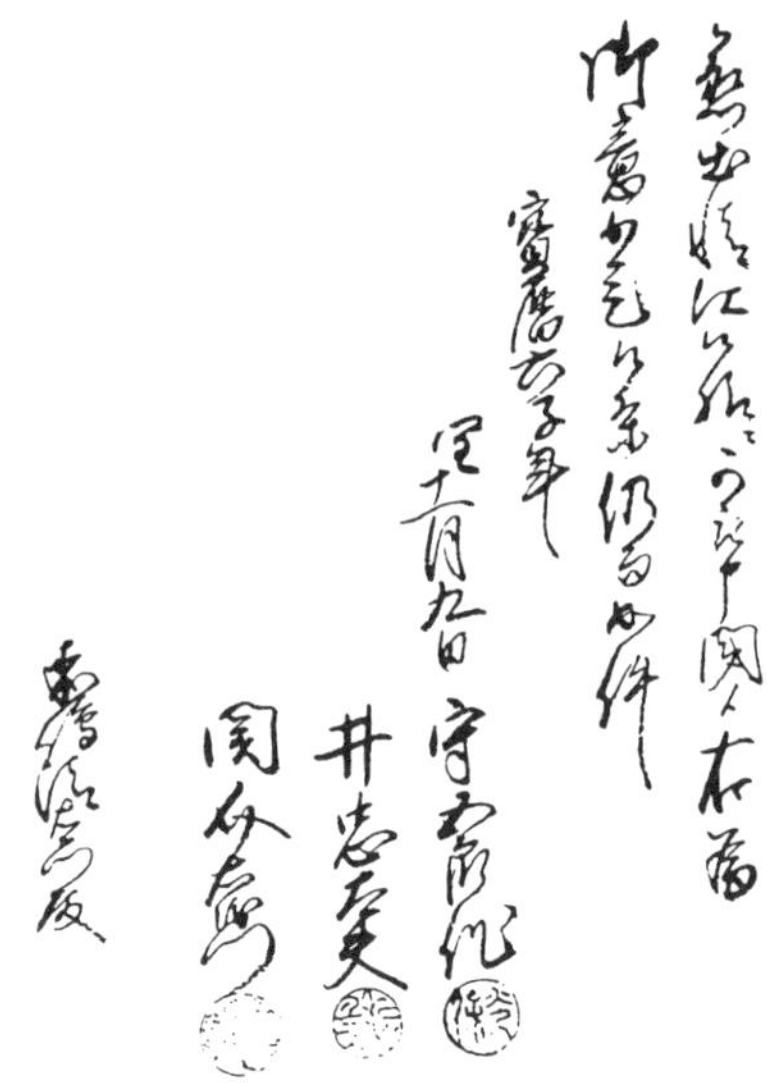

愈出情(精)仕候様ニ可被申聞候、右為
御意如是候条、仍而如件
宝暦六子年
閏十一月九日　守　五　郎　作　㊞
井　忠　太　夫　㊞
関　介右衛門　㊞
森嶋清右衛門殿

【読み下し文】

覚

一、当水難これあるに付き、立毛見分の上、則ち目録差し下し披見のところ、余程の御損毛相見え候、当年の儀は、例年お暮し方御不足これあるところ、去冬より存知の通り、御婚礼お支度、当春までにお調えあそばされ、弥が上のお物入り、右につき、よんどころなく、外々お物入り旁にて、当暮などは去年の如く、米値段もよろしく候わば、少々臨時も仰せ付けらるべくのところ、水押はなはだ御難儀なされ候、然れば当水付(浸)き是非なくおぼしめし候、然れども見分の通りにて御取毛石数これなく、いよいよ不足もこれある間、例年定毛取に半納つかまつり、半納御用捨仰せ付けられ候、これにては仕送り人見団右衛門方いよいよ大金残りこれあり、後々御用弁じ申さず候、いずれにも半納に仰せ付けられ候条、申し渡すべき旨仰せ出され候、其余森嶋清右衛門見はからい、差略お取り続きなされ候様に仕るべき由、これ又仰せ付けられ候、なお又、百姓共いよいよ出精仕り候

様に申し聞けられ候、右、御意の為、かくの如くに候条、仍て件の如し（以下略）

【筆　法】②難…偏の書き方が特異。⑧の「御難義」と比べると、くずし方の違いが分かる。③處…このくずし字も余り多くない。ふつうは異体字の處をくずすが、これも筆順はほぼ同じ。下が縮まり、左側にも点を打っている。⑥の「無據」の右側も同じくずしだが、右に点を二つ打っている。解読字典などにあまり出ていない例である。⑧然者・⑨然共…ほとんど字形は同じだが頭の部分の入り方が異なる。⑮の「百姓共」の「共」はよくあるくずし字である。⑧符…草冠に「付」と書いているようだが、竹冠はよくこの形になる。⑨是悲…「是」は⑪「是ニ而」・⑮「是又」・⑰「如是」に例があり比較してほしい。「悲」は「非」の当て字。下の横棒が心である。⑩の「者」は書き直してある。⑫團…囗の中が「を」のようになっていれば「園」であるが、字形は「専」のくずしに近く、團（団）をとった。⑭「其余」は⑰の「条」に似ているが、筆の入り方が異なる。⑯愈…近世文書にはあまり多くない、見慣れぬ字かも知れないが、筆順はほぼ楷書通りに書かれている。⑰如是…如の女へんが分かりにくいが、「是」に思い至れば手紙の例文の「如是（かくの如くに）御座候」などが連想できよう。

【語　釈】②当水難…「当」は今年、今を指す。（だから当時といえば現在のこと。）③⑤⑦の「当」も同じ。②立毛…毛は田畑植栽の農作物、特に稲のこと。現在水田にある稲の成育状況。②目録…箇条書きにした書類。ここでは森嶋清右衛門が書き送った被害状況の実地見分目録。③御損毛…稲作の損害であるが、御が付いているのは殿様（天野氏）の御減収を意味している。⑥物入…出費。費用がかかること。⑦臨時…臨時の課役、増し年貢。⑧水押…出水。⑧水符…水付（浸っ）き。水難。⑧御取毛…収穫高のことであるが、ここでは年貢の取分をも指している。⑩定毛取…定免と同じ。毎年並の年貢高。⑪仕送…年貢を担保に前貸金を仕送りしてくれる者。⑫跡々御用…後々の金融。貸し金の御用。⑭其余…その他、それ以上のことについては。⑭差略…倹約・省略した経済。

【解　説】　京都府相楽郡精華町の祝園(ほうぞの)村文書。関介右衛門と森嶋清右衛門も、すでに紹介した（六三ページ）。関が旗本天野氏の財政担当の用人、森嶋は領地の在地代官であった。年代は宝暦五年（一七五五）で、水害関係の文書であることも共通している。

村は特定されていないが、祝園村を含む天野氏領の村々共通の水害と思われる。閏十一月であるから、秋の台風に襲われ、稲作が「余程の御損毛」になったのである。本文の一〜二行目の主語・述語の関係は、言葉を補って解釈すると分かりよい。「立毛を森嶋が見分して、その結果を目録に書いて江戸の天野氏に送付した。それを三人の担当用人が披見した処、殿様に相当の御損毛と思われる」というように、森嶋の身分は庄屋（百姓）、差出人の三人は旗本の家来で、将軍からみると家来の家来だから、陪臣とか又の者、又の家来と言う。下の者が上級者に文書を差下すは変で、差上ぐ・差上(のぼ)すが正しいのではないか。いや、立毛の見分目録は、上方から江戸に下ってきたのである。京都または畿内から、他の地方に送られるものは全て下り、逆が上りである（明治以後は天皇が東京に移ったので、鉄道も東京に向かうのが上りとなった）。

天野氏の財政逼迫の様子は「例年御暮方御不足」で、特に去年から婚礼の物入りがあったという。『寛政重(ちょうしゅう)修諸(しょかふ)家譜』によれば、六代昌方(まさかた)は宝暦元年に家を継いだばかりで、この文書のころは二十二歳であった。この婚礼は昌方本人であろう。妻は松平内記正直の娘、後妻が松平権之助氏盛の娘とあるが、安永九年（一七八〇）四十六歳で死んだ時男子がなく、弟長侍(ながのり)が家を継いでいる。

六行目に「今年の暮は去年の如く米価が宜しければ、少々の臨時増税も命令できるのだが」、という意味の文がある。米価が高く諸物価が安ければ、年貢米を売却して財政にあてる武士の生活は楽になる。臨時増税も小額で済むのだが、今年の水付きでは是非もない、それすら命じられないというのである。そして今年の年貢は例年の定免高の半分とする。しかしそれでは金融元の人見団右衛門方に大きな借財が残り、後々融通してくれなくなる。だがいずれにも半納だと仰せ出されたから、これ以後は森嶋が見計らい（仕送り上納などで）殿様の倹約生活が続くようにせよ、百姓らも一層殿様のために精を出すように、という大意である。

旗本知行地の古文書には、財政窮乏を物語るものが多いが、これには水害で年貢の減収となることが切実に語られている。仕送り金融元、人見団右衛門の人物像がはっきりすれば興味は一層深まるが、関連史料はまだ分からない。

2、安永九年十月　旗本の倹約につき対談使者派遣の達書

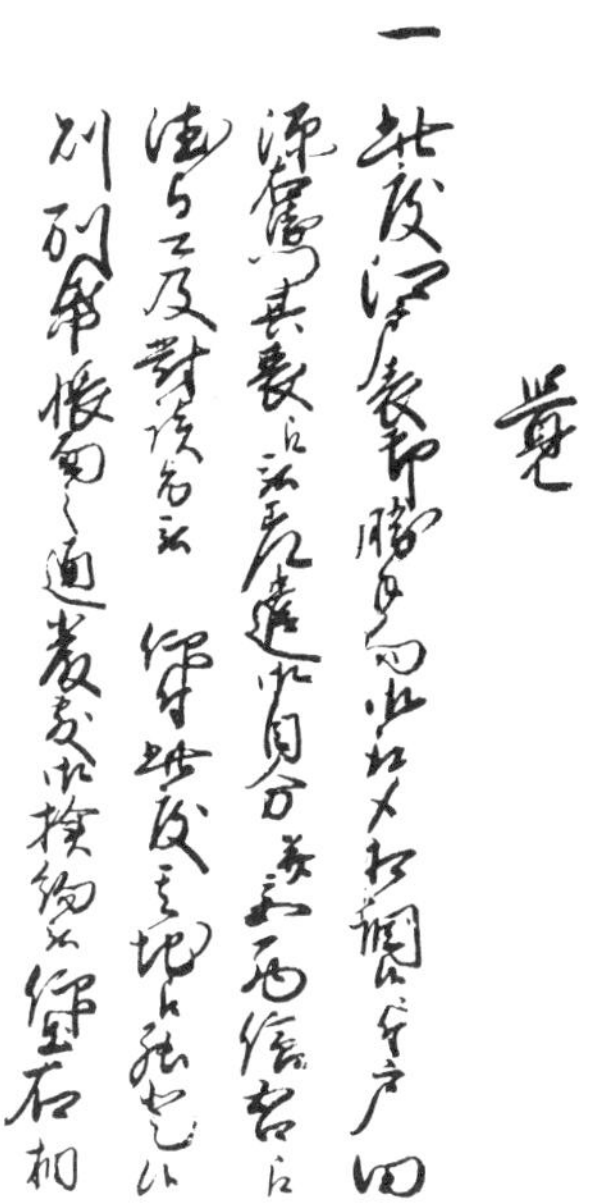

【解読文】

覚

一此度江戸表御勝手向御取〆（締）相調候ニ付、戸田
源右衛門其表江被差遣、御自分并宮西信吾江
徳（得）与可及對談旨被　仰付、此度其地江罷登候、
則別帋（紙）帳面之通、厳敷御撿（倹）約被仰出、右相

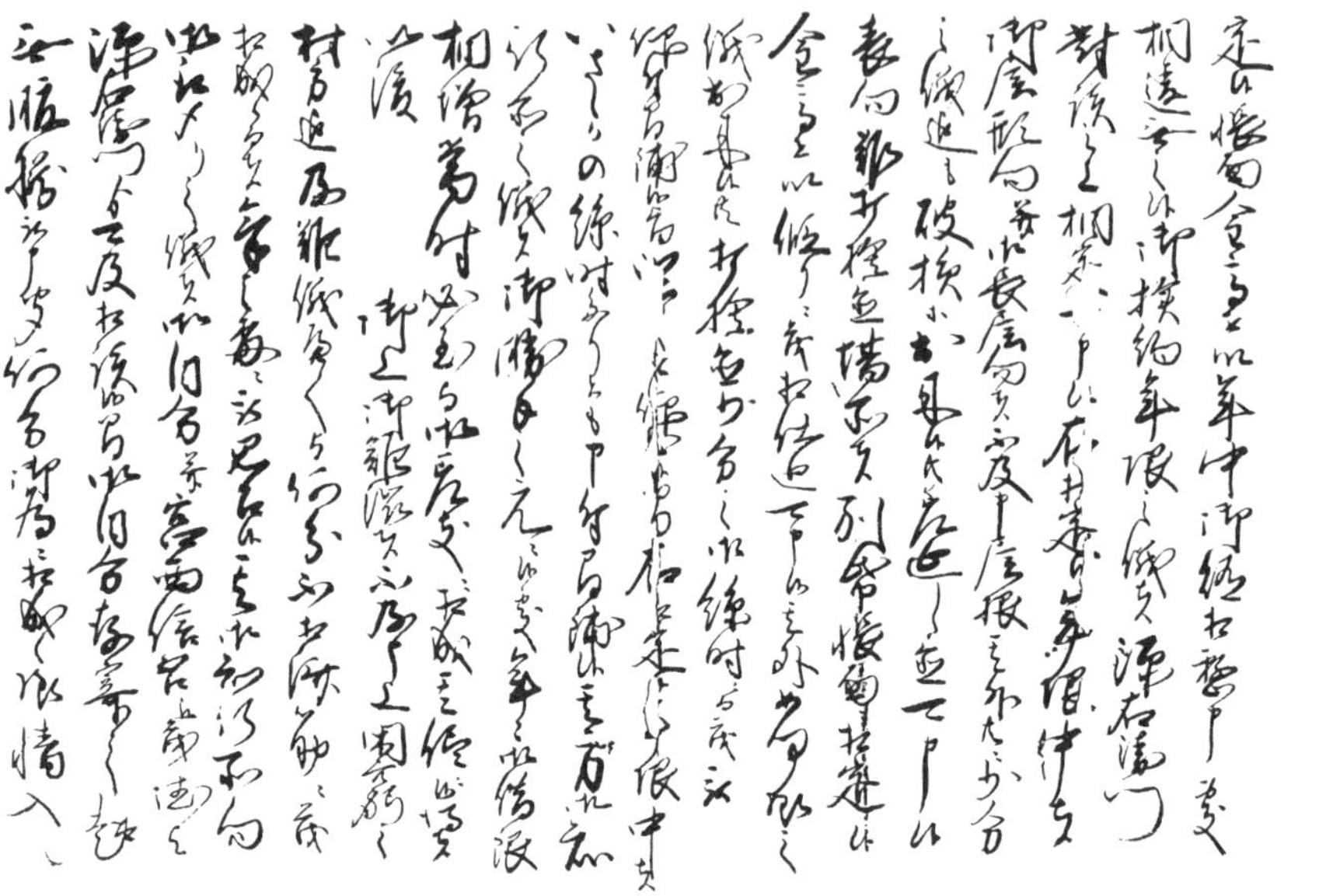

定候帳面金高を以、年中御賄相整申處、
相違無之候、御撿(倹)約年限之儀者、源右衛門
對談之上相定可申候、右相定候年限中者
御屋形向并御長屋向者不及申、屋根其外共ニ少分
之儀迄も、破損等出来候共差延し置可申候、
表向難打捨置場所者、別帋(紙)帳面ニ相定候
金高を以、假りニ茂相仕廻可申候、其外如何様之
儀出来候共打捨置、少分之御臨時ニ而茂被
仰付間鋪候旨堅く被仰出候間、右相定候年限中者
いさゝかの臨時たりとも申付間鋪候、其方御知
行所之儀者、御勝手之元ニ候處、年々御借銀
相増、當時必至与御差支ニ相成、其儘ニ候得者
以後　御上御難渋者不及申上、困窮之
村方迄及難儀べし与何分不相済筋ニも
相成候而者気之毒ニ被思召候、其御知行所向
御取〆(締)り之儀者、自分并宮西信吾江茂徳(得)与
源右衛門ゟ可及相談候間、御自分存寄之趣
無腹臓被申聞、何分御為ニ相成候様情入レ

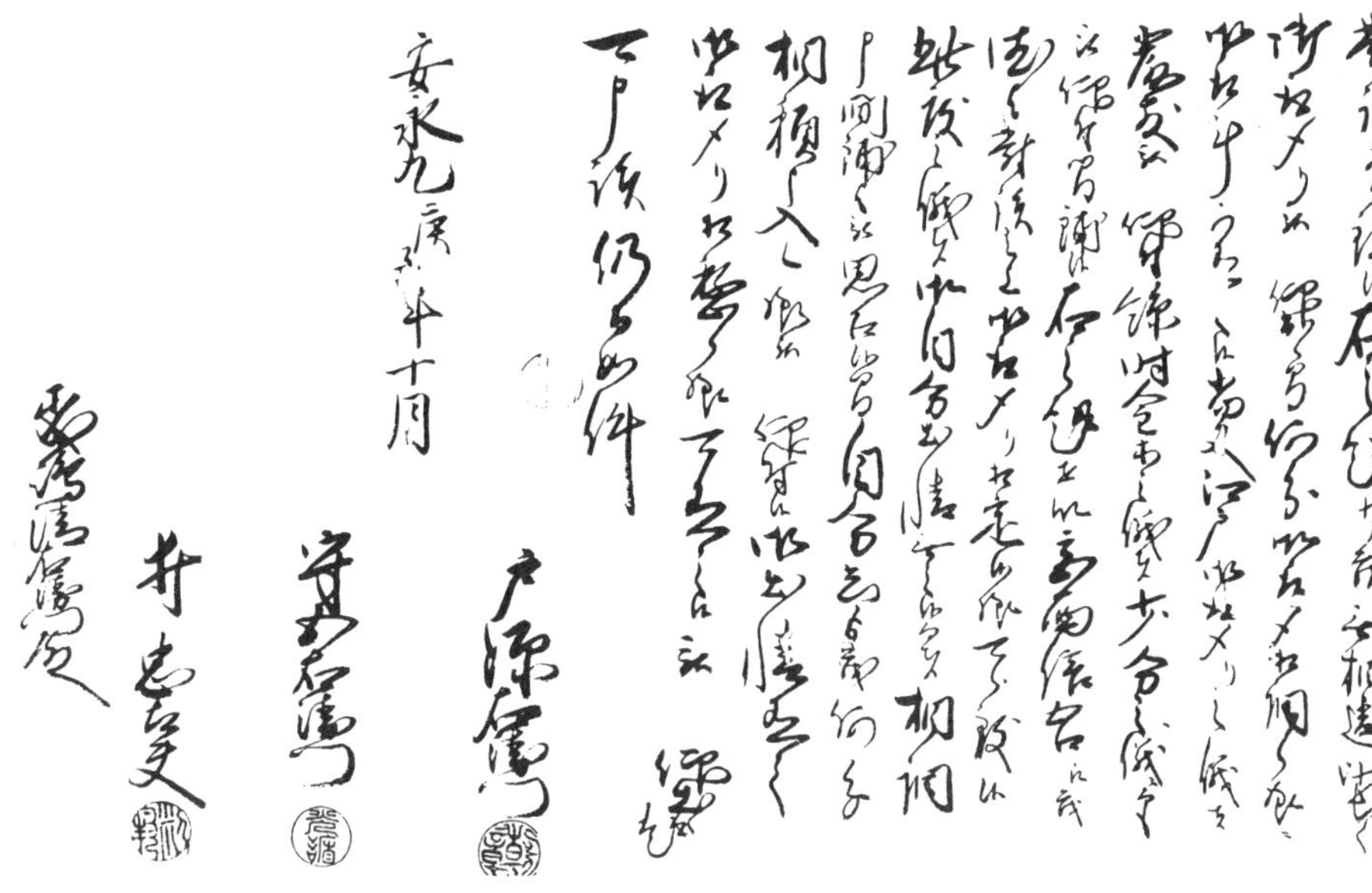

對談可被致候、右之趣少茂無相違堅く
御取〆り被　仰出候間、何分御取〆相調候様ニ
御取計可有之候、尚又江戸御取〆り之儀者
厳敷被　仰付、臨時金等之儀者少分之儀ニ而も
被仰付間鋪候、右之趣を以、宮西信吾江茂
徳与對談之上、御取〆り相定候様可被様致候、
此度之儀者御自分出情無之候而者相調
申間鋪与被思召候間、自分共ゟ茂何分
相頼申入候様被　仰付候、御出情有之
御取〆り相整候様可有之候、被　仰出候趣
可申談、仍而如件

安永九庚子年十月

戸源右衛門㊞
守五右衛門㊞
井忠太夫㊞

森嶋清右衛門殿

【読み下し文】（本文のみ）

一、此の度江戸表お勝手向きお取り締り相調い候に付き、戸田源右衛門其の表へ差し遣わされ、御自分並びに宮西信吾へとくと対談に及ぶべき旨仰せ付けられ、此の度其の地へ罷り登り候。則ち別紙帳面の通り、厳しく御倹約仰せ出され、右相定め候帳面金高を以て、年中お賄い相整え申すところ、相違これなく候。御倹約年限の儀は、源右衛門対談の上相定め申すべく候。右相定め候年限中は御屋形向き、並びに御長屋向きは申すに及ばず、屋根其の外共に少分の儀迄も、破損等出来候とも、差し延ばし置き申すべく候。表向き打ち捨て置き難き場所は、別紙帳面に相定め候金高を以て、仮りにも相仕廻し申すべく候。其の外如何様の儀出来候共打ち捨て置き、少分の御臨時にても仰せ付けられまじく候旨、堅く仰せ出され候間、右相定め候年限中はいさゝかの臨時たりとも申し付けまじく候。其の方御知行所の儀は、御勝手の元に候ところ、年々御借銀相増し、当時必至とお差支えに相成り、其のままに候えば、以後お上御難渋は申し上ぐるに及ばず、困窮の村方まで難儀及ぶべしと、何分相済まざる筋にも相成り候ては気の毒に思召され候、その御知行所向き御取締りの儀は、自分並びに宮西信吾へも得と源右衛門より相談に及ぶべく候間、ご自分存じ寄りの趣、腹臓なく申し聞けられ、何分御為に相成り候様精入れ、対談致さるべく候、右の趣少しも相違なく堅く御取締り仰せ出され候間、何分御取締り相調え候様にお取り計らいこれあるべく候、尚又江戸お取締りの儀は厳しく仰せ付けられ、臨時金などの儀は少分の儀にても仰せ付けられまじく候、右の趣をもって宮西信吾へも得と対談の上、お取締り相定め候様致さるべく候、このたびの儀はご自分出精これなく候ては相調い申すまじくと思し召され候間、自分共よりも何分相頼み申し入れ候様仰せ付けられ候、ご出精これあり、お取締り相整い候様これあるべく候、仰せ出られ候趣申し談ずべし、依て件の如し、

【筆法・語釈】 ③信…旁の言の四画が虫食いで白く抜けているので、正しいくずしに見えないが、そこを黒く塗

れば納得できるであろう。④徳与…「得与・篤与・度与」の当て字。よくよく、念入りにの意。④其地…「其」はそちら・あなたの意。其方・其元なども同じ。⑤帋…「紙」の異体字だが、「帋」は中国古代から使われている。⑤撿約…「倹約」の誤り。⑦も同じ。「約」の旁(つくり)の点は二つ書き、「向」の字に似る。⑨の「向」と比べよ。⑨御屋形・御長屋…屋形は館で本邸のこと。長屋は家来たちが住む武家長屋。⑬臨…偏を「糸」とし旁を「京」とみると想定のつかぬ字となる。こういうときは筆法や書き順、意味などから考えるのも一法。ただし偏の「臣」は倹約の糸偏と区別がつかない。「品」の部分は[illegible]と書くが、右下点が少ないようである。臨時は定例年貢以外の臨時上納金の賦課のこと。

【解　説】Ⅱ—7、Ⅲ—1、Ⅶ—1でも紹介する山城国祝園(ほうぞの)村文書から、旗本勝手向倹約につき対談使者を差し遣わす旨の達書(たっし)(部分)、安永九年(一七八〇)のものである。同村は一四三五石余で、旗本天野丹後守(享保期)がこのうち三八五石を知行していた。近世中期以後の旗本財政は、ほとんど全員が貧窮状態といってよいほど、旗本知行地の文書は経済関係のものが多い。天野氏知行分の文書も同様で、この文書も江戸にいる旗本の用人から、同村の庄屋森嶋清右衛門に宛てたもの。森嶋は上方にある天野氏知行地の在地代官を勤める大庄屋であった。

大意は、江戸表の天野氏財政再建のための倹約法(御勝手向御取〆)が整った(ここでは調べたのではなく、取締り方が調整できたの意)ので、家人の戸田源右衛門を知行村方に差し遣わす。そこで森嶋(御自分=貴方)と宮西信吾(現地近くの金元か)と十分話し合うよう命じられた、というのである。そこで今後の倹約財政計画は別紙の帳面の通り厳しい内容である。この帳面に決められた金高で、年間の支出賄いを整えること相違ない。その倹約生活の年限は、戸田源右衛門と相談せよ。その年限中は屋敷も家臣長屋はもちろん、屋根など少しの破損の修理も先延ばしする。表向きの捨て置き難い箇所だけは、やはり帳面に記された金額で仮修理で仕舞いとしておく。その他はどのような必要が生じても、小額の臨時金の上納も命令するなと堅く命じられたので、その期間はわずかな臨時上納たりとも申し付けない。その方たちの知行村方は財政の中心（御勝手之元）であり、毎年借銀高が増えて今では非常な逼迫となり、このままでは、殿様の難渋となることは申すに及ばず、村方にも困難が及ぶであろう、だいたいこのような意味である。

地方知行（じかたちぎょう）の旗本は、年貢収入で生計費が賄えなくなると、知行地の村から年貢を先納させたり、村方または村の有力者から借金を強制し、あるいは年貢等の独占販売を約束して商人から借金をする。この文書にも「年々御借銀相増」とある。積もった借金も返済できず、新しい借金も不可能となると、倹約生活の財政計画を立て、借金返済も年賦とし、毎月の生活費も一定とするなどして、財政再建を図るようにするのが一般である。これを「家政改革」という。その頃になると旗本の一切の会計は、年貢などを担保とした金貸商人に握られてしまっている。おそらく天野氏も、こうしたお決まりコースを歩んだものと思われる。

Ⅳ　村の秩序（治安維持）

1、天明五年八月　組頭不埒御吟味の処謝り候に付き内済証文

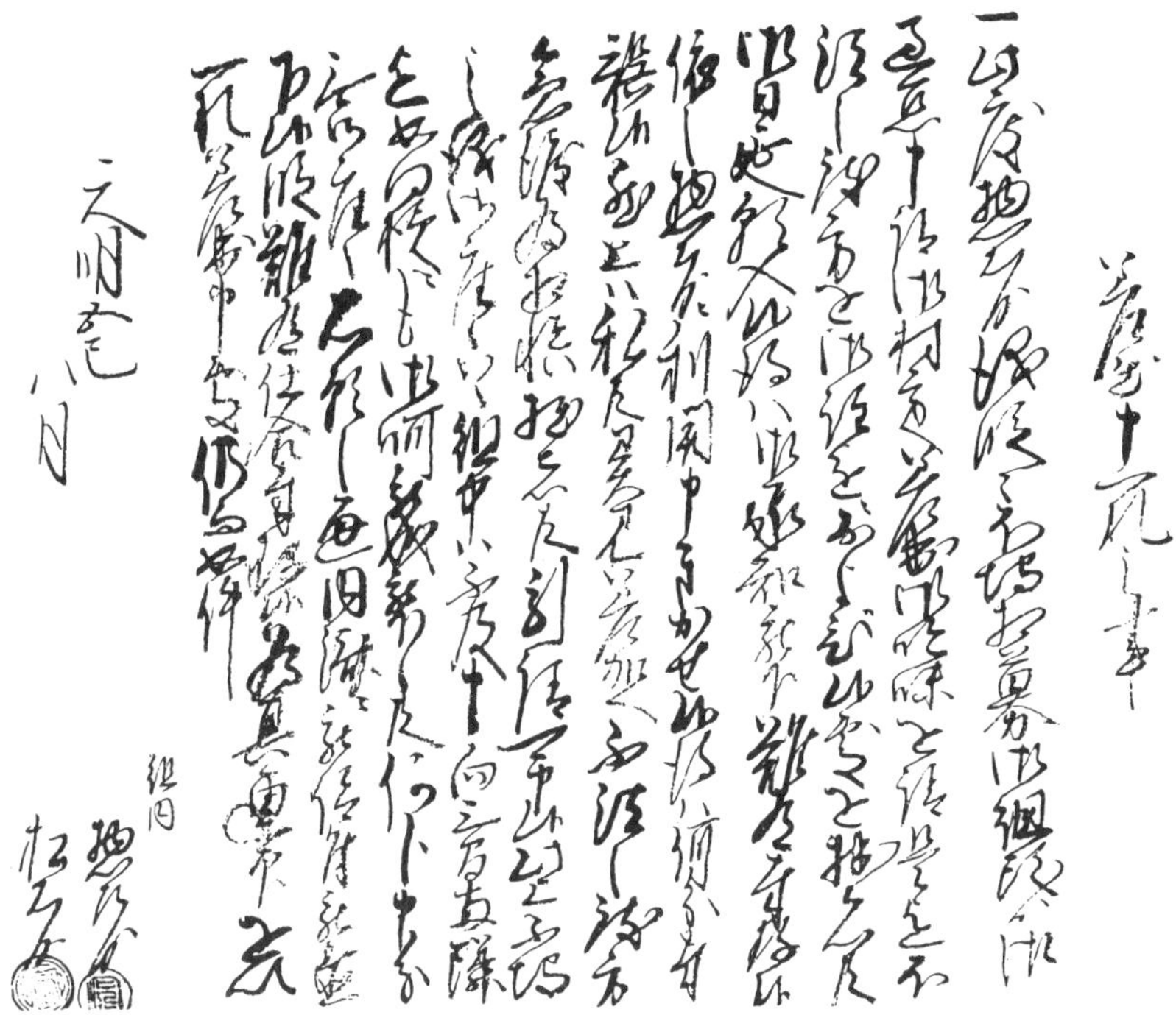

【解読文】

差出申一札之事

一此度惣右衛門儀段々不埒相募、御組頭ゟ御
過怠申請御村方へ差出御吟味を請、是迄不
法之致方を御注進ニおよび候處を、拙者共
御日延願入候得ハ御承知被下、難有奉存候、
依之惣右衛門ニ利開（理解）申きかせ候ハ、何分奉
誤（謝）候、然上ハ私共異見差加へ、不法之致方
急渡（度）為相慎、拙者共引請可申候、此上不埒
之儀御座候ハヽ、組中ハ不及申、向三間両隣
迄如何様ニも御呵被成被下候共、何分申分
無御座候、右願之通内済ニ被仰付被置
下候段、難有仕合奉存候、為其連印を以
一札差出申處、仍而如件

天明五巳八月　　組内　惣左衛門㊞

松右衛門㊞

文　七㊞

隣家　彦次右衛門㊞

同　常右衛門㊞

同　主　計㊞

【読み下し文】

差し出し申す一札の事

一、此の度惣右衛門儀、段々不埒相募り、御組頭より御過怠申し請け、御村方へ差し出し御吟味を請け、是迄不法の致し方を御注進におよび候ところを、拙者共御日延願い入れ候えば、御承知下され有り難く存じ奉り候。これに依り惣右衛門に理解申し聞かせ候えば、何分謝り奉り候。然る上は私共意見差し加え、不法の致し方急度相慎ませ、拙者共引き請け申すべく候。此の上不埒の儀御座候わば、組中は申すに及ばず、向う三軒両隣迄、如何様にも御呵（叱）り成され下され候共、何分の申し分御座なく候。右、願いの通り内済に仰せ付けられ下し置かれ候段、有り難き仕合せに存じ奉り候。其の為連印を以て一札差し出し申す処、仍て件の如し。天明五巳の八月。

（人名略）

【筆　法】　近世の村方古文書には普通に見られる一般的な書体で書いてあり、筆順なども特別に難しくくずした文字はない。この程度の古文書に読み慣れることは、近世古文書に熟達する道でもある。　②惣右衛門…「衛門」に当る所がほとんど「ゟ」のような書き方である。左下の連名に、この文書筆者により「右衛門」「左衛門」の例が書き並べてある。いずれもゟに酷似しているが、使う所が違うから誤読はあるまい。このように書くこともあるという例にすぎない。④御注進…「注」は「註」と書いても意味は同じ。申請・誤の言、不法・急渡の氵と比べてみると、注・註のどちらとも判断しにくい。同じ偏でもいく通りにか書き分けている例。⑦然上…「然」はふつうの筆順だが、右下がりで細長く書いてあり、「龍」の字に似ている。⑦異見…「意見」のあて字。「𢀓」は「異」の異体字。⑨向三間…向う三軒のあて字。⑩如何様…「何」が「同」のようになっているが、「如」から推して判読できるし、またこの三字並びの形も慣れて覚えておきたいくずしである。

【語　釈】②不埒…不法、けしからぬこと。村のとりきめや慣習にそむくこと。③過怠…過失、間違ったこと。科怠とも書く。④御注進…事件・一大事を上位の者に急ぎ知らせること。ここでは代官所に訴え出ること。⑤御日延…裁判の吟味や判決申渡しなどの日程をのばすこと。その間に仲裁人が入って示談などを調える。⑥利開…理解のあて字。理由、納得させる説明のこと。⑦異見…意見のあて字。考え、見解を述べていさめること。忠告。⑨組中…五人組の一同。または結などの組仲間。⑩御呵…呵は声をあげ叱ること（大笑いの字義もある。例、呵々大笑）。⑪内済…示談と同じ。民事上の事件はなるべく内済を進める習慣であった。

【解　説】　甲州（山梨県）巨摩郡下宮地村の文書。百姓惣右衛門の不埒が募ったとあるが、その内容は分らない。一時的な乱暴とか酒狂による迷惑ではない。村のしきたりを破り習慣に反する行為を積み重ねたことが、秩序を乱し村運営を妨げることになったのである。組頭から過怠と指摘され、村方でも吟味をして、度重なる村法違犯を代官所に訴え出ることになった。これでは近隣仲間としても面目ないので、同じ五人組の仲間と近所の者らが仲裁に入り、村方には訴え出るのを待ってもらって、惣右衛門を懇々と申し諭し、謝罪させたのである。そこで今後は不法を必ず謹慎させ、仲裁人たちが惣右衛門の改心に責任をもつこととした。もし万一再犯したら、五人組の者や向う三軒両隣の者たちも、惣右衛門とともに村方から叱られても甘受する。大よそ以上のように組内・隣家の者たちが、村方に約束し、村は訴状を取り下げたのである。これは詫び証文ではないので、本人は署名捺印していない。仲裁人らの約束証文である。

　村の構成員が村法をおかしたり、何か秩序を乱すようなことがあると、村の主立った者が理非をさとし、詫び証文などを書かせることがある。ここではそれでは済まない厄介な問題となったようであるが、近隣の者たちが違犯者をいさめ、村との連携が切れないようにした。この文書は近隣者が村に出した約束の一札で、本人の詫び証文は別に書かせたものであろう。

　近世の村社会は、このようなときにも脱落者をできるだけ出さないように、まとまり合おうとする機能をもっていた。近年ではそれが失われ、「余計なお世話」と若い世代から敬遠されもしたが、最近また地域振興、社会教育などの関係で見直されつつある。

　なお向三軒両隣というなつかしい響きの言葉は、せまい道をはさんだ住居の並ぶ町方でできた語である。下宮地村は古代から開けた古い村で、早くから街村化していたと思われる。

2、寛政七年二月　座の儀出入り御尋ねにつき返答書

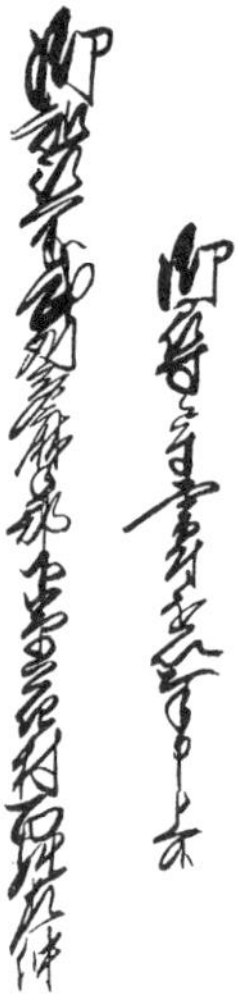

【解読文】

御尋ニ付書付を以奉申上候

御知行所武州多摩郡下草花村百姓左仲

奉申上候、此度私并五人組組頭差添可罷出旨之
御差紙頂戴仕奉恐入、御差日当日罷出
着御届ケ奉申上候処、御糺御座候
此義座之儀ニ付先達而
御屋敷様ゟ村役人江被遊御渡候御書付
壱通頂戴奉拝見、慥ニ受取申候以上、と相認メ
申候得共、若菩提寺ニ而御得心茂無御座候
而者相済申間敷と奉存候間、組合喜太郎を
相頼、菩提寺施俄（餓）修行之節ハ村役人ヲ
上席ニ仕度由申上、私義ハ何れニ而茂宜敷
御座候間、名主・村役人を上席仕候様
被遊被下と申上候得共、菩提寺承知
無御座、寺之儀者先年ゟ致来りニ付
さやうニも不相成由、左仲家之儀者
寺初り候哉、左仲家初り候哉、殊ニ本寺迄も
代々年始継メ迄もいたし候由被仰、御得心
無御座候故、無是非書添仕候、菩提寺
佛参之節ハ菩提寺之御差図次第可仕候と

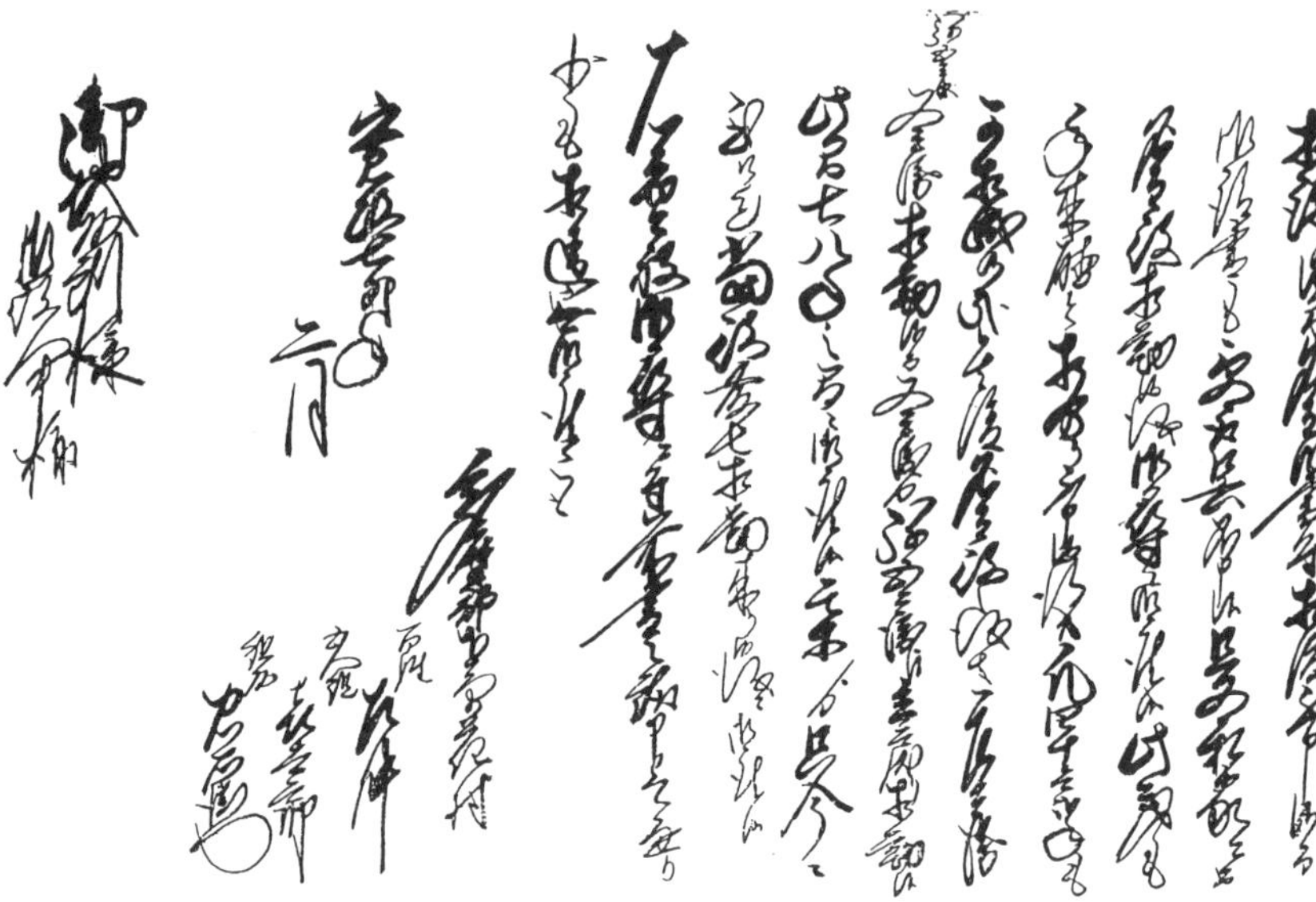

相認メ候間、名主御書付相渡不申候而
御請書も受取呉不申候、且又私家ニ而
名主役相勤候儀御尋ニ御座候、此義も
年来聢と相分り不申候得共、凡四十壱弐年も
可相成候哉、其後名主役之儀者庄兵衛
弥五兵衛
又兵衛相勤候而、又兵衛ゟ弥五兵衛江立戻り相勤候
比間七八年之間ニ御座候、某ゟ只今ニ
至ル迄当役藤七相勤来り候儀ニ御座候
右者今般御尋ニ付、前書之趣申上候通り
少も相違無御座候、以上

多摩郡下草花村
寛政七卯年　百姓　左　仲
二月　五人組　喜太郎
組頭　忠右衛門

御地頭所様
御役人中様

【読み下し文】

御尋ねに付き書付を以て申し上げ奉り候

御知行所武州多摩郡下草花村百姓左仲申し上げ奉り候、此の度私並びに五人組組頭差し添い罷り出ずべき旨の御差紙頂戴仕り、恐れ入り奉り、御差日当日罷り出で、着御届け申し上げ奉り候処、御糺し御座候。

此の義、座の義に付き、先達て御屋敷様より村役人へ御渡し遊ばされ候御書付一通、頂戴拝見し奉り、「慥かに受け取り申し候、以上」と相認め申し候えども、若し菩提寺にて御得心も御座なく候ては相済み申すまじくと存じ奉り候間、組合喜太郎を相頼み、菩提寺施餓修行の節は村役人を上席に仕り度き由申し上げ、私義は何れにても宜敷御座候間、「名主・村役人を上席仕り候様遊ばされ下され」と申し上げ候えども、菩提寺承知御座なく、寺の儀は先年より致し来るに付き、左様にも相成らざる由、左仲家の儀は寺初り候哉、左仲家初り候哉、殊に本寺迄も代々年始継メ迄もいたし候由仰せられ、御得心御座なく候故、是非なく書き添え仕り候、「菩提寺仏参の節は菩提寺の御差図次第仕るべく候」と相認め候間、名主御書付相渡し申さず候て、御請書も受け取り呉れ申さず候、且つ又私家にて名主役相勤め候儀、御尋ねに御座候、此の義も年来聢と相分り申さず候得共、凡そ四十一、二年も相成るべく候哉、其の後名主役の儀は庄兵衛・弥五兵衛・又兵衛相勤め候て、又兵衛より弥五兵衛へ立ち戻り相勤め候、此の間七、八年の間に御座候、某より只今に至る迄当役藤七相勤め来り候儀に御座候。

右は今般御尋ねに付き、前書きの趣申し上げ候通り、少しも相違御座なく候、以上（年月・差出書・宛書は省略）

【語　釈】　④御差紙・御差日…代官所・奉行所からの出頭命令書、また出頭を指定された日をいう。裁判・調査のための指令や出頭指定日を指す。⑤着御届ケ…地頭役所に到着した旨の出頭届。⑥座之儀…村の祭りごとを行うときの座席順（後述の宮座を参照）。⑦御屋敷様…御屋方様・御殿様と同じ。ここでは当村領主の旗本をさす。⑨菩提寺…檀那寺・菩提所ともいう。一家が代々帰依して葬式・追善供養を行う寺。⑪施餓鬼会の執行。無縁仏を供養する法事。真宗以外では広く行われる。寺や宗門により年一、二回。季節を問わないが、俳句では秋の季題。⑱継メ…継目で住職の代替りを祝う。㉘当役…現在役目についている者。現職。

【解　説】　武蔵国多摩郡下草花村は、現在東京都あきる野市内。西側を山に囲まれた丘陵地帯にある。江戸期は三八〇石余の村で、幕府領は一六〇石、残りを旗本の竹田・水野両氏が分けあって知行していた。また別に村内の慈照寺（臨済宗）が一三石、明王寺花蔵院（真義真言宗）が五石の朱印地をもっていた。寛政二年（一七九〇）、旗本水野石見守領に属する百姓の左仲が、菩提寺の慈照寺での法要に、名主・村役人より上席についたことから、村内の秩序を乱すとして異論が出された。村方騒動の一つである。この文書は、名主側の訴えで、領主水野氏が騒ぎの元となった左仲を、五人組の一人と組頭の付添いで出頭させ吟味を行った。その応答をあとから文書で提出させたときの控えである。

内容は二点あり、一つは左仲が村内の身分秩序を乱すようなことをした経緯や心得についてである。すでに席順については左仲から寺に、村役人を上席にするように申し出ていたが、寺の方で承認しなかった。それは寺と左仲家とどちらが古いか分らないほど昔からの檀家つきあいであり、年始の挨拶や住職交代の祝儀も以前より勤めてきた程、寺とは深い関わりをもってきたからで、菩提寺の法要などに出かけた際は菩提寺の差図のままにしたいということ。第二は左仲家が名主役を勤めたことがあるか、その歴代についての調べで、すでに四十一、二年も前に左仲は名主をしていたことがあり、そのあと庄兵衛—弥五兵衛—又兵衛—弥五兵衛—（当役）伊八へと引き継がれてきたことが分る。

この文書が提出された翌月には「座論出入」と名づけられて、名主が寺と左仲、および付添の五人組の者と組頭とを、勘定奉行所に訴え出るべく、その訴状を地頭所（旗本水野氏の役所）から差し出して下さるよう願い出ている。残念ながら以後の文書を欠いていて、どう展開したか不明であるが、左仲本人は近年他村より養子として当村に来たこと（村の仕来りになじみが薄い）、慈照寺は左仲家と以前より「仕来り候訳合（わけあい）」があると言っているが、両者の馴れあいであると名主から批難されている。

宮座という古くからの村の行事を物語る古文書は、近畿地方に多い。それは村の氏子の祭祀などを、有力者層の家や特定の家が頭屋（とうや）となって主催する、共同体にとっては重要な行事であった。近世以降は村内秩序の変動により、座の統率も乱れたが、形をかえて現在も残っている所がある。この文書は寺院の重要な法要における、村人たちの席次をめぐっての紛争であるが、村役人か、寺との昔からの由緒の深さか、どちらを取るかで村の平和な秩序が維持できるかという問題となる。関東では類例の少ない文書である。

㉔「聢と（しか）」は耳へんに直のように書き、聴となっている。前後の文章の流れで判読しないと間違えるかも知れない。⑫「何れニ而茂」の「れ」は「連」のくずしである。全体にやや字詰まりして読みにくいが、何回か読み返していると、古文書口調に慣れるであろう。それが古文書の練習には最良の方法である。

3、寛政十一年四月　埼玉郡間口村開発以降の様子書

【解読文】

乍恐以書付奉申上候

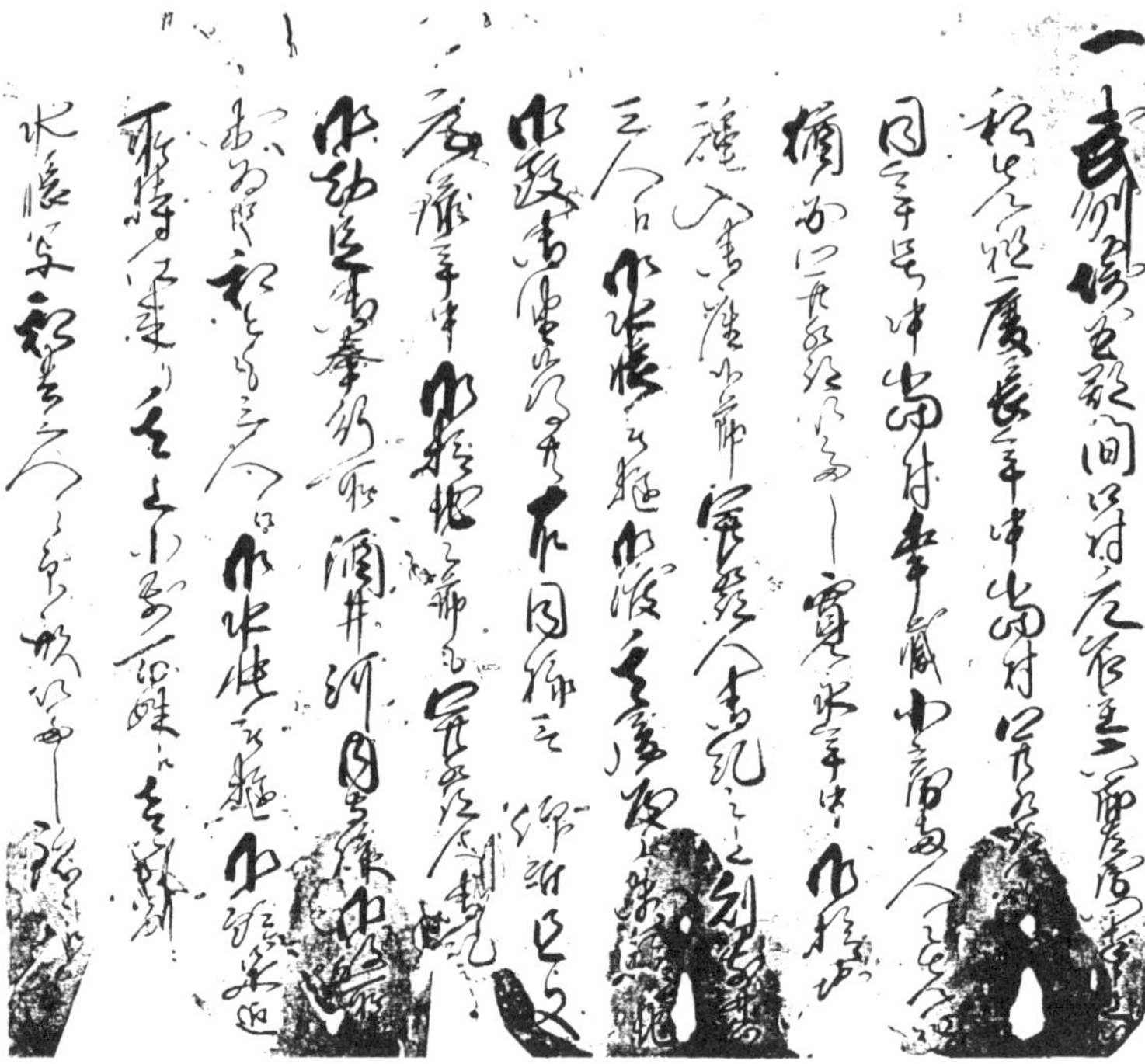

一武州埼玉郡間口村元名主六郎左衛門奉申上候、
私先祖慶長年中當村開發いたし、
同年号中當村幸蔵・小兵衛両人之先祖
猶亦開發いたし、寛永年中御検地［御］(破損)
縄入御座候節、開發人御紀之上則前書
三人江御水帳被遊御渡、其後度々御検地
御改御坐候得共、右同様被　仰付、且又
元録(禄)年中御検地之節も開發人御紀之［上］(破損)
御勘定御奉行所酒井河内守様御役所ニ
おゐて、私とも三人江御水帳被遊御預ヶ、是迄
所持仕来り、其上小前百姓江壱人別ニ［御］(破損)
水帳写、私共三人之印形いたし銘々江相渡

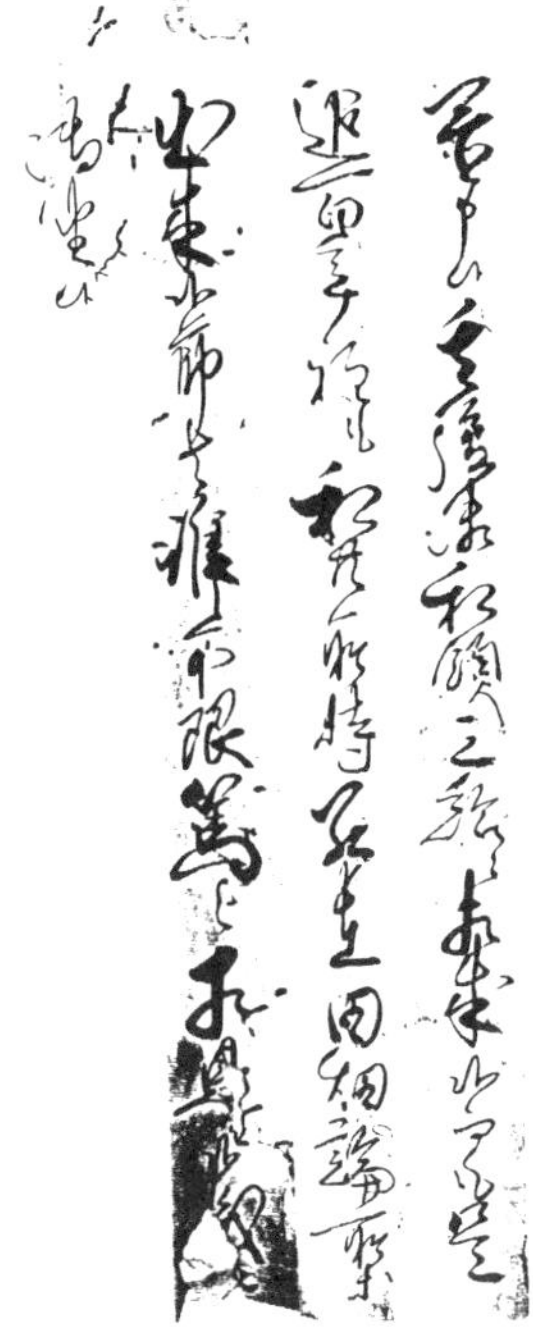

置申候、其後御私領三給ニ相成候而も、是迄百年程も私共所持罷在、田畑論所等出来候節者、誰ニ不限篤与相見セ候義ニ御坐候

【読み下し文】

一、武州埼玉郡間口村元名主六郎左衛門申し上げ奉り候。私先祖慶長年中当村開発いたし、同年号中、当村幸蔵・小兵衛両人の先祖、なおまた開発いたし、寛永年中御検地・御縄入御座候節、開発人お糺しの上、則ち前書三人へ御水帳お渡し遊ばされ、其の後度々御検地お改め御座候えども、右同様仰せ付けられ、且つ又、元禄年中御検地の節も開発人お糺しの上、御勘定御奉行所酒井河内様お役所において、私ども三人へお水帳お預け遊ばされ、是れまで所持仕来り、其の上小前百姓へ一人別にお水帳写し、私ども三人の印形いたし、銘々へ相渡し置き申し候。其の後、御私領三給に相成候ても、是れまで百姓程も私ども所持罷り在り、田畑論所など出来候節は、誰に限らず篤と相見せ候儀に御座候

【筆法・語釈】③開発…一般に新田開発のことを指すが、ここでは開村の意をふくむ。戦国末から近世初期にかけて、村方は一人ないし数人の重立った農民の指導により開かれた所が多い。彼等を開発百姓・開村百姓といい、後年まで村方の指導的役割を果たし、名主・組頭を代々勤めた家が多い。「發」の字はやや長めに書き（[illegible]・[illegible]）二字にみえることに注意。⑤・⑥の「發」も同様。⑤御縄入…田畑面積の丈量をするため、長尺の測量の縄を田畑に張ること、転じて検地そのものをさす。⑧御坐…「座」の「广」が略されて坐（[illegible]）と書いている。⑰も

同じ。⑪御預ケ…右下に小さく「ケ」が書いてある。見落とし易いので注意。⑭相成…（）「成」は書き方により「来」に酷似する。⑯の「出来」（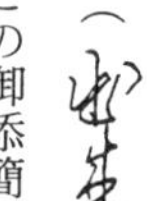）の「来」と比較せよ。

【解　説】　慶長年中に、元名主六郎左衛門（この御添簡願の差出人）と幸蔵・小兵衛の先祖三人が、それぞれの小百姓らを指導して開発し、間口村の開村百姓となった。寛永年間に検地（御検地・御縄入れ）を受け、そのとき正式に一村として認定されたのであろう。右の開発人三人が村役人とされ、検地帳・水帳を預けられた。その後の検地改めの折も同様で、特に元禄年中の検地においては、江戸の勘定奉行酒井河内守の役所で、三人に新しい検地帳をお預けになった。そればかりか村方の百姓一人別の土地台帳を、この水帳から写して作成し、三人で印をおして各人に渡した。

この文書は、これまで村のために尽くしてきた重立ち百姓の伝統的な権威を軽視するような、最近の風潮を苦々しく思い、村方における歴史的経緯を説明する文言が続く。そして、宝暦十四年（＝明和元年、一七六四）に旗本領三給に分かれてからも、間口村全体の基本台帳たる検地帳は、代々六郎左衛門が預かったまま百年も続いた。田畑の紛争が起こっても、誰に限らず、これを見せて解決の役に立ってきた。間口村の行政区分がどう変わろうと、開村以来、世話を焼いてきた元名主開発人は尊重されて然るべきだ、という主張が基調である。

村方では代々名主役を続けてきた旧家の権威は、この文書がいうように開村のころから続き、村方の開発を主導した。領主からもそれは認められて、検地帳を預けられるなど、信用されている、そのために村方の土地争論も少なくて済んでいる、このようなことを論拠としている。この外に付け加えることがあれば、小百姓の経済的な面倒を見てやったり、他村との入会山や用水の紛争に、村の利益を守って奮闘したことがある、といったことであろう。

なおこの文書では、村方の開発・開村百姓・重立ち百姓のことを、開発人と称していること、検地帳をすべて御水帳と統一していることが注目される。また一人別の御水帳とは、村全体の検地帳から、各人の所持地を、名前ごとに集めた帳面（小拾い帳）を、それぞれに渡したのである。なお、全村民分の小拾い帳を一冊に綴じたものが名寄帳である。

4、弘化四年四月　野山用水等盗み荒しにつき村々議定証文

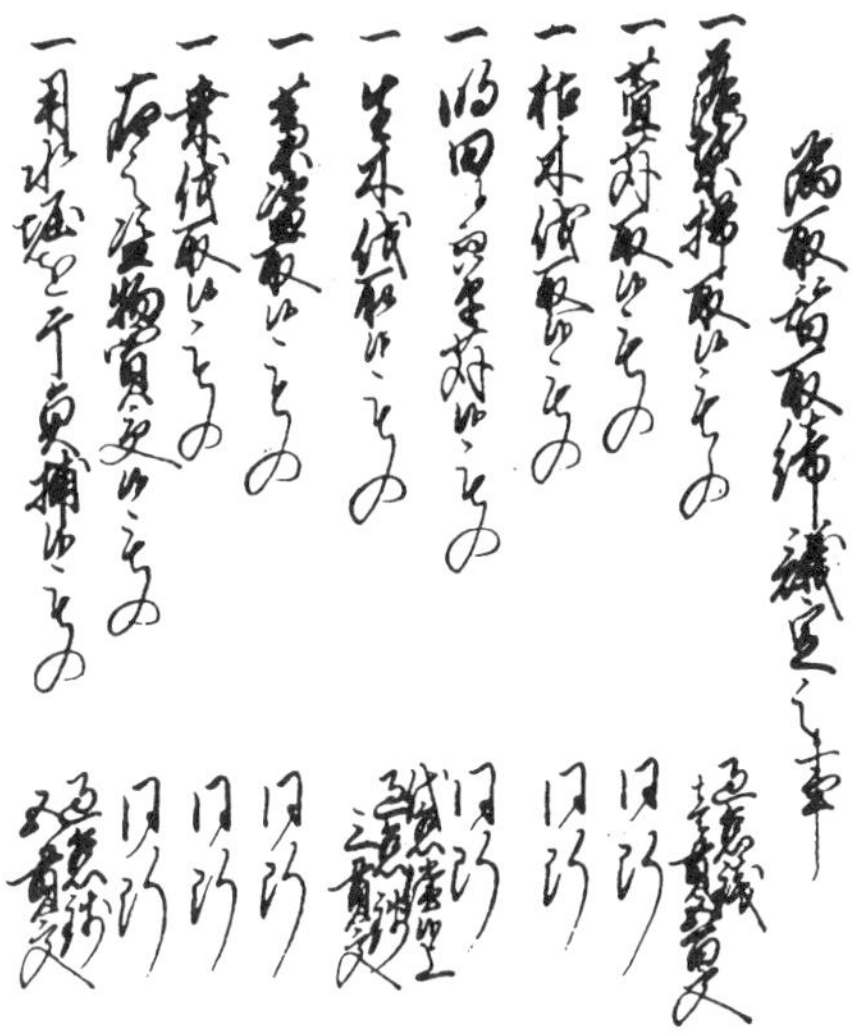

【解読文】

為取替取締議定之事

一落葉掃取候もの　過怠銭　壱貫五百文
一萱苅取候もの　同断
一枯木伐取候もの　同断
一明田に而草苅候もの　同断
一生木伐取候もの　代怠償候上、過怠銭　三貫文
一藁盗取候もの　同断
一桑伐取候もの　同断
右之盗物買受候もの　同断
一用水堀を干、魚捕候もの　過怠銭　五貫文

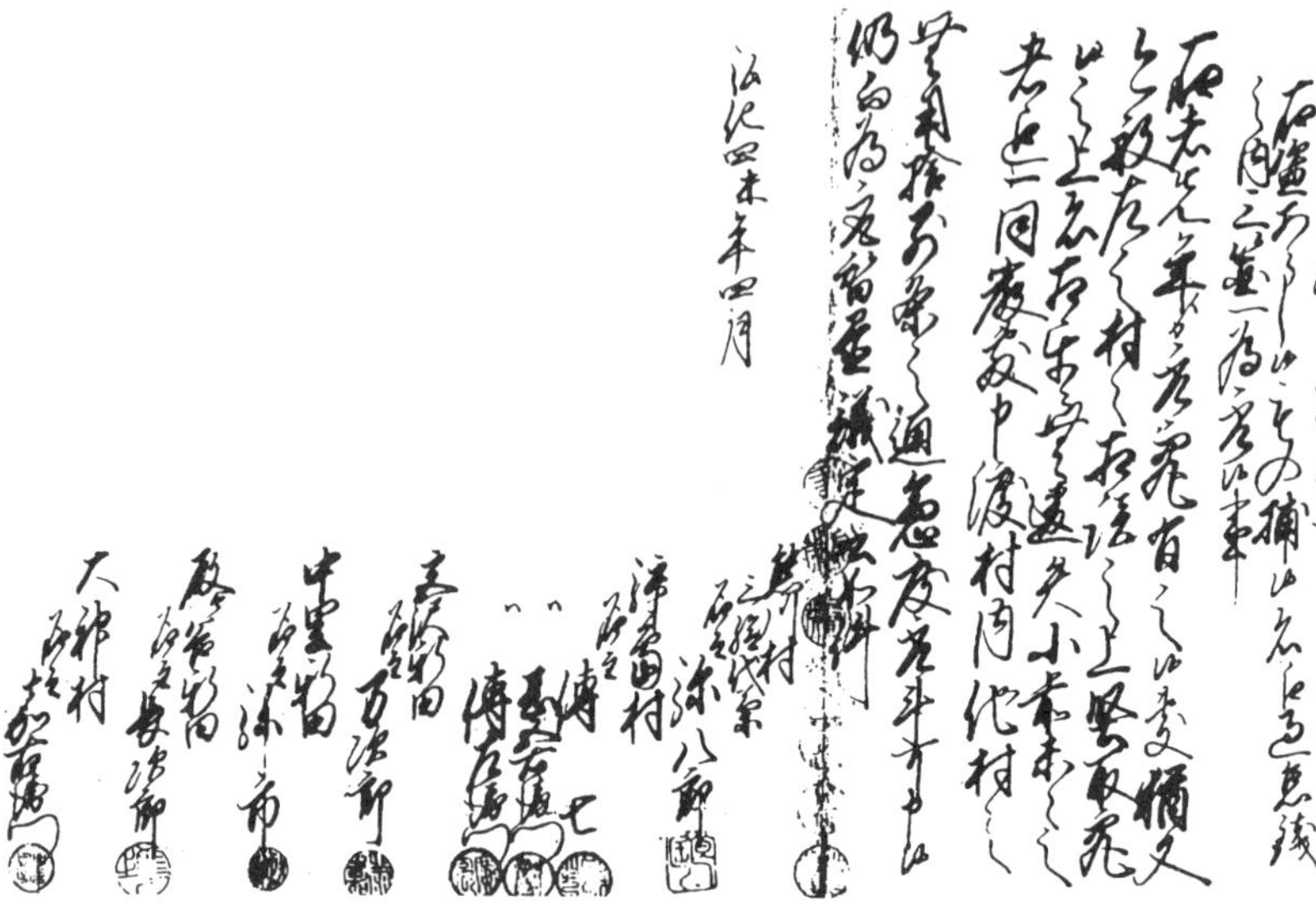

右之外田畑作物あらし候もの、前条
振合に准（準）し取計可申事
右盗あらし候もの捕候者江、過怠銭
之内三箇一為取候事
右者先年ゟ取究有之候處、猶又
今般左之村々相談之上、堅取究
候之上者、相互ニ無違失小前末々之
者迄一同厳敷申渡、村内他村之
無用捨、前条之通急度取計可申候
仍而為取替置議定書、如件

弘化四未年四月　熊川村三給代兼　名主弥八郎 印

拝島村　名主傳　七 ㊞
　　　　同　甚五右衛門 ㊞
　　　　同　傳左衛門 ㊞
宮沢新田　名主万次郎 ㊞
中里新田　名主弥　市 ㊞
殿ケ谷新田　名主長次郎 ㊞
大神村　名主嘉右衛門 ㊞

田中村　名主宗　七㊞
上河原村　名主金右衛門㊞

【筆　法】　②葉…「柴」と似ているが、「此」の部分は・になる。葉の艹（そうこう）をと書き、「世」はとくずすから、筆順はこちらの方に近いことが分るであろう。⑦藁…「高」の部分がはっきりしないので読みにくい。筆順はである。⑧桑…と書いている。異体字。⑩干…と書いている。この程度の誤記は比較的多い。⑪前…⑲にも「前条」とあり、どちらの書き方も「別」に似ている。初筆ののあと横棒を一本引くか、の部分がもっと左に寄せてあれば読み易かったであろうが、この筆者のくせであろう。⑭取…このくずし方は⑮⑲にもあるが、⑳の書き方が標準的で、書き順もこれがはっきりしている。最後に打つ点の位置が上すぎるのである。⑳書…「出」と似ているが、この略体はこれまでにもあった。第二画の横棒がかなり左から入るのが多い。

【語　釈】　②落葉掃取…掃取りは掃除ではなく雑木林の落葉の搔き集めのこと。西関東でよく使われる。②過怠銭…過失を償わせる金。過料・罰金という意味より、仲間の怠慢や違犯に対する懲戒の意味が強い。⑤明田（あきだ）…手空（あ）き田のこと、休耕田。その年は田畑の動植物を自然のままとして地味を肥えさせる。⑥生木（なまき）…この場合は山野・河原など共有地に生育している立木であろう。②③④の落葉・萱・枯木も村々の入会い地のものと解される。⑥代怠…過怠による損害物の代金相当分。売り物でないから価金はついていない。⑰小前末々之者迄…小前は法的には小前百姓、本百姓の意。末々を付けることで、通常の百姓から雇傭人・寄留人など、村内居住者すべてを網羅している。㉑三給…一村が旗本領・寺社領などに分けられているとき、その支配数により二給・三給などと呼ぶ。㉑代兼…代表で（名主役を）兼帯すること。

【解　説】　関東地方の農村は小村が多い上に、小領主（旗本寺社など）の分給地も多い。そのため治安上の問題も初期からあったが、特に文化年間ごろから警察的な取り締りを広域で一括して行うようになり、文政十年（一八二七）には関東全域に組合村の結成を指令した（文政改革という）。これ以前から用水組合村とか入会い野の組合村があり、それらが持っていた共同用益を守るための取極め内容が、文政の改革組合村も引きつがれていることが多い。

八か村によるこの取り締り議定証文も、隣りあう村々が共通する利害に立って取りきめた、自警的な条文であった。これらの箇条は、直接には八か村の「小前末々の者まで」に注意を厳しく申し渡している。つまり条文の及ぼす範囲は八か村以内とみられるが、他村の者・入り込み者に対しても用捨なく注意・監視をするよう議定している。つまり村々共通の自警の申しあわせ書である。

落葉・草・わらなどは、いずれも日本農業にとって重要な有機質肥料であった。萱（かや）は屋根葺（ふ）き材のほか、さまざまな用途があった。枯木・生木も同様で、建築材のほか農村では稲掛け棒（はさ）など農具にもなり、もちろん町場に出して売ることもできた。問題は農民たちの間にも、ときには仲間の眼をかすめて、自分だけのために使おうとする者が出てきたことであった。肥料・農具など用材を「我田引水」に使う訳であるが、それほど農民たちは「販売するための作物」を、効率よく作ることに心がけているのである。

桑は畑地に植えるものであるが、自家の養蚕に使うほか余分は近隣農家にも桑葉の採集権を売った。養蚕は麻と並ぶ東国の代表的繊維産業であり、幕末に向かって重要さを増していく。用水堀を干してコイ・フナなど川魚を大量にとることは、まだ多くの人が子供時代のなつかしい思い出としているに違いない。ここでは春先などに共同で行う用水路改修にともなう魚獲りでなく、他に売却しようとして、水路を破損する恐れを起こすこと、やはり自分のために共同の用益を侵すことを厳戒しているのである。

5、元治元年七月　上方筋物騒につき組合村方取締方返答書

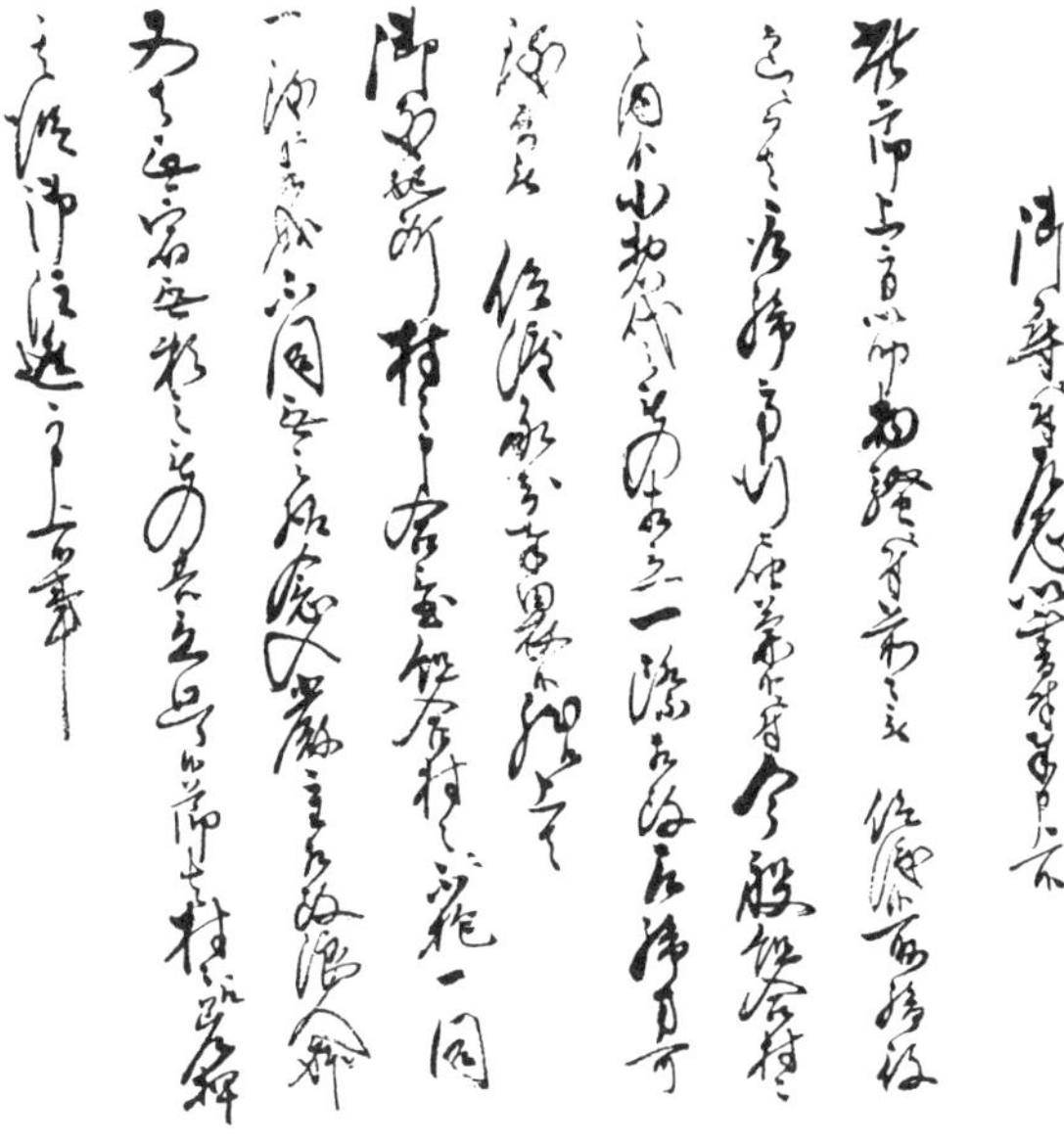

【解読文】

御尋ニ付乍恐以書付奉申上候

此節上方筋物騒ニ付、前々被　仰渡候取締役
而已ニ而者取締方行届兼候ニ付、今般組合村々
之内ゟ小惣代之もの相立、一際相改取締方可
致旨被　仰渡、承知奉畏候、然ル上者
御支配所村々申合置、組合村々ニ不抱(拘)、一同
一致ニ相成、不同無之様念入厳重相改、浪人躰
又者無宿無頼之もの共、立廻り候節者村々江差押、
其段御注進可申上候事

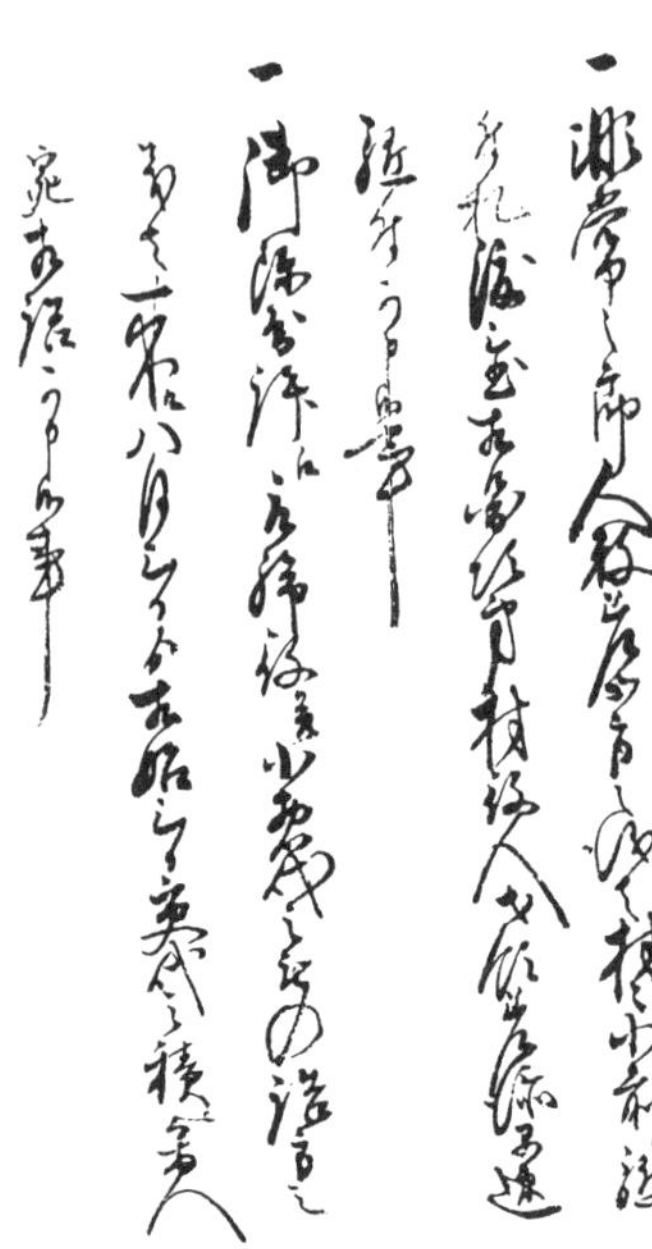

一非常之節人数差出方之儀者、村々小前江駈
付札渡置、相圖（合）次第村役人才領差添、早速
駈付可申候事
一御陣屋許江取締役并小惣代之もの詰方之
義者、来ル八月三日ゟ相始、三日交代之積ニ而両人
宛相詰可申候事

【読み下し文】

お尋ねに付き恐れ乍ら書付を以て申し上げ奉り候

此の節上方筋物騒に付き、前々仰せ渡され候取締役のみにては取締り方行き届き兼ね候に付き、今般組合村々の内より小惣代の者相立て、一際相改め、取締り方致すべき旨仰せ渡され、承知畏み奉り候。然る上は御支配所村々申し合わせ置き、組合村々に拘らず、一同一致に相成り、不同これなき様念入り厳重に相改め、浪人体、又は無宿・無頼のもの共、立廻り候節は村々へ差し押さえ、その段御注進申し上げべく候事。

一、非常の節人数差し出し方の儀は、村々小前へ駈付け札渡し置き、合図次第、村役人才領差し添い、早速駈け付け申すべく候事。

一、御陣屋許へ取締り役并びに小惣代のもの詰方の儀は、来る八月三日より相始め、三日交代の積りにて、両人ずつ相詰め申すべく候事。

【筆法・語釈】　②物騒…世間がもの騒がしいこと、事件が起こりそうで不安なこと、の二通りの意味があるが、ここでは内容的に両方にかけている。「物忩」とも書いた。　④小惣代…数か村の組合村（小組合村という）の代表。小組合をいくつか集めた大組合の代表を大惣代という。　⑤承知…「知」が長めに書いてあり、「寄」「分」のくずしの様にみえるが、「ち」の字の元になった書き方である。　⑥不抱…「抱」は「拘」の誤りだが、似た字の混用は他にも例がある。　⑧立廻り…廻の廴は之が普通だが横棒になっている。　⑩小前…平百姓・小前百姓ともいう。乙名百姓・村役などでない一般の本百姓で、まれに水呑百姓を指すこともある。　⑩駈付札…緊急時に集合すべき者を指定しておく鑑札のような札。　⑪才領…宰領と同じ。支配・監督の役目をもち、駈け付けた小前の指導に当たる。一般には荷物運送人夫の付き添い監督。　⑬陣屋…中世では地頭の役所や武士団の集合地を指したが、近世では城無し大名の居所や、代官の役所をいう。ここでは後者。

【解　説】　第一次幕長戦争が起こる元治元年（一八六四）の七月に、中部・関東・東海の幕府領村々に対して、代官所から尋ね書が出された。上方筋が騒がしいだけでなく、近在の治安も決して良くない。万一の節の対処をどう考えているか、という質問である。本文書は信州佐久郡中桜井村ほか二か村の取締役（事実上は名主）が提出した返答書で、後書き・年月と差出・受取書は省略した。「此節上方筋物騒ニ付」とは、元治元年以前から上方、京都辺りで起こった倒幕・佐幕、攘夷・開国の一連の騒動＝伏見の寺田屋事件（一八六二・四）・天誅組の変（六三・八）・生野の乱（六三・一〇）・新撰組の池田屋事件（六四・六）などを指し、この文書の同月に禁門の変が起こっている。幕府側にとって、物騒なのは上方筋だけでなく、東禅寺事件（六一・一）・坂下門外の変（六二・一）・生麦事件（六二・八）や水戸天狗党の筑波山挙兵（六四・三）など、関東も穏やかではなかった。しかし、この物騒な状況は、上方筋が発生源で、関東の事件はそれに誘発されて継起したものという認識があった。だから上方筋の物騒に対して、幕府は足元の関東・東海・中部地方が、「非常の節」に即応できる準備を調えておかねばならなかった。

天領のほか、旗本領・譜代大名領・寺社領などが入り交じっている関東の、一円的な支配強化のために、幕府は、文化二年（一八〇五）に関東取締出役を設置し、また文政十年（一八二七）には改革組合村を組織した。（語釈の小惣代の解説を参照）。これは領主が誰であろうと、村々を小組合と大組合にまとめて、博徒・浮浪人、身元の分からぬ怪しい者を浮かび上がらせ、追及できるようにした措置であった。不穏な情勢が、幕末に至って政治的な動乱に向かっていきつつあるとき、改革組合村の組織と小惣代の役が実際に行われるようになったのである。

小惣代はほとんど村役人クラスの農民である。村々の小惣代が一同一致して浪人・無宿・無頼の徒を取締り、非常の節には、村役人や宰領の指導で現場に駈けつけ、交代で三日間、二人ずつで代官所に宿営して警備に当たるという内容である。

V　村むらの事件

1、承応元年十二月　蛸壺盗み引き候一件

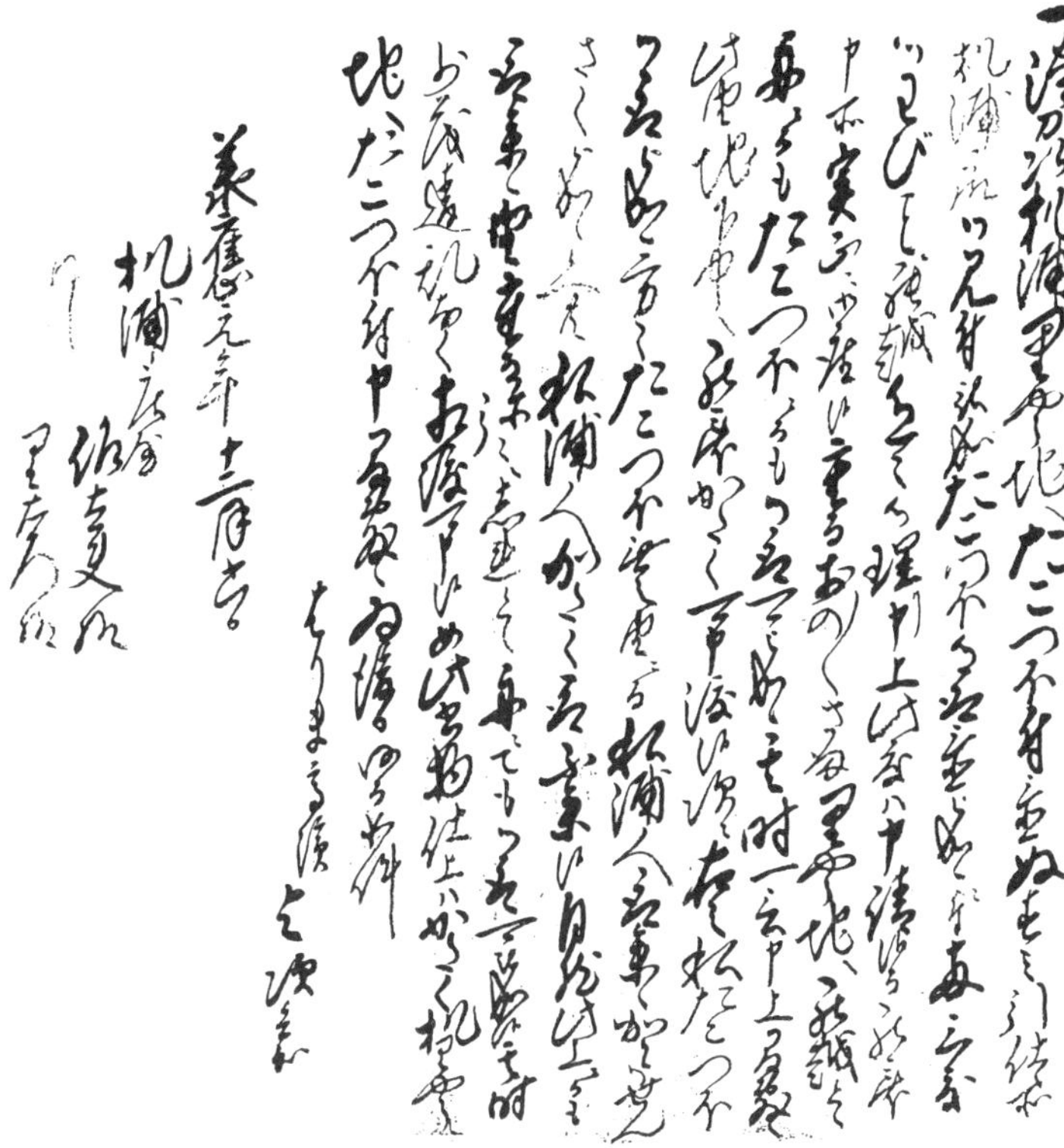

【解読文】

仕上ル書物之事

一淡州机浦りやう地へたこつほ付置、ぬすミ引仕候所
机浦衆御見付被成、たこつほ御取置被成候ニ付、両三度
御わびことニ罷越、色々御理り申上、此度ハ申請候而罷戻
申所実正ニ御座候、重而おの〳〵さまりやう地へ罷越候ハヽ、
舟ニ而もたこつほニ而も御取可被成候、其時一言申上間敷候、
此由地下中へ罷戻かたく可申渡候、次ニ右之私たこつほ
御取被成候方々たこつほ無之由ニ而、私浦人取参候かと御せん
さく被成候候(ママ)へ共、私浦人かたく取不参候、自然此上ニ而も
取参候由、重而弥々ニしれ候ハヽ、舟ニても御取可被成候、其時
少茂違乱なく相渡可申候、如此書物仕上ハかたく机りやう
地へたこつほ付申間敷候、為後日依而如件

はりま高濱　与次兵衛

承應元年十二月六日

机浦庄屋　作太夫様

同　里右衛門様

【読み下し文】

仕上る書物の事

一、淡州机浦漁地へ蛸壺付け置き、盗み引き仕り候所、机浦衆お見付け成され、蛸壺お取置き成され候に付き、両三度お詫言に罷り越し、色々お理り申し上げ、此の度は申し請け候て罷り戻り申す所、実正に御座候。重ねて各々様漁地へ罷り越し候わば、舟にても蛸壺にてもお取り成さるべく候。其の時一言（も）申し上げまじく候。此の由、地下中へ罷り戻り、堅く申し渡すべく候。次に右の私蛸壺お取り成され候方々、蛸壺これなき由にて、私浦人取り参り候かと、御詮索成され候えども、私浦人堅く取り参らず候。自然此の上にても取り参り候由、重ねて弥々に知れ候わば、舟にてもお取り成さるべく候。其の時少しも違乱なく相渡し申すべく候。此の如く書物仕る上は、堅く机漁地へ蛸壺付け申すまじく候。後日の為に依って件の加し。（以下略）

【筆法・語釈】①仕上ル…「差上申」と同じく、柱書（事書）の書出し句。①書物…証書・約束書。かきものと読む。②淡州机浦…淡路国（徳島藩領）机村（机浜村とも）、現兵庫県津名郡北淡町の内。②りやう地…魚地・漁場のこと。「り」が「里」のくずし字であることは瞭然だが、すぐ下の「たこつほ」の「ほ」は「本」が原字。③机浦衆…「衆」のくずし字は一般的な形。「衆」は集団を指す語だが、ここでは机浦の漁師たち。③御取置…御取り上げ、没収のこと。机浦の立場からは証拠物件としての差し押えであろう。③には「御」が二回出るが、この文書筆者は「御」を片カナの「ツ」のように書く。④わびこと…「わ」は「王」が原字、「こと」は合字。④ 色々…字形や筆順は「追」にも似ている。だが他の文書写にも「色」とある。「色」はと書くことが多いが、「ク」と「巴」を順に書いた例で、必ずしも珍しい形ではない。「追」はの部分を縦棒二本に書くことが多い。④御理り…理由、道理、筋道という意味だが、ここでは陳弁、弁解をしたということ。

申請…了解、納得。一応は許されたが承認された訳ではない。⑥一言…異論・抗弁。⑦地下中…ここでは「地元の者たちの所」といった意味だが、もとの意は殿上人（禁中で殿上を許された人）の対語で、中世には一般の庶民や配下・手下の者を地下（じげ）と呼ぶようになった。⑨被成候候へ共…「候」を間違えて一字余分に書いてしまった。語句の中に誤って入れた文字を衍字（えんじ）というが、これ自体難しい語なので、最近は（ママ）としている。⑬はりま高濱…播磨国明石郡林村の内、東側を高浜村といった。慶長十一年（一六〇六）の文書に「林・高浜両浦」とあり、近代においても有力な漁港であった。両村とも明石市林一丁目〜三丁目。

【解　説】淡路島の西側の村と、対岸の明石の村との漁場争いの史料である。播磨国の高浜村の漁師が、淡路国机村の沖の漁場（机浦漁地）に来て、蛸壺を置いて「盗み引き」をしたというのが直接の発端。淡路島の周囲は何処も良い漁場に恵まれているが、漁村はさして大きくない。明石の方は漁村も漁師の組織も比較的大きく、漁場は地元の浦だけでなく、瀬戸内海に広く出漁することが多かった。それ故、山村における入会秣場の紛争以上に、遠くの漁村と漁場の占有権や漁獲物の所属をめぐって争うことがあった。

淡路の机浦は、北淡町役場の前、富島付近である。明石港から十二キロくらいは離れているが、当時漁民たちにはそう遠いという実感はなかったかも知れない。またそれ程に机浦の漁場は良好で魅力的だったのであろう。明石の浦々との漁場争いは、近世に限っても慶長・寛永・承応（この文書）・元文・明和と続き、裁許や詫書が後の紛争時に机浦側の漁業権の証拠として提出されている。

この文書では、高浜の与次兵衛が蛸壺の「盗み引き」を見付けられ、これを差し押えられてしまう。与次兵衛は再三詫びに出掛け、一応は収まったが、蛸壺は「無之由」として返してもらえず、仲間が取り戻しに行くことも、机浦の漁場を侵すので止められてしまった。

文書の宛書(あてがき)は机浦の庄屋であるが、差出人与次兵衛の身分は肩書きされていない。しかし、「此由地下中へ罷戻、かたく可申渡候」とあるから、一介の漁師ではなく、庄屋、あるいは村・浦を代表しうる村役格の者であったろう。

2、安永六年三月　立木刈り荒しの詫び状

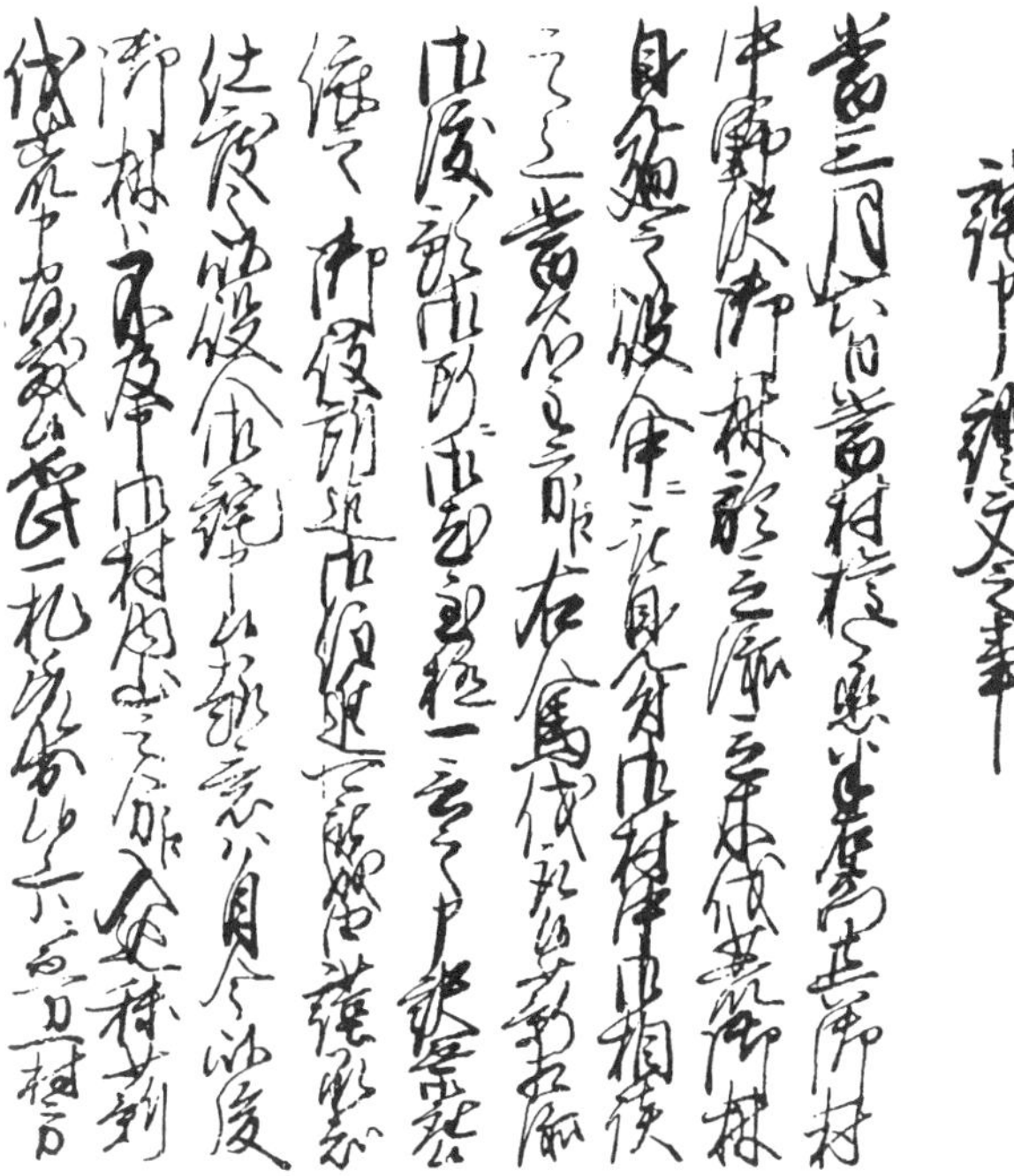

【解読文】

詫申證文之事
當三月六日當村権之丞・半右衛門、其御村
中野沢御林於立添立木伐荒、御林
見廻之役人中ニ被見付、御村中御相談
之上、當名主方江右人馬伐取候薪相添
御渡預御断ニ、御尤至極、一言之申訳無御座候、
依之御役所迄御住進可被成由謹承知
仕、度々以役人御詫申候趣意ハ、自今以後
御林ハ不及申、御村内山之分江入込秣薪
伐荒申間敷候、如此一札差出候上ハニ而万一村方

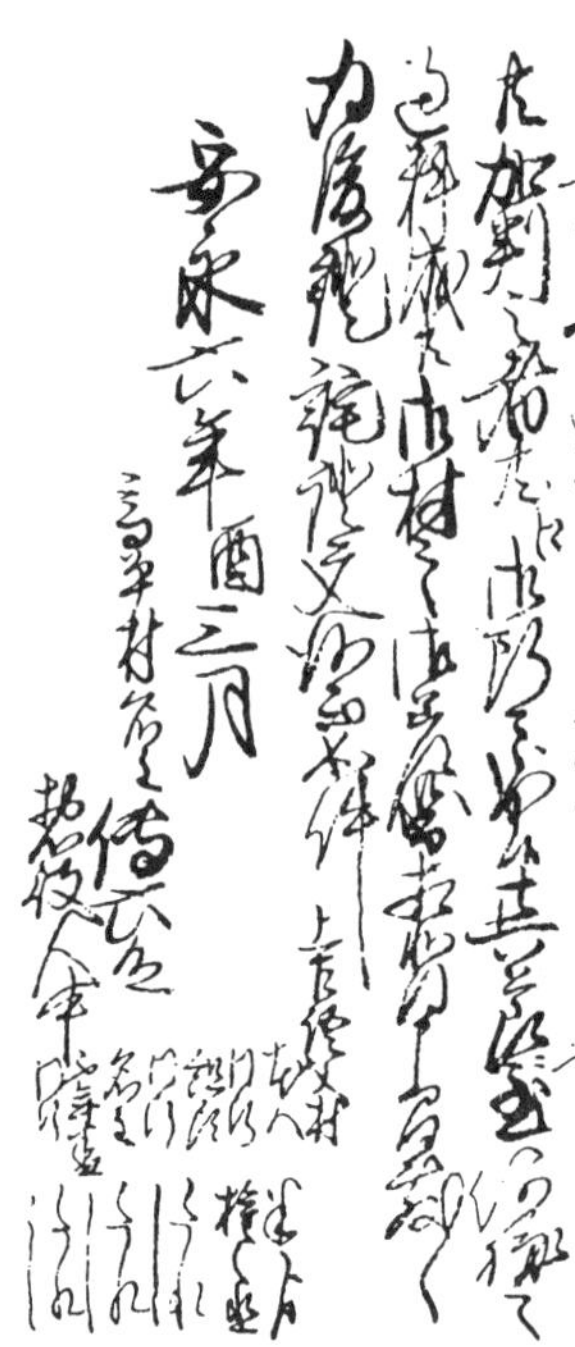

之者猥入込聊茂盗取候ハヽ、縦内山たり
共加判之者共江御断可被成候、其節ニ至何様之
過料成共御村之御差圖相背申間敷候、
為後證詫證文依而如件

安永六年酉三月

上古語父村
本人　半右衛門
同断　権之丞
組頭　たれ
同断　―
名主　たれ
不年番　―
同断　たれ
―

高平村名主
傳六殿
惣役人中

【読み下し文】

詫び申す証文の事

当三月六日、当村権之丞・半右衛門、其の御村中野沢御林立添に於いて立木伐り荒らし、御林見廻りの役人中に見付けられ、御村中御相談の上、当名主方へ右人馬伐り取り候薪相添え御渡しお断りに預り、御尤も至極、一言の申

し訳御座なく候、これに依りて御役所迄御注進成さるべき由、謹んで承知仕り、度々役人を以てお詫び申し候趣意は、自今以後御林は申すに及ばず、御村内山の分へ入り込み、秣・薪(たきぎ)刈り荒らし申すまじく候、此くの如く一札差し出し候上はにて(ママ)、万一村方の者、猥(みだ)りに入り込み、聊(いささ)かも盗み取り候わば、縦(たと)い内山たり共、加判の者共へ、御断り成さるべく候、其の節に至り何様(いかよう)の過料なり共、御村の御指図に相背(そむ)き申すまじく候、後証の為、詫び証文、依って件の如し（以下略）

【筆法・語釈】②権之丞…筆記者の書きぐせで、（権）は（柱）・（樽）などの字と似ているが、上部の形が異なる。（丞）は下の横棒が心か灬(れんが)のように波形となっている。③中野沢…高平村の地名（現白沢村の字名）。③御林…幕府・藩が管理した保護林で、一般の立入り・伐採を禁じた。得られた諸材は、土木建築用材として、また山林そのものが水源涵養(かんよう)・防風砂防・土砂崩れ予防などに役立てられた。③立添…不明であるが、林木の生え揃った、小地域か。⑥（断）…左を「阝」に書いているが、・のように書くのが一般的。「断(ことわ)り」には、ものごとの道理・判断・説明・通告・謝罪・拒絶などの意味があるが、ここでは、理非の道理を厳重に注意されたということ。⑦御役所…代官役所。⑦住進…「住」は「注」の不注意ミスであろう。注進。⑨内山…村が専有する入会山で下草や薪炭用の雑木を採ることが認められている。この文書では御林と内山を対比的に捉えている。⑨秣…飼料の馬草を言うより、ここでは苅敷(かりしき)のこと。緑肥・堆肥として、近世以来、大量に田畑に敷き込まれた。⑩上ハニ而…「上ハ」が正しく、「ニ而」は余分。「上にては」でも意味不十分なので、書き誤りであろう。⑬過料…とが銭・罰金。⑭上古語父(ここぶ)村…上野国利根郡、現群馬県利根郡白沢村の大字。宛書きの高平村（現白沢村の大字）は隣村。㉑不年番…年番名主制ではないが、名主役になり得る重立ちの家柄。

【解　説】共同利用の入会山や入会用水の規定違反に対し、家や村方から差し出させた詫書・詫証文はよくあるが、これは幕府の御林である（上古語父村・高平村とも幕府領、幕末には沼田藩土岐氏領となった）。近くには雨乞山・想台山など千メートル以上の山並みが続いている。入会山以上に立入りを許さず、ことに立木伐採はすべて盗材とみなされ、厳しく取り締まられた。

しかし、下草の刈取りや薪とする枯枝の採取など、季節により認める地方もある。ここの御林の場合、隣接する高平村に日常の監視・管理が委ねられ、村の見廻り役人が巡視に当たっていた。上古語父村の権之丞らは、地元の者としてこの規制を知らなかった訳はないと思われるが、保護林の立木や薪などは、貧しい者たちには魅惑が強く、時には違犯者がでて、入牢騒ぎなどが起こった。

この詫証文が、厳重注意の通告に当る「御断」や「何様之過料」で済むというのも、幕藩の御林であるのにと、不思議に思われる。③に立木伐荒とありながら、そのあとで薪相添とあるので、この場合は、事実上微罪とみなされたのであろう。しかし、「御役所まで注進なさるべき由、謹んで承知つかまつり」とあるので、処分はその後下されるのであろう。なお、本書は下書き。

飛驒の山林は百姓林を認めない幕府御林の代表的なものであり、諸藩では御留山・御直山などと呼ばれた。尾張藩では不入御林・砂止林・平御林・定納山の四種に分け、定納山は定納米を出せば百姓の立入りが許され、平御林は年に三日ほど、口明けと称して立入りが許された。

3、寛政十年六月　若者共不穏につき訴上度段、御添翰願

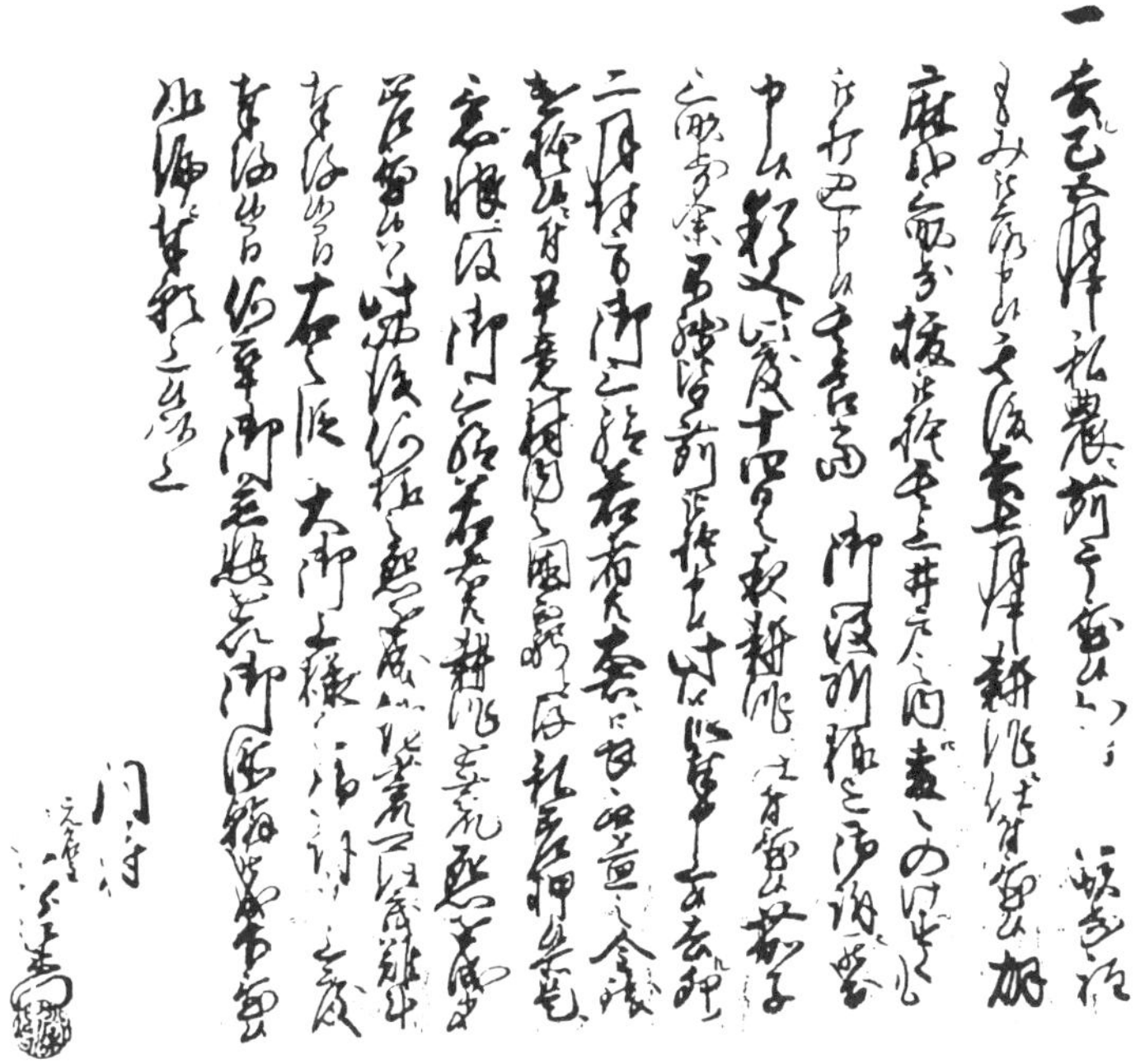

【解読文】

乍恐以書付奉願上候
去ル巳五月中私農ニ苅干置候［（破損）］畝歩程
もみ被落申候、其後去七月中耕作ニ仕付置候胡
麻弐三畝歩秡被捨、其上井戸之内江麦之のけすくも
被打込申候、其節当　御役所様迄御訴ニ罷出
申候、猶又此度十四日之夜耕作ニ仕付置候茄子
三畝歩余不残皆苅被捨申候、此段奉申上候、去ル卯ノ
二月村方御三給若者共奢り長、無益之金銭
遣捨候ニ付、畢竟村内之困窮と存、私差押候所、是ヲ
意恨ニ存、御三給若者共耕作を荒、怨を成申候、
差置候ハヽ、此以後何様之怨を成、作荒可仕茂難計り
奉存候間、右之段　大御上様迄御訴申上度
奉存候間、何卒御慈悲を以御添翰被成下置候
様、偏ニ奉願上候、以上

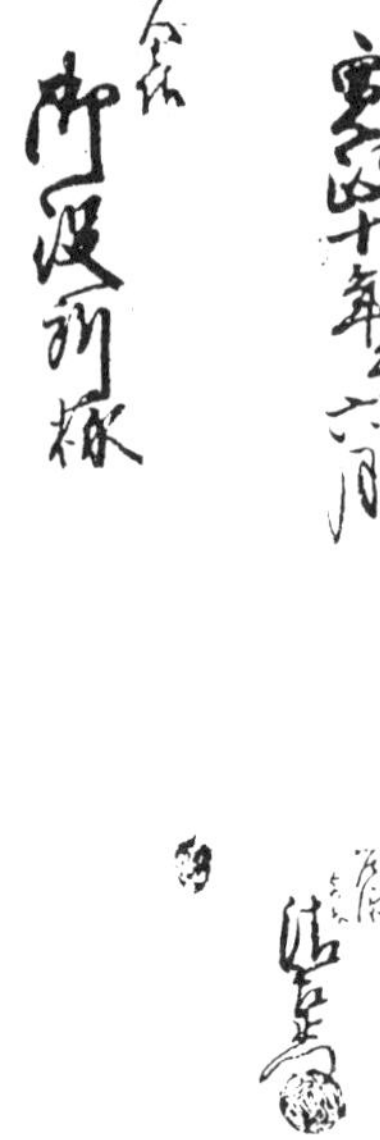

寛政十年午ノ六月
間口村
元名主　六郎左衛門㊞
差添
与頭　清左衛門㊞
久喜
御役所様

【読み下し文】

去る巳の五月中、私農に刈り干し置き候［破損］畝歩程、籾落され申し候、其の後去る七月中、耕作に仕付け置き候胡麻(ごま)二・三畝歩抜き捨てられ、其の上井戸の内へ麦ののげ・すくも打ち込まれ申し候、其の節当御役所様までお訴えに罷り出で申し候。此の段申し上げ奉り候。猶又、此の度十四日の夜、耕作に仕付け置き候茄子(なす)三畝歩余、残らず皆刈り捨てられ申し候。去る卯の二月、村方御三給若者共奢(おご)りに長じ、無益の金銭遣い捨て候に付き、畢竟村内の困窮と存じ、私差し押さえ候所、是を遺恨に存じ、御三給若者共耕作を荒し、怨を成し申し候。差し置き候わば此れ以後いか様の怨みを成し、作荒し仕(つかまつ)るべきも計らい難く存じ奉り候間、右の段大御上様までお訴え申し上げ度く存じ奉り候間、何卒御慈悲を以て御添翰(てんかん)成し下し置かれ候様、偏(ひとえ)に願い上げ奉り候。以上。（年月、差出書略。後欠）

【筆法・語釈】　②農…農作業。　②苅…「刈」の異体字。古文書には「苅」の方が多く用いられている。　④秡…「抜」の異体字。常用漢字は「抜」。　④のげ…芒(のぎ)。稲や麦の殻の外側にある棘状の突起。「野毛」とも。　④すくも…籾殻(もみがら)・籾糠(もみぬか)。　⑥…夜。禾(のぎへん)にみえる部分がに当たる。　⑦…不残。右がわの「戔」のくずした形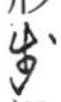に注意。　⑧村方御三給若者共…村が三名の旗本らに分割・給地されているその村の若者たち（後述）。

⑧奢り長…長ずるは熱中し耽溺するの意。あまり好ましくない物事についていう。⑨遣捨…「遣」は「つかわす」だが、「使」にあてて用いる。この二字で浪費、費消の意。⑨困窮と存…困窮する原因・基と認識する。⑩意恨…遺恨。意趣遺恨のつもりかも知れない。⑩⑪怨…怨。上部は「死」のように書く。「悪」「惣」のくずしと似ているので注意。⑪作荒…「サクアラシ」。⑩の「耕作を荒」と同じ。⑫大御上様…自分たちの上様（旗本代官）よりさらに上の将軍様。ここでは幕府勘定奉行。⑪添翰…副状。紹介状など、本書に添えて宜しく配慮を願う文書。添簡とも書く。

【解　説】　この文書は村の若者共と元名主の争いである。こうした紛争を村方出入というが、多くの場合、地主の金融や村役人の治政、村財政の不明朗などの原因が多い。この場合も、元名主の農作が、若者共からしつこく荒らされているのだから、相当根深い対立があったと思われる。すでに足掛け四年前（卯ノ二月）に、元名主が差し押さえた若者らの「奢に長じ無益の遣い捨て、村の困窮の基となる」行為の原因とは何であろう。「村方御三給」にその謎がありそうである。

間口村は武蔵国埼玉郡利根川中流右岸にあり、今は埼玉県北東部の大利根町に属している。近世前期には幕府領であったが、宝暦十四年（一七六四）に久喜藩（米津氏）領と旗本渥美氏・細井氏の三給に分かれ、さらに寛政十年（一七九八）久喜藩領だけが幕府領にもどり、さらに文化十三年（一八一六）に忍藩（奥平氏）領となった。この文書は久喜藩領から幕府領へと移行する直前ごろ、「久喜御役所」に、元名主「六郎左衛門」から出されたものであることが、別の文書から分かる。

六郎左衛門は他の二人の村役人と共に、間口村の開発百姓で代々名主を勤めていた。近世初頭から三給に分割されるまで名主を勤め、一村一帳の検地帳も彼が預かっていた。村が三給になれば、本来は田畑も百姓も三分割されねばならず、検地帳もそれぞれ作り直さねばならないが、そうした対応はなされず、久喜藩領に属した六郎左衛門が相変わらず全体の検地帳を持ち、三給一村の代表者たる地位を保ち続けていた。彼にしてみれば、間口村は事実上、一村であった。しかし、他領の百姓から、そのような彼の地位に対して疑問が出されても仕方がない。六郎左衛門の威令は昔ほど行き届かなくなってきたところに、若者共に博打（ばくち）が流行りはじめた。それを憂えた彼が、四年前に相当厳しく「差押」えたらしい。公けごとにしなかったので、若者共は助かった反面、旧名主が発した威令に反撥が生じていた。

さらにその後、六郎左衛門は病気を理由に五年間の名主休役を願い出、治ったら復役するという条件で認められた。病気は間もなく治り、元通り名主に戻ろうとする六郎左衛門の動きに対し、それに反発する別派の動きも出てきた。

大分長くなったが、この文書の背景には以上のような歴史的事情があったことが、別の間口村文書から読み取れる。元名主という肩書の六郎左衛門に対する、しつこいまでの作荒しは、若者共派のいやがらせ、挑発とみることもできる。彼が三給を越えて「大御上様」（幕府・勘定奉行所）に訴え出ようとし、その手続きとして久喜藩役所の「御添翰」を願い出たのである。

柱書には「乍恐以書付奉申上候」とあるだけ。同様に「〜御訴奉申上候」とか「〜奉願上候事」「一札之事」などの柱書（事書ということもある）は、舌代・拝啓などと同様の書き出しの語句である。だから「……之事」という表題は適切ではない。

文書の内容は、若者の作荒しや無益な金銭遣いを取り締まるようにという願書ではない。そのことを「大御上様」に訴え上げたいので、添翰を下さいという願書である。文書で使っている文言を使って意味がとれるようにすると、「若者共作荒も難計ニ付訴上度、御添翰願」というような題が考えられる。もう少し短く「村方不穏に付き訴上度段御添翰願」あたりも良いであろう。内容をどう端的に表現するかは意見が分かれるが、御添翰願（書）という語句は落とせないと思われる。

4、文化六年七月　用水堰普請諸入用出入につき内済証文

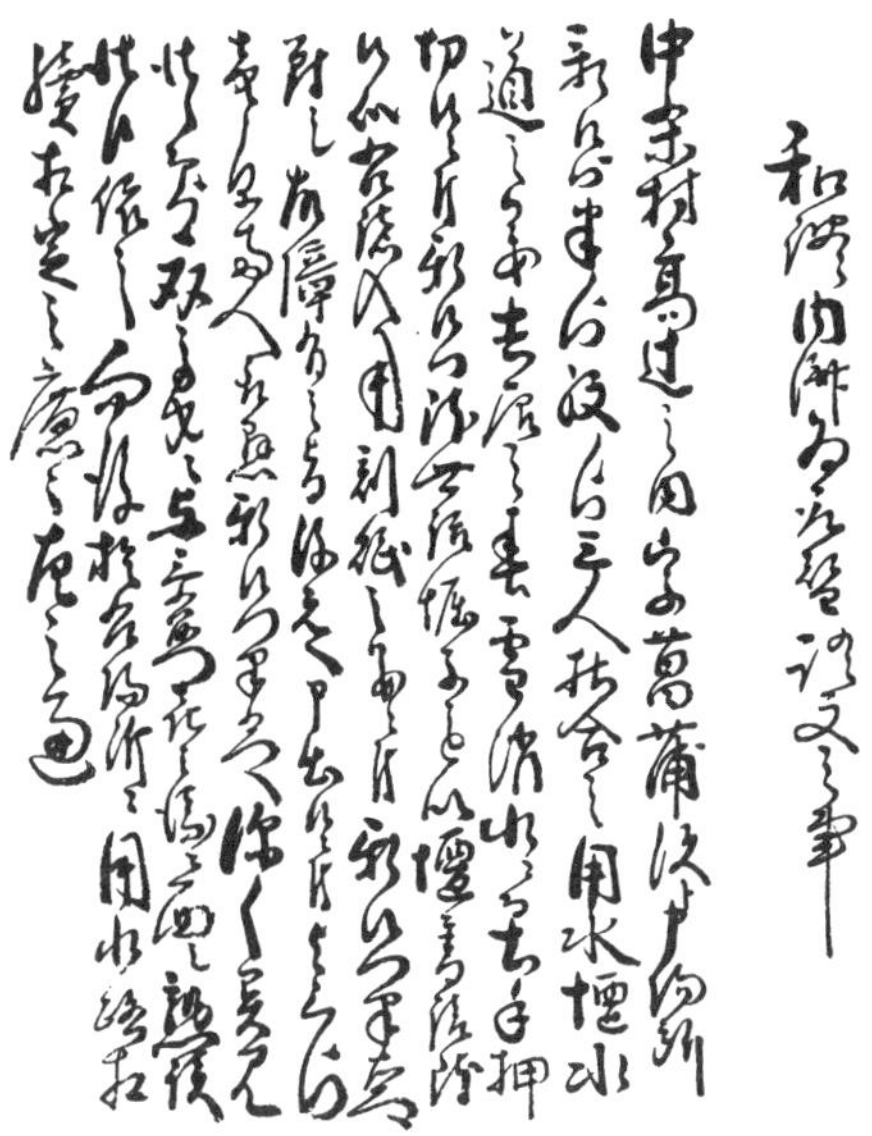

【解読文】

和談内済為取替證文之事

中条村高辻之内字菖蒲沢ト申場所、
新左衛門・半右衛門・紋右衛門三人持合之用水堰、水
道之義、去辰之春雪消水ニ而土手押
切候ニ付、新左衛門致世話堀子を以堰普請致
候処、右諸入用割賦之義ニ付、新左衛門・半右衛門へ
對シ故障有之旨役元へ申出候ニ付、与三右衛門・
喜兵衛両人取懸、新左衛門・半右衛門へ深く異見
仕候處、双方共ニ与三右衛門・喜兵衛ニ面(免)シ熟談
仕候、依之向後於右場所ニ用水路相

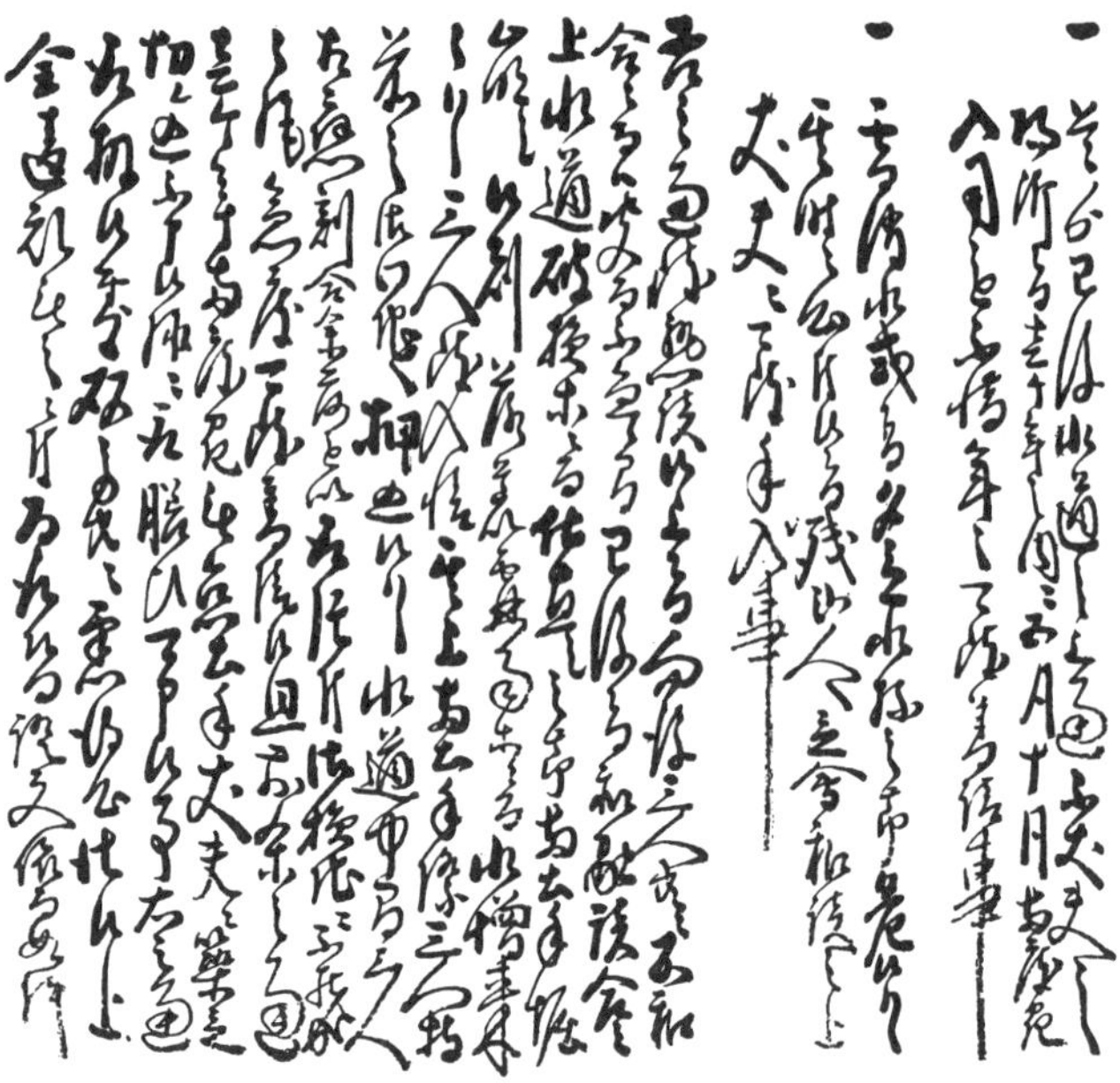

續相定之廉々左之通
一是ゟ已後水道之上通不丈夫之
場所者壱ケ年之内ニ五月十月両度宛
入用を不惜、年々可致普請事
一雪消水或者夕立水抔之節危候ハヽ、
其時々心付候者、残弐人へ立會和談之上
丈夫ニ可致手（マヽ）レ入事
右之通致熟談候上者、向後三人共ニ不和
合ニ而ハ決而不宜候間、已後者和融談合之
上、水道破損等ニ而仕直シ之節両土手堀
崩シ候刻、落荒霜雨等ニ而水増来
候ハヽ、三人致入情（精）、其上両土手際三人持
前之御田地へ押込候ハヽ、水道中間三人
相應割合、余荷を以取片付、御損地ニ不罷成
候様急度可致普請候、且前条之通
壱ケ年両度宛無怠土手丈夫ニ築立
切レ込不申候様ニ取膳（繕）ひ可申候事、右之通
取扱候處、双方共ニ悉得心仕候上

全違乱無之ニ付、為取替證文依而如件

文化六巳年七月

中条村　新左衛門㊞
同村　半右衛門㊞
礒新田　紋右衛門㊞
百姓代　与三右衛門㊞
庄屋　喜兵衛　㊞

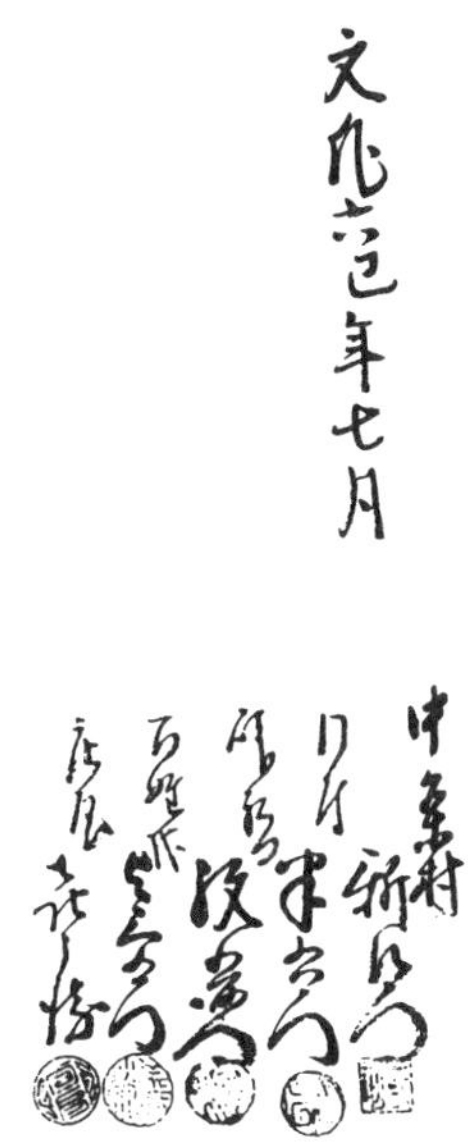

【読み下し文】

和談内済取り替し証文の事

中条村高辻の内、字菖蒲(しょうぶ)沢と申す場所、新左衛門・半右衛門・紋右衛門三人持ち合いの用水堰、水道の義、去る辰の春雪消水にて土手押し切れ候に付き新左衛門世話致し、掘子を以て堰普請致し候ところ、右諸入用割賦の義に付き、新左衛門・半右衛門へ対し故障これある旨役元(やくもと)へ申し出で候に付き、与三右衛門・喜兵衛両人取り懸かり、新左衛門・半右衛門へ深く意見仕り候ところ、双方共に与三右衛門・喜兵衛に面じ熟談(じゅくだん)仕り候、これにより向後右場所において用水路相続相定むるの廉々、左の通り

一、是より以後水道の上通り不丈夫の場所は、一か年の内に五月・十月両度ずつ入用を惜(お)しまず、年々普請致すべき事

一、雪消し水、或いは夕立水などの節危なく候わば、その時々心付け候は、残り二人へ立ち合い、和談の上丈夫に手入れ致すべき事

右の通り熟談致し候上は、向後(きょうこう)三人ともに不和合にては決して宜しからず候間、以後は和融談合の上、水道破損などにて仕直しの節、両土手掘崩(くず)し候刻(みぎり)落ち荒れ霜雨などにて水増し来たり候わば、三人入情(精)致し、その上、両土手際三人前の御田地へ押し込み候わば、水道中間三人相応割合い、余荷をもって取り片付け、御損地に罷り成らず候よう急度普請致すべく候。且つ前条の通り一か年両度ずつ怠りなく土手丈夫に築き立て、切れ込み申さず候ように取り繕(つくろ)い申すべく候事、右の通り取り扱い候ところ、双方ともに悉(ことごと)く得心(とくしん)仕り候上、全く違乱(いらん)これなきに付き、取り替(かわ)し証文、依て件の如し（以下、年月、差し出し略）

【筆　法】　この文書の字体は必ずしも標準的ではなく、自己流のようなくずし方が目につく。が、近世文書としては、この程度はざらにある。易しくはないが、何度か読み返しているうちに読める字数が増えてくる、クイズのような文書と思って頂きたい。①和談…傍(つくり)の火を二つ重ねるところ、火くとおどり字で同じ字が続くことを示している。森を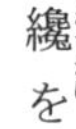、纔(わずかに)をと書くのと同じ例。③左衛門・右衛門…「衛」が見えないが、心で書いていると思って読む。ほとんど記号化された字形。③持…一字だけだと「罷」と間違えそう。読み下していけば間違いない。④春…この字形で覚えておく。丰に土と書くような形。⑤普…これも羊に日をつけたような書き方で、画数が足りないが、珍しいくずしではない。⑭と㉕の普請も参照。⑧喜…の字をさらにくずしているので判読しにくい。上の七を書き、下の十七をまとめ書きしている。⑨処…のくずし。大きく書いてあって二字に間違えやすいが、筆順としてはこれでよい。⑨共…才にみえる。の二画。⑱に別なくずしの「共」がある。⑪廉々…兼がかなり省略されているが、廣でないことは下部の点の並びで分かる。⑫是…上部が点二つになっているため首にみえる。下部は右に長く延ばさない。⑬者（は）…この「者」は読みにくい字形。⑯⑲にもあり、⑦の「旨」にも似ている。これも読み下しで判断できる。㉑雨…書き方により角や南に似る。霜の雨(あめ)

冠と較べると難読の字形である。㉕様…これも正規なくずし方から相当外れている。偏と全体の形からの判読。㉖繕…月は明らかに糸の誤り。前後の意と取繕ひの語句より判断するほかない。㉘悉…くずしの書き順はこれが正しい。第一画が右から左へ入っていたり、二画目の横棒が点三つになっていれば判読容易であったかもしれない。

【語釈】①和談…熟談（⑨にある）と同じ。現代では和解。①内済…訴訟事が判決にまで至らず、双方が和解しあうこと。内済証文は和解の妥協事項を箇条書にする。②高辻…本来は村高の合計の意。ここでは村内の地所をいう。④雪消水…雪解け水。所によっては春先に洪水を起こすほどとなる。⑤堀子…用水掘りの人夫。⑥割賦（「わりふ」・「かっぷ」と読む）…分割払い。⑧取懸…ここでは取り扱うの意。仲介人として、この件にとりかかる。⑧異見…意見と同様であるが、当事者の主張とは異なった見解。⑪廉々…条々、個条のこと。㉑落荒…土手など用水路脇の崩壊。破損して漏・溢水の原因となる。㉔余荷…ここでは臨時の費用。一般には、へそくり、夜なべ仕事などによる臨時の収入のこと。㉘得心…納得、理解。

【解　説】　これは越後国（新潟県）魚沼郡大江田郷中丸村の近世後期から明治初期にかけて用水関係文書が十数点残っているうちの一通。村方に伝存した古文書は、本来はもっと沢山、多様なものがあったのに、用水に関する権利・義務・慣行などの文書が特に大切に保存されてきたように思われる。それはこの村のおかれた農業用水の事情を反映しているものであろう。

この証文で取り替わされた協約の「菖蒲沢と申す場所」の用水路は、わずか三人だけの共有で、堰を設けて引いた水路。それが去年春先の増水で土手が破れ、新左衛門一人の手配で人を雇って普請をし、その費用を割りあう段になって、他の二人ともつれが生じたのです。百姓代と庄屋の二人が仲介人となり、この用水路を三人で保全・管理し続けていく上での協約事項二か条をきめ、証文を取りかわしたのであった。第一は、毎年五月（水田など用水利用が本格化する）と十月（利用を終る）に損じやすい箇所を補修する。第二は、雪解け水や夏の夕立水のように急な増水で破損の危険があるのを認めたときは、他の二人にも立ち会わせて手入れをする、という内容。後段は箇条を立てていないが、修復中の土手の崩壊や長雨の増水、あるいは土手ぎわの三人の耕地に水路がくずれ入ったときは、三人が費用を相応に割りあって臨時の費用負担で、荒れ地にしてしまわぬよう普請をする。その上にも土手丈夫に築き立て、切れ込み申さざる様に取り繕うことが強調されている。

近世にできた用水路や用水池・堰などは共同管理していたものが多く、入会地と並んで村々の共同体の要でもあった。この文書の用水は三人だけの管理であるが、大きい用水路は十数か村に及ぶものもあり、紛争が生ずると長期にわたって訴訟が長引くことがある。水田稲作を基本とした社会の実態が、こうした文書によく表れている。

なおこの文書で注目される点は、雪解水・夕立水・霖雨といった季節的な増水があること、堀子という堰・水路普請を行う技師のような者がいること、もめ事に村役人二人が仲裁していることなどである。なお末尾の署名肩書きに庄屋とある。よく庄屋は関西、名主は関東といわれているが、東国でも村落代表を庄屋としている村は珍しくない。西国で名主を称している村はないのだろうか。

5、文化十三年十一月　不用意に鉄砲打ち候段、猟師詫び証文

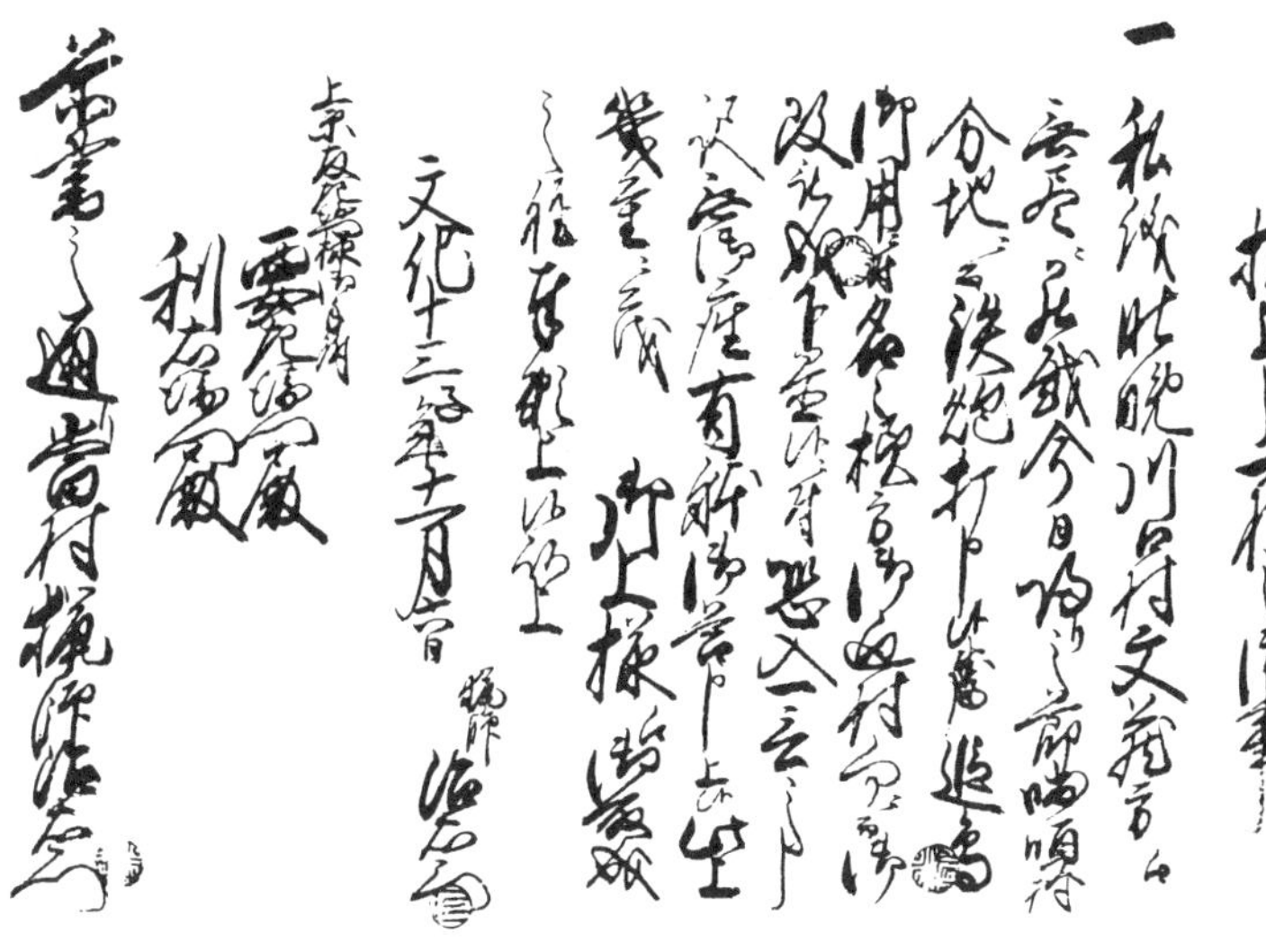

【解読文】

指上申一札之御事

一私儀、昨晩川口村文蔵方江
無尽ニ罷越、今日帰り之節、咄唄(ママ)村
分地ニ而鉄砲打申候処、追鳥
御用ニ付、名(各)々様方御廻村向ニ而御
改被成下置候ニ付、恐入一言之申
訳無御座、有躰御答申上候、此上
幾重ニ茂(ママ)　御上様江御取成
之程奉頼上候、以上

文化十三子年十一月六日

猟師　治右衛門㊞

上原友左衛門様御手附

要左衛門殿

利右衛門殿

前書之通り當村猟師治右衛門

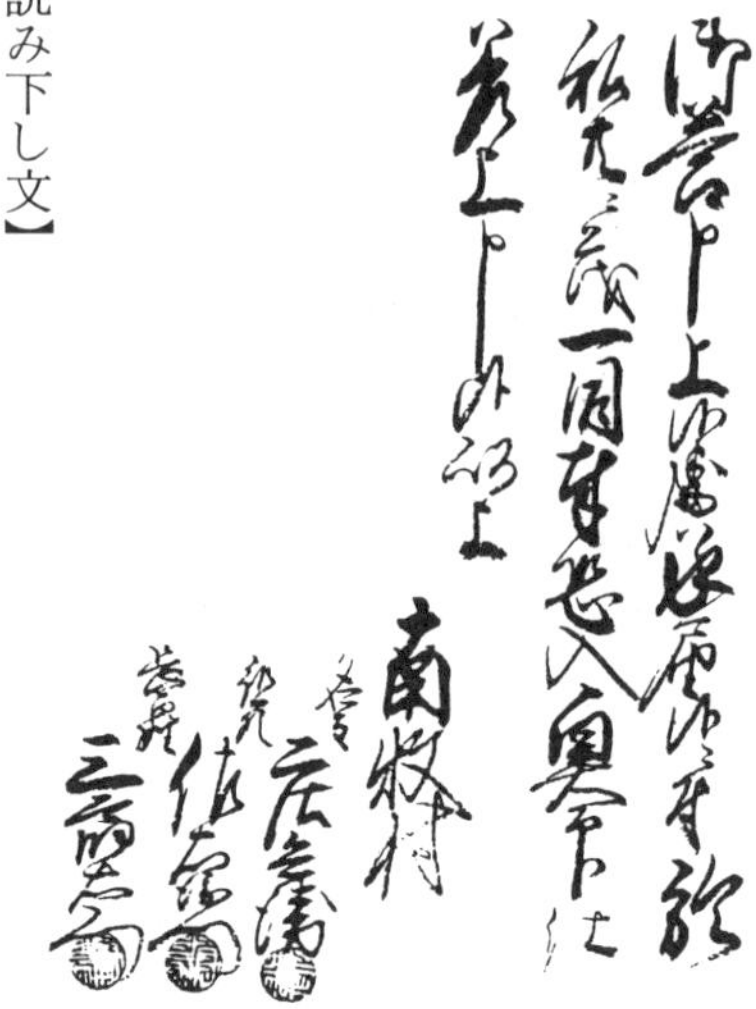

御答申上候處、承届候ニ付、於
私共ニ茂一同奉恐入、奥印仕
差上申候、以上

南牧村　名主　庄　兵　衛㊞
組頭　佐右衛門㊞
長百姓　三郎右衛門㊞

【読み下し文】

指上(さしあ)げ申す一札之御事

一、私儀、昨晩川口村文蔵方へ無尽(むじん)に罷(まか)り越し、今日帰りの節(せつ)、吐唄(とっと)村分地(ぶんち)にて鉄砲打ち申し候ところ、追鳥御用(おいどりごよう)につき、各々(おのおの)様方御廻村(ごかいそん)向(む)きにて御改(おあらた)め成し下(くだ)し置かれ候に付き恐れ入り、一言の申し訳(わ)け御座なく、有体(ありてい)(に)御答え申し上げ候。此の上幾重(いくえ)にも、御上様(おんうえさま)へ御取り成しの程、願い上げ奉り候。以上

文化十三子年十一月六日

猟師　治右衛門

上原友左衛門様御手附(てつけ)、要左衛門殿、利右衛門殿

前書の通り当村猟師治右衛門、御答え申し上げ候ところ承(う)け届け候に付き、私どもに於いても、一同恐れ入り奉り、奥印仕(おくいんつかまつ)り、差し上げ申し候。以上。

南牧村名主庄兵衛、組頭佐右衛門、長百姓三郎右衛門

【語　釈】

③無尽…何人かの仲間で互いに掛け金を出しあい、くじで順番にお金を融通しあった庶民の金融の組

織。頼母子講ともいう。④分地…飛び地と同じ。他村の中に離れて村の土地があるのをいう。④追鳥（おいどり）…追鳥狩（おいとがり）ともいう。キジ・山ドリ・ウズラなどを勢子（せこ）（鳥を追い立てる人夫）に追わせて弓や鉄砲で狩る方法。⑦有躰…躰は体と同じ。ありのまま、すべて正直に、といった意味。⑪御手附…幕府直轄領（天領）における代官所の下級役人。支配下の農民を一時的に雇って使うことがあり、その間は武士身分といっても形式的なもので、この場合のように苗字がないものもある。手附・手代と並べて使われることが多い。

【解　説】　無尽は数人の仲間が少額の金を出し合い、抽選などで自分の順番に当ると、出し合った金をまとめて借りられるところから、農村でも都市でも人気が高く、現在でも町内会などで行われている。南牧村の猟師治右衛門は川口村文蔵方で前夜催された無尽会合の帰り、吐唄（とっと）村の分地で禁猟の雉子を見かけたのであろうか、いきなり鉄砲を放ったところ、都合悪いことに領主の追鳥狩の御用で廻村していた役人のとがめにあってしまった。文末の「奉願上候」の「願」は左がわのタテ棒が上につきぬけており「頼」としか見えないが、「頼」は目上から目下へ、または同輩の、例えば村から村へ差し出される場合に使われ、このような藩役人に対する詫び状に使われることはほとんどない。「願」の書き間違いであろう。

南牧村は現在、長野県上水内（みのち）郡信州新町の一部と更級郡大岡村の一部になっている。川口村は大岡村の一部。吐唄村は、信州新町の一部で、江戸時代末には和田村と合わせて（和田吐唄村）二三戸の小村であった。

6、文久三年三月　止宿の旅人、女子殺害につき遺骸の仮埋葬願い

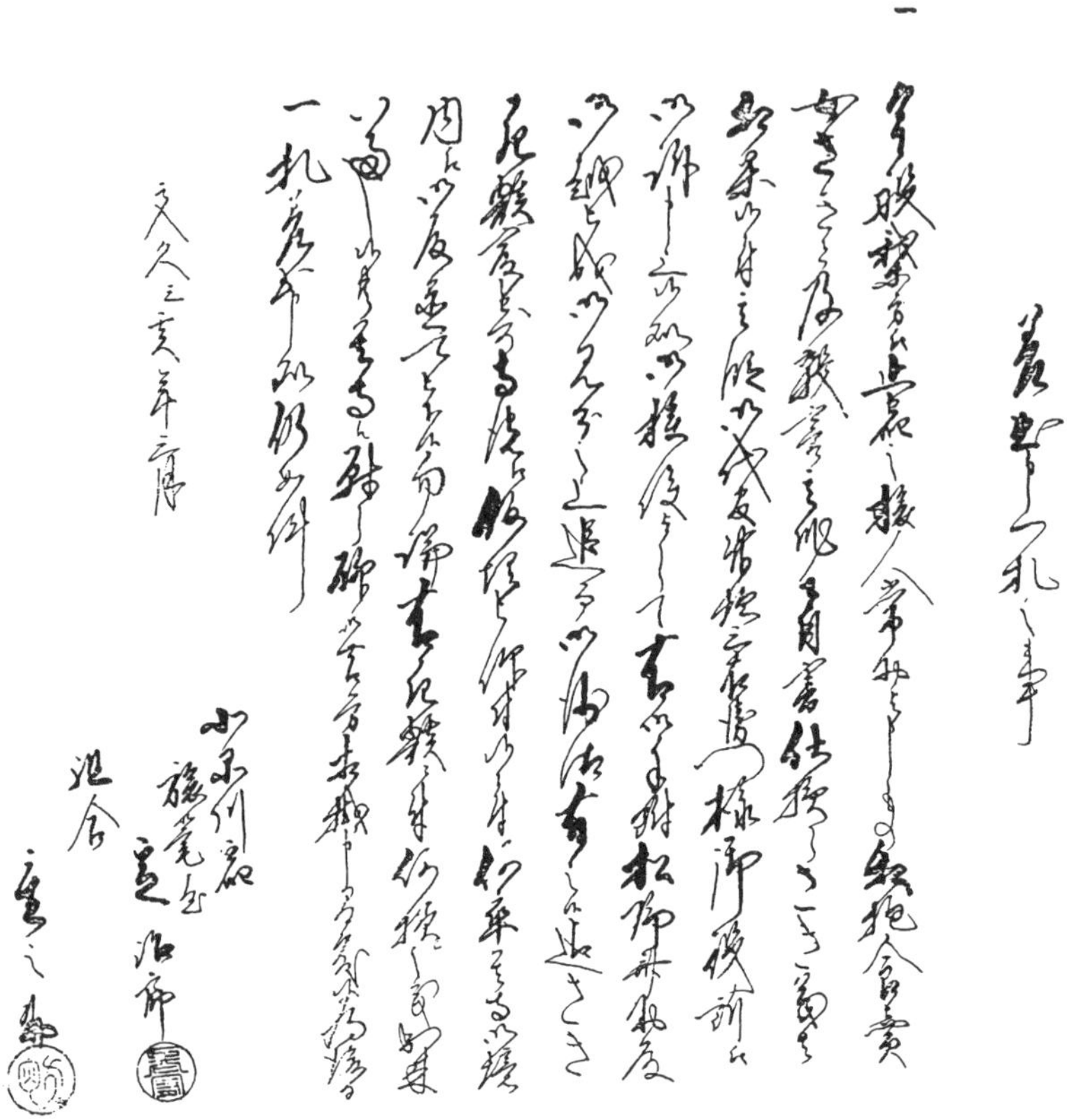
文久三亥年三月

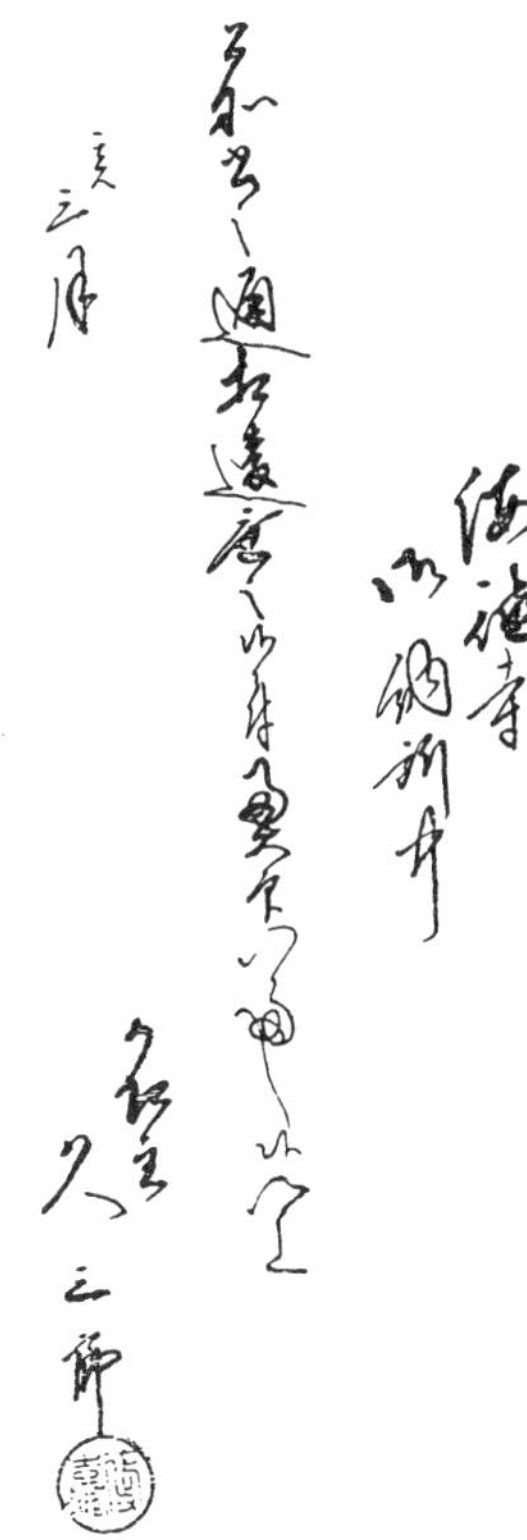

【解読文】

差出申一札之事

一今般我等方江止宿之旅人、常助与申もの私抱食賣
女さきを及殺害、其身者自害仕損し、さき義者
相果候ニ付、其段御代官竹垣三右衛門様御役所江
御訴申上候処、御検使として右御手附松野斉助殿
御越被成、御見分之上追而御沙汰有之候迄、さき
死骸最寄寺院江仮埋被仰付候ニ付、何卒貴寺御境
内江御取置可被下候、勿論右死骸ニ付何様之義出来
いたし候共、貴寺江對し聊御苦労相掛申間敷候、為後日
一札差出申処、仍如件

文久三亥年三月　北品川宿

旅篭屋定次郎㊞
組合　重之助㊞

海徳寺
御納所中

前書之通相違無之候ニ付奥印いたし候、以上

亥三月　名主　久三郎　㊞

【読み下し文】

差し出し申す一札の事

一、今般我ら方へ止宿の旅人、常助と申す者、私抱え食売女さきを殺害に及び、其の身は自害仕損じ、さき義は相果て候に付き、其の段御代官竹垣三右衛門様お役所へお訴え申し上げ候ところ、ご検使として右お手附松野斉助殿お越し成され、ご見分の上、追ってご沙汰これあり候迄、さき死骸最寄寺院へ仮埋め仰せ付けられ候に付き、何とぞ貴寺御境内へお取り置き下さるべく候、勿論右死骸に付き何様の義出来いたし候共、貴寺へ対し聊もご苦労相掛け申すまじく候、後日の為に一札差し出し申すところ、仍て件の如し。（年月・差出・宛書は略）

前書の通り相違これなく候に付き、奥印いたし候。以上。（下略）

【筆　法】　②私抱食賣女…「抱」は自家に雇い入れることであるが、これ一字で年季を決めて雇った芸妓・娼妓（この語句は明治以後のもの）を指すこともある。「食売女」は宿屋の給仕女が語源で、「飯盛」とも書く。例えば公認の吉原などの公娼を遊女と称するのに対し、建前上、非公認の娼家の女性は「食売女」と呼んだ。実態は同じ。

③…殺害・自害。「害」が「客」または「書」の字に似ているが、語句の使い方から誤読は

なかろう。③…其身。「身」の書き方が「爪」と似る。④竹垣…「竹」のくずしはの順に書く。「垣」は土が大きく、旁（つくり）が「欠」に似ている。⑤…野。左の「里」がはっきりしない。⑤…斉（斎）。書き順を簡略すれば、の順である。⑦…寺院。「院」を「境」と読み違える恐れがある。「阝（こざとへん）」を「氵（さんずい）」のようにくずす例である。土（つちへん）だと「ゝ」が初めにくる。この行の下に「境」があるので比較せよ。⑦貴寺…「貴」と「尊」の書き方は上の二点が似ているが、下部のまとめ方が異なる。「貴」は、「尊」は・。⑨對…は「単」のように書き、「戦」と間違えることがある。⑯…徳。旁は「直」に書く。

【解　説】　差出書に北品川宿とあるように、東海道第一宿の品川は、南・北と歩行人足が集住する歩行新宿の三町から成っていた。江戸の方から北品川を経て、目黒川を渡ると南品川、すぐ右手に海徳寺がある。当寺は大永二年（一五二二）開創の日蓮宗寺院。品川は江戸が発展する以前から賑わった町で、中世から続く古寺が多く、近世に入ってからも沢庵禅師の東海寺などが建立された。

五街道＝東海道・日光街道・中山道・甲州街道（奥州街道は日光街道の宇都宮から分かれる）＝の第一宿は、品川・千住・板橋・内藤新宿で、この四宿は江戸からほとんど町並み続きであった。飯売女を抱えることを認められた旅籠も多く、特に品川は料亭や出合い茶屋などもあって、繁華な歓楽街であった。しかし街道から裏へまわれば、一方は遠浅の海、片方は寺社の境内の林と田畑が広がる農村であった。

飯売女をめぐる話題は、場所柄もあって少なくなかったと思われるが、相対死（心中）などの事件史料が、特別に多く残っている訳ではない。道中奉行からの触書、助郷人馬の着到帳、人馬賃銭帳、宿と助郷村々との紛争文書などが多いのは、他の宿場文書と同様である（『品川区史』資料編）。しかし異人の来宿騒ぎや薩摩藩侍屋敷の焼討ち、打ちこわし騒動などの史料や、右のような文書があることは、幕末期のこの地域の一種不穏な状況が特徴的に示されている。

この文書は、旅人常吉と食売女さきとの相対死未遂事件で、女は殺され、男は仕損じて生き残っていることだけが分かり、無理心中なのか合意なのか、男はどこの者で傷の程度などは分からない。この文書が海徳寺に出された頃、今や下手人となった男は吟味中で、やがては非人手下とされる裁許がなされたであろう。

「追而御沙汰有之候迄」とは、裁許が下り一件落着までである。だが、女の遺体引き取り先が旅篭屋になるのか、親元になるか、このまま海徳寺に本葬してもらうかといった民事的な問題もある。また、北品川の事件に、なぜ南品川の寺院が選ばれたかもはっきり分からない。旅籠とは川をはさんだだけの至近距離であったのかも知れない。他にも二通ほど同様な史料があり、海徳寺がこのような事件に協力的であったことも考えられる。

Ⅵ　災害・飢饉

1、（天保四年）　村定め

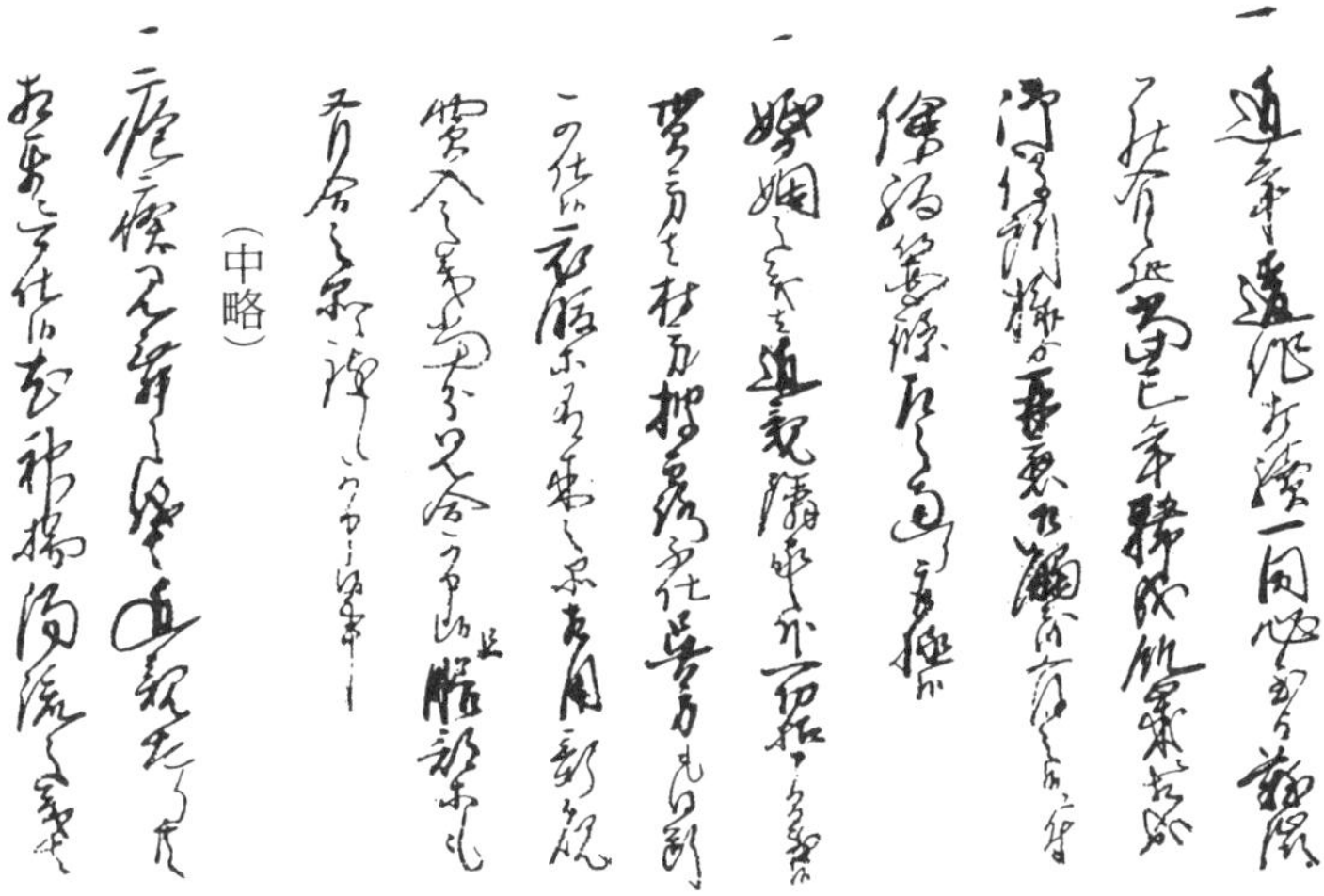

【解読文】

定書之事

一近年違作打續一同必至与難渋
罷有候処、當巳年稀成飢歳ニ相成、
御役所様ゟ再應御觸茂有之候ニ付、
倹約箇條左之通り取極候

一婚姻之義者、近親隣家之外、一切招申間敷候、
貰方者村方披露不仕、呉方も同断
可仕候、衣服等有来之品相用、新規
買入之義當分見合可申候、且膳部等も
有合之品ニ致し可申候事

（中略）

一疱瘡見舞之儀者近親たり共
相互（不脱カ）ニ可仕候、尤神揚湯流之義者

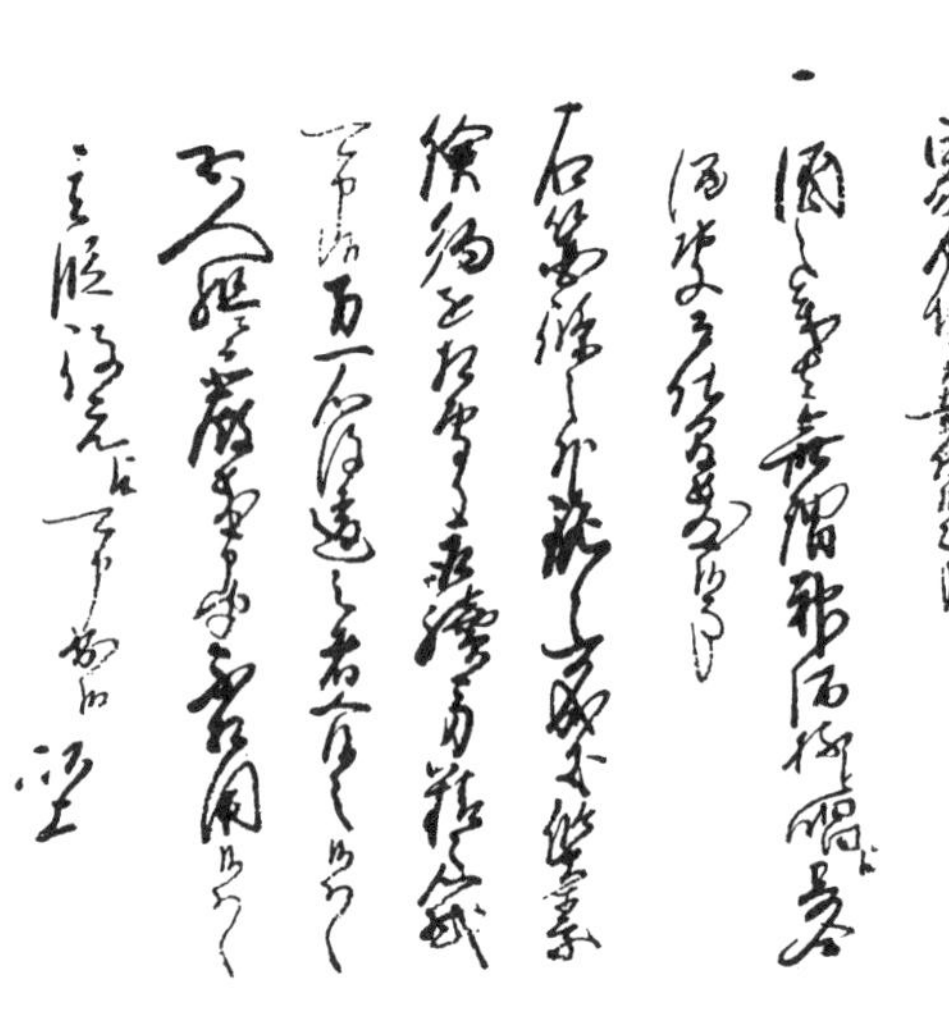

家内切ニ而可仕候事
一酒之義者無謂、神酒抔(等)と唱江、寄合
酒決而仕間敷候事
右箇條之外、銘々可成丈、質素
倹約を相守り、取續方精々心掛
可申候、万一心得違之者有之候ハ、
五人組ニ而厳敷申聞、不相用候ハ、
其段役元江可申出候、以上

【読み下し文】

定書の事

一、近年、違作打ち続き、一同必至(ひし)と難渋罷(まか)りあり候処、当巳年稀(まれ)なる飢歳に相成り、御役所様より再応(さいおう)御触れもこれあり候につき、倹約箇条、左の通り取りきめ候

一、婚姻の義は近親隣家のほか、一切招き申すまじく候、貰い方は村方披露仕らず、呉れ方も同断仕るべく候、衣服などありきたりの品相用(もち)い、新規買入れの義、当分見合わせ申すべく候、且つ膳部(ぜんぶ)等も有り合わせの品に致し申すべく候事

（中略）

一、疱瘡見舞の儀は近親たりとも、相互に仕るべからず候、もっとも神揚（かみあげ）、湯流しの義は家内ぎりにて仕るべく候
　事
一、酒の義は謂（いわ）れなく神酒（みき）杯と唱え、寄合酒（よりあいざけ）決して仕るまじく候事
右箇条の外、銘々成るべくたけ質素倹約を相守り、取り続き方精々心掛け申すべく候、万一、心得違いの者これあり候わば、五人組にて厳しく申し聞け、相用いず候わば、其の段、役元へ申し出べく候、以上

【語　釈】②違作…不作。農作物の稔りの悪いこと。は「違」の異体字。②必至与…きびしく。③飢歳…飢饉で食糧のない年。④再応…ふたたび。再度。⑦村方披露…村中に披露・紹介すること。⑨膳部…料理。膳にのせてすすめる食事。⑫神揚…神降ろしした神を天上に送り返す治癒祝いの行事。病後の髪上げに通じる。⑫湯流…疱瘡が治癒したあと、癒蓋を湯で流す治癒祝いの行事。⑬家内切…家内だけ。⑭無謂…いわれなく。理由もなく。⑰取続方…生活を取り続けること。生きのびること。⑳役元…村役人（名主か庄屋・組頭）

【筆　法】④再応…再が「悪」に似ているが「悪」は「亜」に当るところがとなっている。④茂…分り易いくずし字は・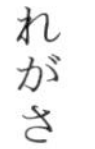、それがさらにくずれて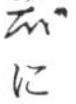になった。⑧有来…くずし字の「常」と似ているが、筆順・前後の意から「有」と読める。④⑱の「有之」はあまりくずしてない。⑫湯流…「湯」が「酒」に似ているが、「酒」は最後の筆が横棒でとまるし、また「湯」の旁が「日」に当る所が、「酒」は短い横棒。⑭無謂…やなら「此」だが、初筆が「」で入っていることに注意。⑰相守…「左専」とみえる。左は⑤にあり、「相」は③⑧にもあるので比較されたい。「守」はと書くが、ここではと書いて宀（うかんむり）を強調したので「専」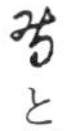と似たのである。⑲厳敷…と書くが、ここではたて長に書いている。

【解　説】信州（長野県）南佐久郡の村定め（下書）。村極（むらぎめ）・村方取極（とりきめ）書・村掟（おきて）などともいい、代官や領主の指令

を受けて、村役人が中心になって定めるもの。村議定書は村が独自に定めたものであるが、村定と厳密な違いはなく、規則や心得・罰則などを箇条書きにする。中世にも惣掟とか惣村掟などがあって、村落共同体を守るための規約を定めていたが、近世の村方文書には初期のものは少ないようである。この定書は全五か条からなり、所々に訂正・書込みがあり、連名・捺印は下書だから勿論ない。年月の記載もないが、第一条に「当巳年稀成飢歳ニ相成」とあるから、天保四年（一八三三）の「巳年の大飢饉」が思いあたる。文政十一年（一八二八）頃から不作が続き、特に巳年は皆無作に近い地域が多く、やがて大塩平八郎の乱の原因となった。

第三条は長文なので省略したが、葬式の法事・棺の飾りなども簡略にすべきこと、節句・年始・歳末の行事も省略し、村内での祝儀の贈答もやめて門口の挨拶くらいで済ますこと等が定められている。天保の大飢饉が村落の慣習などにも大きな影響を与えたことが知られる。

村定は後期ほど多く、質素倹約を守らせようとする内容のものがほとんどである。文政以後は農村の商品経済化が進んだためか、贅沢の禁止と共に博奕の禁止や盗人の警戒等に関するものが増え、近世社会の変質が察せられる。

2、弘化二年九月　丑寅大風の旨御注進書

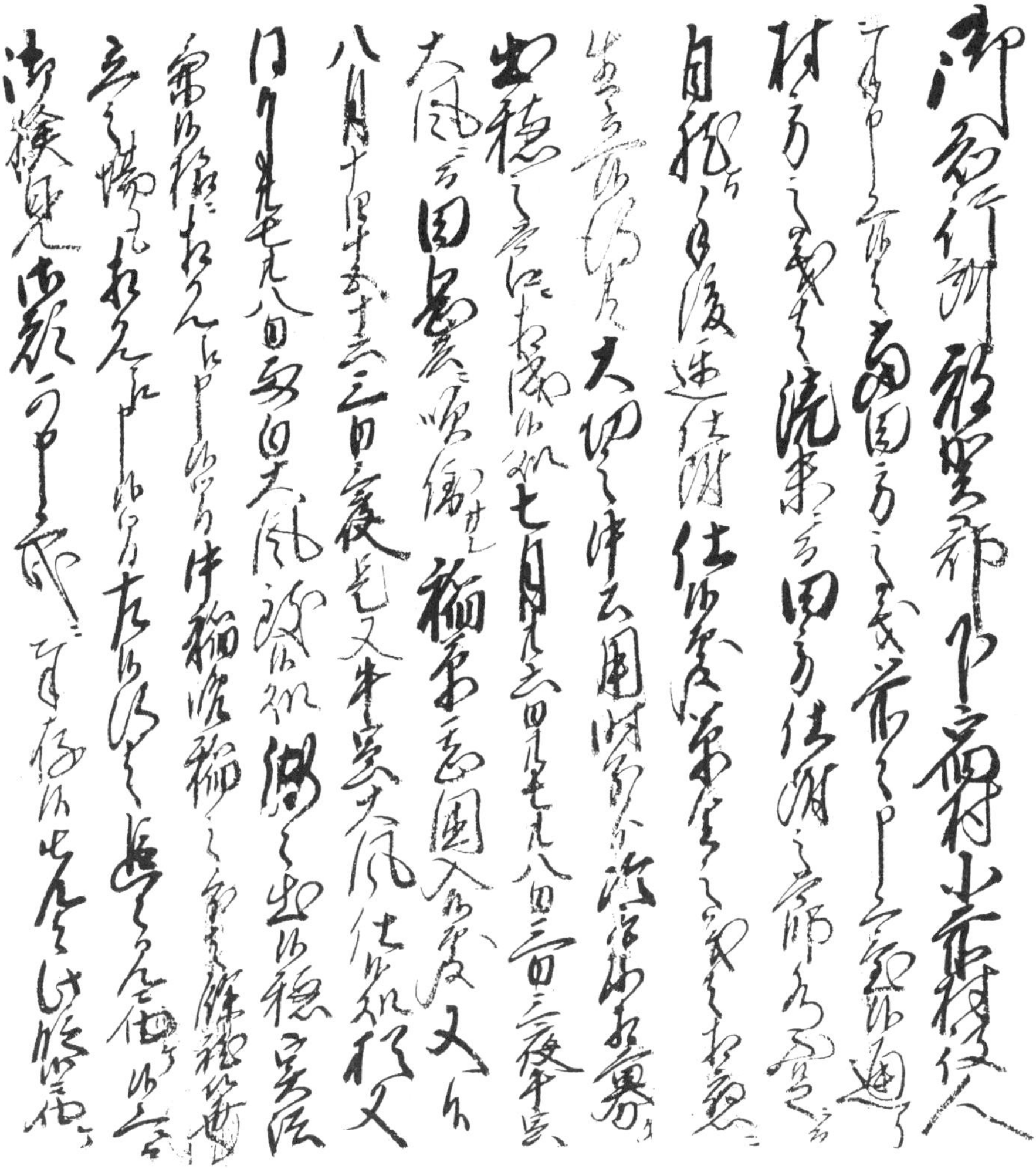

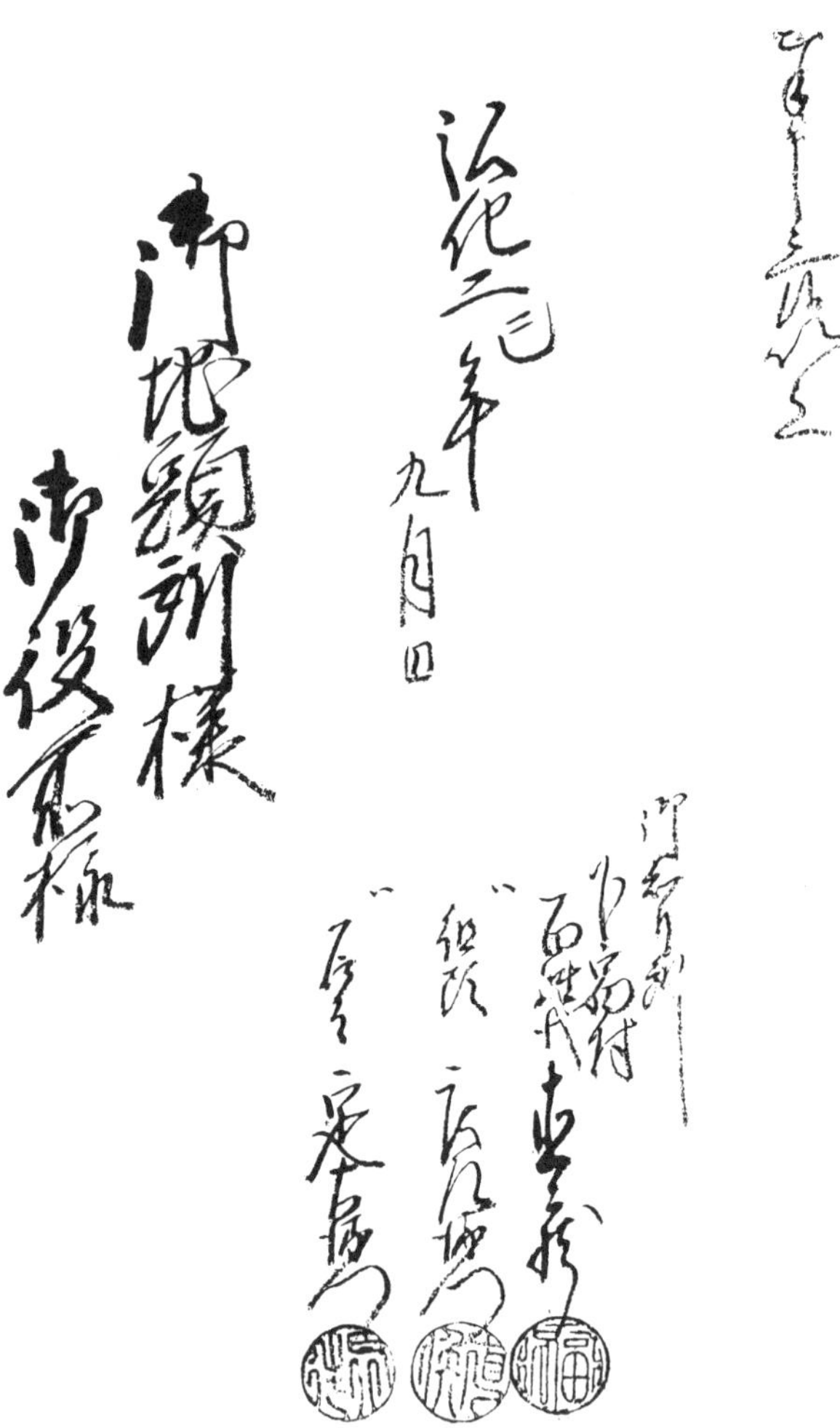

【解読文】

乍恐以書付御注進奉申上候

御知行所都賀郡下宿村小前村役人

奉申上候者、当田方之義(儀)前々申上置候通り

村方之義者流末ニ而田方仕附之節水不足ニ而

自然与手後遅仕附仕候處、草生之義者相應ニ
生立候得共、大切之中土用時分ゟ冷気相募り
出穂之節ニ相成候処、七月廿六日廿七廿八日三日三夜牛寅(丑)
大風ニ而、田岡共ニ吹倒サレ稲草甚困入候處、又候
八月十四十五十六三日三夜、是又牛寅大風仕候処、猶又
同月廿七廿八日両日大風致候処、漸々出候穂実法(稔)
兼候様ニ相見江申候間、中稲晩稲之分者餘程笹
立之場も相見江申候間、左候得者追々見届ヶ候上ニ而
御検見御願可申上哉ニ奉存候、先者此段御届ヶ
奉申上候、以上

御知行所

弘化二巳年九月日　　下宿村

百姓代　直　蔵㊞

同　組頭　庄左衛門㊞

同　名主　定右衛門㊞

御地頭所様

御役所様

【読み下し文】

恐れ乍ら書付を以て御注進申し上げ奉り候

御知行所都賀郡下宿村小前村役人申し上げ奉り候は、当田方の儀前々申し上げ置き候通り、村方の儀は流末にて、田方仕附の節水不足にて自然と手後れ遅仕附仕り候処、草生えの儀は相応に生え立ち候え共、大切の中土用時分より冷気相募り出穂の節に相成り候ところ、七月廿六日、廿七・廿八日三日三夜牛寅大風にて、田岡共に吹き倒され、稲草甚だ困り入り候ところ、又候八月十四・十五・十六、三日三夜是又牛寅大風仕り候ところ、猶又同月廿七・廿八日、両日大風致し候処、漸々出で候穂、実法兼ね候様に相見え申し候間、中稲・晩稲の分は、余程笹立ちの場も相見え申し候間、左候えば追々見届け候上にて御検見御願い申し上ぐべき哉に存じ奉り候。先は此の段御届け申し上げ奉り候。以上。（以下略）

【語　釈】　②御知行所都賀郡下宿村…下野国（栃木県）の三六一石余の村で、旗本堀氏と本多氏が一八〇石余ずつ知行していた。この文書はどちらの旗本（地頭）役所にあてたものか不明。　②小前…本百姓。　④流末…村々が共用する用水路の末端の村。水利条件が悪い。　⑤草生…稲草の成長の仕方。　⑥中土用…土用は立春・立夏・立秋・立冬の前十八日を言うが、一般には夏の土用をいい、小暑から立秋までの夏の最も暑いさかり。中土用はその中旬。　⑦牛寅…丑寅と同じ。丑寅は東北の方角で、鬼門である。　⑧田岡共ニ…水田の稲も陸田（岡穂）も。⑪笹立…青立と同じ。稲が実らずに青いまま立っている状態。　⑬御検見…毛見ともいう。年貢高をきめるため、稲のでき具合を実地に検査すること。

【解　説】　稲は成長期の真夏によく照りつけ、花が咲いて穂が出揃う秋口はなるべく静かで、大雨や強風に打たれないことが豊作の条件である。それなのに暑い盛りに冷気がつのり、秋口に三回も大雨・大風が襲ってきたという。それも三日三夜、などというノロノロ台風に徹底的にやられたらしい。早稲は穂が出たが、実法（稔）兼ね、中稲・晩稲は稲草も成長せず、笹のようにつっ立っている。とうてい例年のような出来は見込めない。

そのような時、村から領主に年貢減免の願いを出すのが一般的であった。この文書はまだその前段階で、稲作が思わしくないことを注進し、でき具合をさらに見届けた上で、減免のための検見を願い出たいと予告している。特にこの村は、何か村かで共同利用している用水路の流末に当たり、水不足で田植えが遅れがちであるとしている。

毎年同じ量の年貢を納める定免（じょうめん）の期間に凶作が起こると、その年だけ定免をとりやめ（破免（はめん）という）、検見を願う。こうした願書は各地にあるが、特に北関東から東北方面にかけて、冷害・凶荒（きょうこう）の文書が多いようである。

3、安政三年頃　大嵐の記録

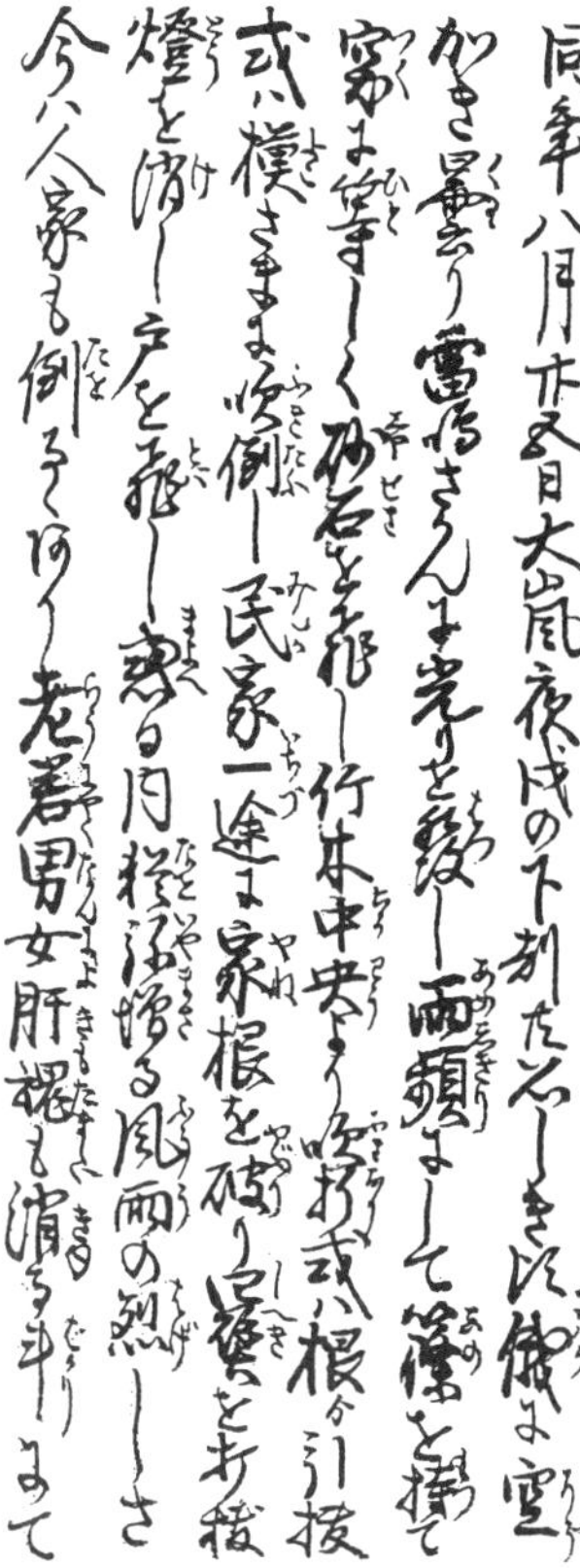
同年八月廿五日大嵐夜戌の下刻より烈しき風俄に空
かき曇り雷鳴さかんに光りを発し雨頻りにして簷を揚て
家に倒ましく砂石を飛し竹木中央より吹折或ハ根より引抜
或ハ横さまに吹倒し民家一途に家根を破り壁を打抜
燈を消し戸を飛し来る間程潮増る風雨の烈しさ
今ハ人家も倒るゝ計り老若男女肝魂も消る斗まて

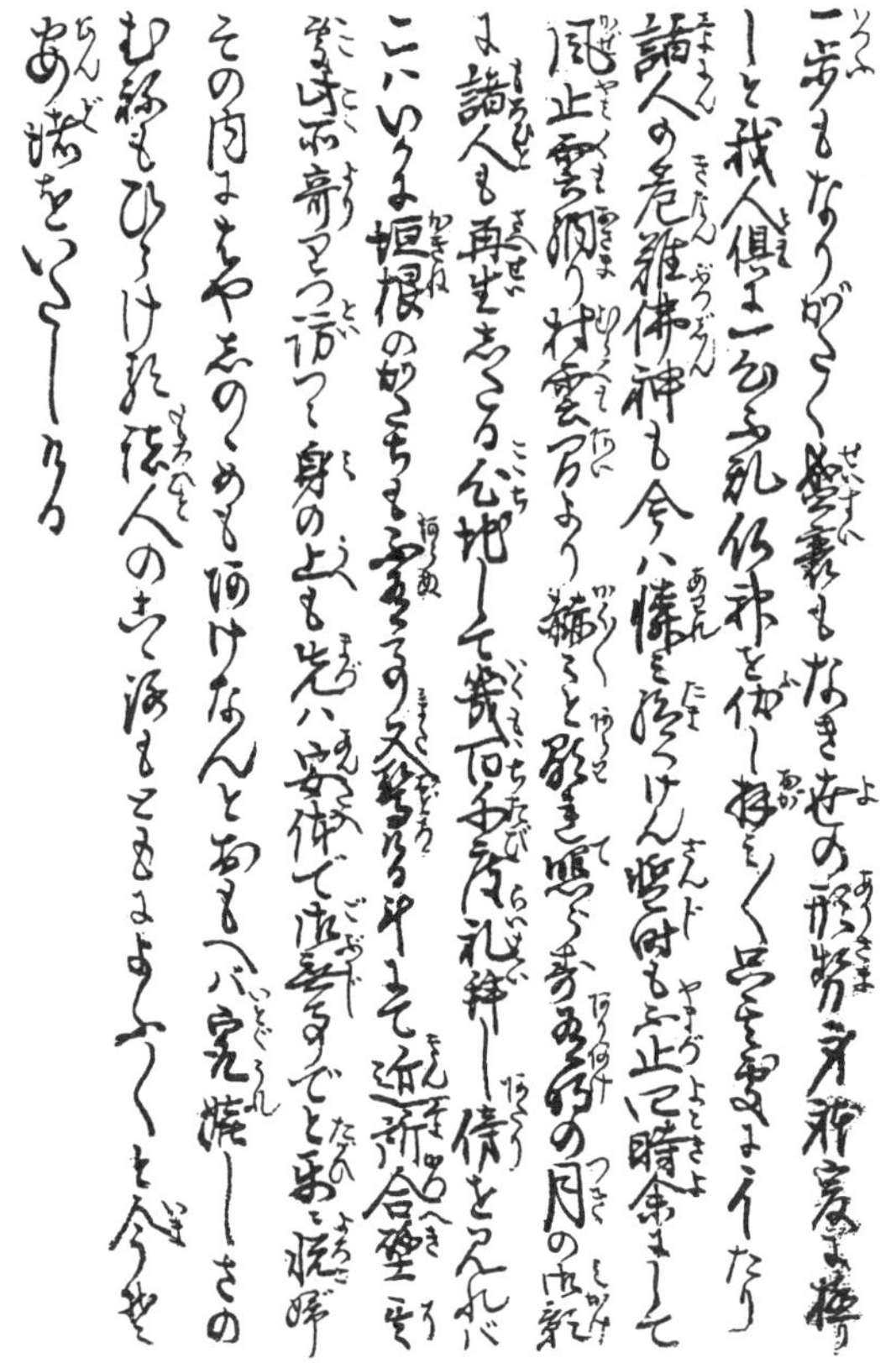

【解読文】

同年八月廿五日大嵐、夜戌の下刻共思しき頃、俄に空かき曇り、雷鳴さかんに光りを發し、雨頻にして、篠を持て突に等しく、砂石を飛し竹木中央より吹折、或ハ根ゟ引抜、

或ハ横さまに吹倒し、民家一途に家根を破り、四壁を打抜、
燈を消し、戸を飛し、惑る内猶弥増る風雨の烈しさ、
今ハ人家も倒るゝあり、老若男女肝魂も消る計にて、
一同に聲を發して叫ぶのミ、紋目も分ぬ闇夜降吹、殊に
大木の枝吹折れ、何處よりか散乱し、雨ハ面を打敲き、外出
一歩もなりがたく、盛衰もなき世の形勢、身躰爰に極り
しと我人倶に一心不乱仏神を伏し拝ミ〳〵、只其處にイたり、
諸人の危難佛神も今ハ憐ミ給へけん、暫時も不止四時余にして
風止雲納り、村雲間より嚇々と顕れ照らす有明の月の御影
に、諸人も再生したる心地して、幾百千度礼拝し、傍を見れバ
こハいかに垣根のかたちも不有事、又驚ける計にて、近所合壁其
處此所奇り(ママ)つ訪つゝ、身の上も先ハ安体で御無事でと互ニ悦ぶ、
その内にはやしのゝめもあけなんとおもへバ、最嬉しさの
むねもひらける諸人の、こゝろもともによふ〳〵と今そ
安堵をいたしける

【筆法・語釈】①戌の下刻…定時法では、戌の刻は夜八時の前後二時間、それを三分して上・中・下刻とした。戌の下刻は八時二〇分ごろから九時ごろまでとなる。①思しき…オボシ（覚し・思し）の連体形。字は「恐しき」にもみえるが、内容から誤読の可能性もある。②發（発）…癶をと書き、の部分はのように書く。

③飛…この字も「下」と「非」をつなげたような書き方をする。④横…ふりがなが付いていなければ「模」と読み違えてしまうかもしれない。⑤猶…犭(けものへん)が米(こめへん)にみえるが、筆順が判然としない。⑦叫…旁(つくり)を「斗」に書いている。正しくは丩(きょう)。⑦紋目…ふつうは文目と書く。綾織の目模様。⑧處…異体字の處は、他にもいくつかの変形文字があり（処・處・䖏）ここでは処と書いている。⑨衰…これも画数を略し衰と書いている。⑨身躰…進退のあて字。「谷まる」と書く例はもっぱら「進退谷まる」というとき（行き詰まり身動きできなくつく（視界の窮まるところ）。⑨極り…きわまる。「窮る」とも書く。「極」は極限に達する（感極まって）、「窮」は行き詰まる状態）に用いる。ただし、「究める」は深く追究する意味であり、「究まる」はない。⑩イたり…たたずみたり。「佇」と同じに用いられる（漢字としての原意は「立ち止まる。少し歩いて止まる」こと。イ亍(てきちょく)は「少し歩いては止まる」状態）。⑪暫時も不止四時余にして…「暫」も止まざること四時余にしての意。一時は今の二時間、四時は八時間。⑫有明…明け方・夜明けの意。もとは陰暦十六日以後、月がまだ沈まないまま夜が明けること。また、夜が明けても空に残っている月をいう。⑭合壁(がっぺき)…壁一つで仕切られている隣同士。⑭其所此所寄りつ訪つゝ…其處此所より、寄りつ訪いつつであろう。「寄」は「奇」と書いている。訪うには安否を問う意もこめられている。⑮安体…安泰。⑯しのゝめ…明け方。夜明けのほのかに明るくなるころをいう。「東雲(しののめ)の」は「ほがらほがら」「あく」にかかる枕言葉であるが、もとは、篠竹を編んだ明りとりの窓から漏れてくる朝日の光から、夜明けの薄明り、さらに夜明け方となった。⑯最…いとどと振り仮名をしている。いよいよ、いっそう。最の強調する意をとって訓みとした。⑰よふ〳〵と…漸々と。ようやく、やっと。⑰今そ…今ぞ。今こそ。[illegible]は[illegible]など、今も蕎麦屋の看板によく見られる、「楚」のくずし。

【解　説】　厖大な近世史料の中に、随筆資料とよばれる一群の記録がある。そのほとんどは冊子で、一揆・騒動の聞書や覚書、地震・火災などの実体験記、漂流者による異国見聞、チョボクレや狂歌なども収めた幕末政治批判書などである。木版でかなり流布したと思われるもの、明治以後印刷出版されたものもあるが、原著または写本のままで残されているものも少なくない。

ここで使った「きゝんのうゆふろく」は、凶荒に備えての心得や、飢饉の際の食料（夫食）の調え方など、村の古老が後人のために書き残してくれたような内容の写本である。漢字には振り仮名がつけられ、多くの人に読まれるよう配慮されている。平がなの題名に「飢饉農喩附録」と推定した漢字をあてたが、もとより正確かどうか不明である。記事のなかにいくつかの村名などがあり、明らかに房総方面（千葉県）で書かれたものである。資料の最初にある「同年」とは安政三年（一八五六）であり、省略した前条には六月十五日に「雷鳴たつ風にて、田中村土浦二十軒余人家一軒も無事ハ無之、中にも大塚何某、三年已前新作五間ニ九間半ノ家根を引抜候」とあって、台風の前兆の竜巻が茨城県南部の土浦あたりを襲ったことが記されている。

随筆資料は見聞・風説にせよ実見・体験記にせよ、関連したことを次々と書き込んであることが多く、地域性も高いから、地方史の史料として優れている。しかし、全体的・一般的な歴史辞典や年表類では確認できない事件が多いことも確かで、記述の年代や内容の真偽を他の資料で証明したり補ったりすることは難しい。

資料には天保以前の事件の記述に比して体験的・具体的な書き方をしており、安政三年八月の後まもなくの成立であることを思わせる。これに次いで詳しい記述のある天保飢饉から安政三年まで約二十年あり、著者は両方を経験し、この間の農民の窮状をみてきたことが、本書の執筆動機であろう。

4、（年不詳）　薬草を採ることを教えて隣里を救う

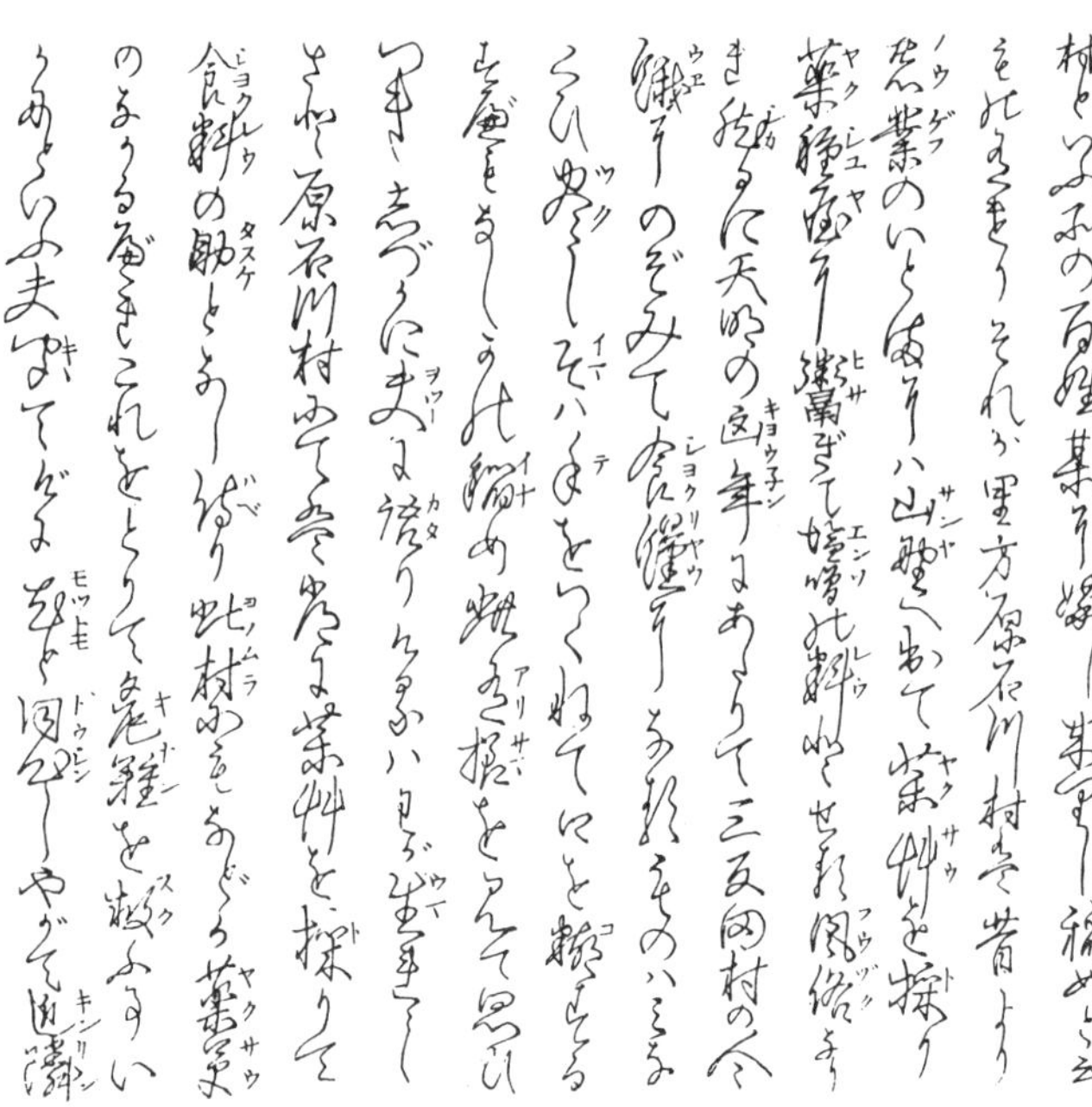

【解読文】

薬草を採ることを教えて隣里を救ふ

水府の南にあたりて、原石川といへる村より、三反田村といふ所の百姓某に嫁し来りし稲女と云もの有けり、それか里方原石川村は、昔より農業のいとまにハ、山野へ出て薬艸を採り、薬種屋に鬻ぎて塩噌の料とせる風俗なりき、然るに天明の凶年にあたりて、三反田村の人々餓にのぞみて、食糧になるものハミなくひ尽し、今ハ手をつくねて口を糊するすべもなし、かの稲女此有様を見て思ひつき、しづかに夫に語りけるハ、わが生れしさと原石川村にては、常に薬艸を採りて食料の助となし侍り、此村にもなどか薬草のなかるべき、これをとりて危難を救ふ事いかにといふ、夫聞てげに尤と同心し、やがて近隣

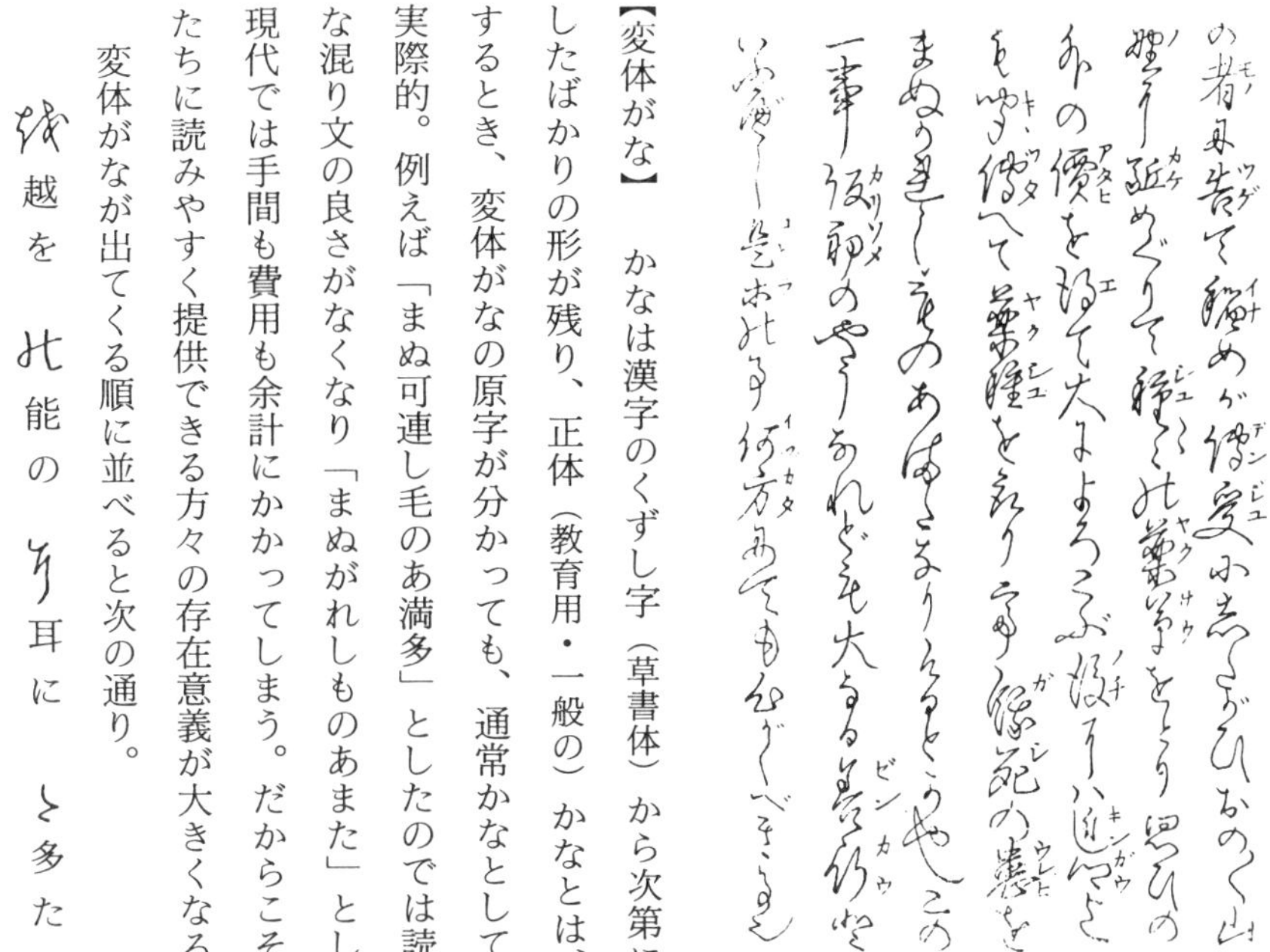

の者(モノ)に告(ツゲ)て、稲女(イナ)が伝授(デンジュ)にしたがひ、おの〱山野(ノ)に駆(カケ)めぐりて種々(シュく)の薬草(ヤクサウ)をとり、思ひの外の價(アタヒ)を得(エ)て大によろこぶ、後(ノチ)には近郷(キンガウ)迄も聞傳(キヽツタ)へて薬種(ヤクシュ)を取りて餓死(ガシ)の患(ウレヒ)をまぬかれしものあまたなりけるとか也、この一事仮初(カリソメ)のやうなれども、大なる善行(ゼンカウ)といふべし、是等(コレラ)の事何方(イツカタ)にても心がくべき事也

【変体がな】　かなは漢字のくずし字（草書体）から次第に形を整えてできたものであるが、変体がなはまだくずしたばかりの形が残り、正体（教育用・一般の）かなとは、元の漢字を異にするものが多い。史料集などに原稿化するとき、変体がなの原字が分かっても、通常かなとして記述されたものだから、現行の正体がなに書き直す方が実際的。例えば「まぬ可連し毛のあ満多」としたのでは読みにくいし、間違った意味にとりやすいから、漢字・かな混り文の良さがなくなり「まぬがれしものあまた」とした方が良い。またれやすをそのまま残そうとすると、現代では手間も費用も余計にかかってしまう。だからこそ古文書・古文献が読めるようになれば、史料を多くの人たちに読みやすく提供できる方々の存在意義が大きくなる。

変体がなが出てくる順に並べると次の通り。

越を　能の　耳に　多た　天て

里り　毛も　遣け　可か　盤は

満ま　登と　類る　奈な　尓に
三み　寿す　遍へ　个け　累る
已わ　連れ　尓に　丹に　志し
亭て　也や

【筆　法】解読文で各字を確認して頂きたいが、筆順・筆法がはっきり分かるのが、この種の版本の長所でもある。①⑤⑬⑰…草は「草」と「艸」の両様書いている。艸は草かんむりで、草のもと字。①⑤などの薬の字もくずし方に程度の違いがある。⑧⑲…餓の傍（つくり）、我のくずし方が異なる。の食偏の方は⑧食糧などを参照。⑤⑰…野を・と書く。埜とも書く。⑩⑬此…これも二種のくずし方をみせている。・。此のくずし字は、この他にも・・・などがある。③「所」・㉒「等」の異体字にも注意。

【語　釈】②水府…水戸。府は政治を行う所。⑥薬種…薬材、主として生（き）薬。薬種屋は薬種を調剤する薬店。⑥塩噌の料（りょう）…塩・味噌（日常のたべ物）の費用。生活費の足し。⑨口を糊（のり）する…ようやく生活を送る。貧しく暮す。すべは方法・術。⑮同心…同意、賛同。㉑仮初（かりそめ）…一時的な、その場かぎりのつまらぬこと。

【解　説】天保の大飢饉で日本中が苦しんだころ出版された、『済急記聞』から一つの挿話を選んだ。本書は常陸（茨城県）太田の人、旦暮庵野巣の著で、「あまねく古今、済急奇特の人物をあつむ」と後書きにあり、凶作・飢饉のときに金銭や穀物をほどこした、義人・善行者の逸話を集めたもの。話題は享保・天明の大飢饉のときの、関東・東北地方のものが多い。天保の大凶作続きに、施行を惜しまぬ善行を油めるため著述したもので、漢字にふりがなをし、ひらがな文で書いたのもそのため。活字化して『近世地方経済史料』二に収めてある。

Ⅷ 農民の家と土地

1、寛延四年三月　村方荒地上納・起返り等申渡し書

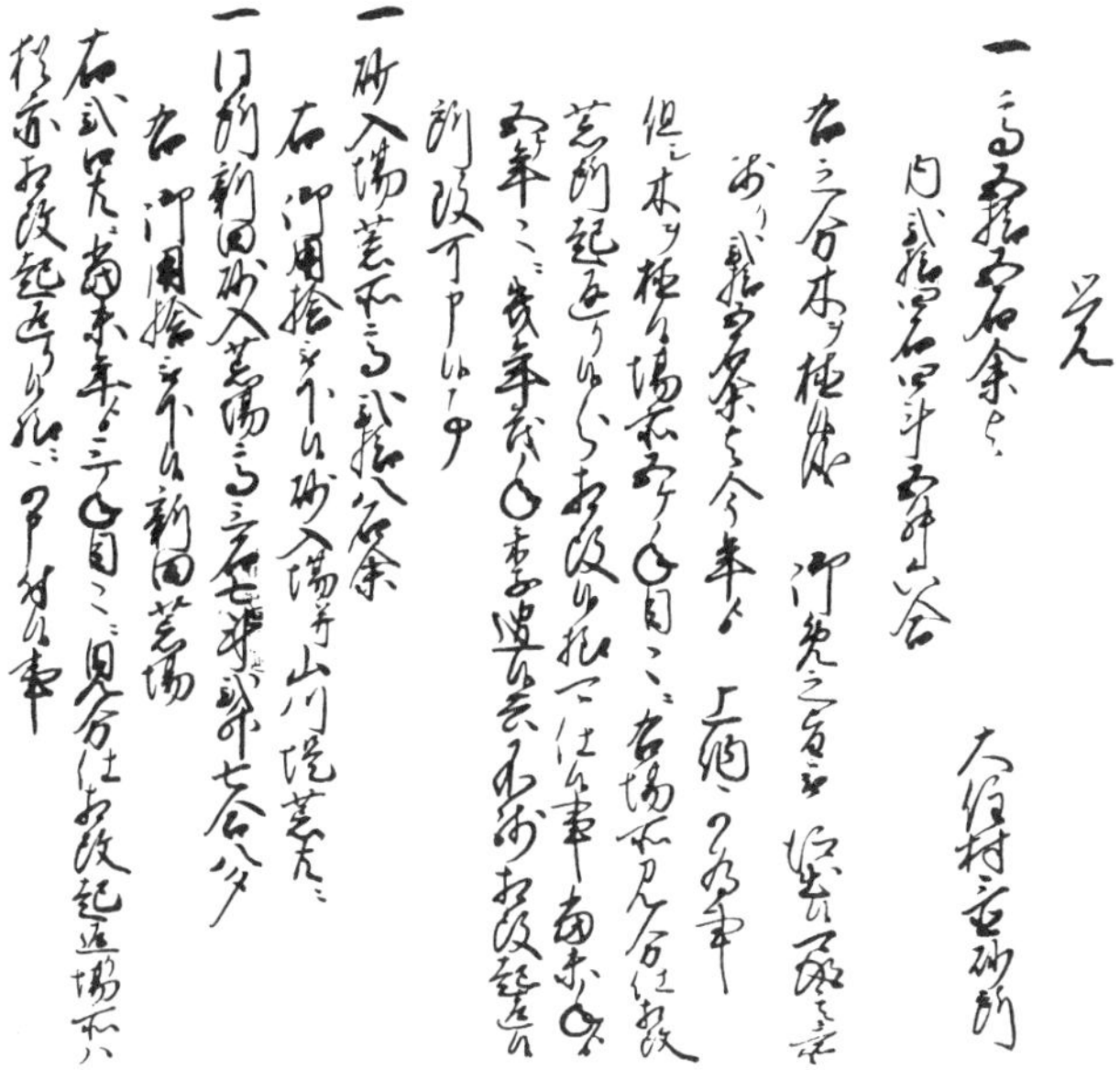

【解読文】

覚

一高五拾五石余者　　大住村置砂所
　内弐拾四石四斗五升六合
右之分木ヲ植候儀　御免之旨被　仰出候、可得其意候
　残り弐拾五石余者今年ゟ　上納可為事
但シ木ヲ植候場所、五ケ年目々ニ右場所見分仕相改、
荒所起返り候分相改候様可仕候事、当未年ゟ
五ケ年々ニ幾年茂年季過候共、不残相改起返候
所改可申候事
一砂入場荒所高弐拾八石余
右御用捨被下候砂入場并山川堤荒共ニ
一同所新田砂入荒場高三石七斗弐升七合八勺
　右御用捨被下候新田荒場
右弐口共ニ当未年ゟ三年目々（ママ）ニ見分仕相改、起返り場所ハ
猶亦相改、起返り候様ニ可申付候事

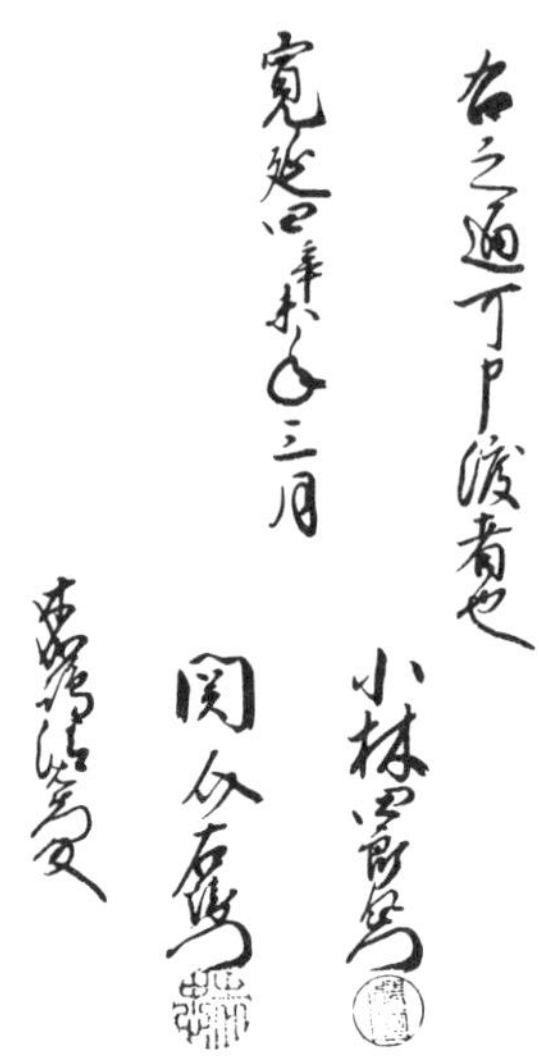

右之通可申渡者也
寛延四辛未年三月
小林四郎左衛門㊞
関　介右衛門㊞
森嶋清右衛門殿

【読み下し文】

覚

一、高五十五石余者（てへり／なり）、大住村置き砂所、内二四石四斗五升六合。右の分、木を植え候儀、御免の旨、仰せ出だされ候。其意（そのい）を得（う）べく候。残り二五石余（よ）は今年より上納たるべき事。

但し木を植え候場所、五か年目〳〵に右場所見分（けんぶん）仕り相改め、荒れ所起き返り候分、相改め候様仕るべく候事。

当未年より五ケ年〳〵に、幾年も年季過ぎ候とも、残らず相改め、起き返り候所改め申すべく候事。

一、砂入り場荒れ所、高二八石余。右、御用捨下され候、砂入り場並びに山川堤（つつみ）荒れ共に。

一、同所新田砂入り荒れ場、高三石七斗二升七合八勺。右、御用捨下され候、新田荒れ場。

右弐口（ふたくち）共に、当未（ひつじ）年より三年目〳〵に見分仕り、相改め、起き返り場所は猶亦（なおまた）相改め、起き返り候様に申し付くべく候事。右の通り申し渡すべき者也。（以下略）

【筆　法】　④可得其意候…「得」のイ（ぎょうにんべん）に点を打ったあと、其の上の点にいたる筆の続きが太く弓なりに書かれているため、承に似ているが、筆順をよくみると承にはならないことが分かる。「候」は下の余白がないために、意の左わきに小さく、片かなのハの様に書いてある。見落とし易い。⑤⑧残…左がわの偏が分からないと判読しにくいかも知れないが、右の旁は「銭」などとも共通している。⑧幾…筆順に注意。肩に点を打つこともある。⑧過…上に突き出たタテ線のため「遣」と誤った例が多い。「年季過ぎ候とも」と語句をみて意味から読みとるのも一法。「年季遣わし」では意味不明となる。⑮猶…旁のくずしで酋の字を推定するのは困難だが、猶々書（追伸）などで字形を覚えている人も多いのではないか。⑲森…木に成のように書く。木ハと書く例も多い。

【語　釈】②者（てえり、ていり）…この「者」は「は」ではない。金額の下やこの例のように、数量を示す語の下につけ、「也」と同様な意味。古代・中世の文書によくこの語が使われていた慣習をひいたもので、読み方も古い。近世ではナリと読んでいる例もあるが、解読字は「者」でなければならない。②置砂所…洪水・山崩れなどで砂、石などが入り、耕作が不能になった田畑。砂入場荒所・砂入荒場もほぼ同様な状態の荒れ地。⑦起返り候分…起返は「起し返し」と読むときもある。一度荒れ地になった耕地を、再び起し返した土地。⑪御用捨…年貢など課役を免除すること。

【解　説】奈良時代から郷名として「波布里曽能（はふりその）」とみえる古い土地で、今は京都府相楽（そうらく）郡精華（せいか）町に属している。祝園（ほうぞの）村は明治初年ごろで田九〇町四反余、畑一九町九反余の水田地帯（京都府地誌）。村高は元禄以後一四三五石余で、旗本天野丹後守ほか五人の旗本が分けあって治めていた。天野氏はこのうち三八五石余を知行するが、このほか相楽郡・乙訓（おとくに）郡・綴喜（つづき）郡や上野（こうずけ）国などに、合計三千石余の所領を有する大身（たいしん）の旗本であった（Ⅱ—7参照）。

文書の二行目にみえる大住村も天野氏の知行地。あて書の森嶋清右衛門は祝園村に住み、近隣の天野氏領の村々の代表村役人で、在地代官のような役を勤めていた。幕末には寺子屋を開き、七〇人もの子供に書算を教えていたという人もでた家柄。

この文書は、江戸にいる旗本天野氏の財政担当の用人（小林・関の二人）から、領地にいる右の森嶋にあてて発した申し渡し書。内容は大住村のおそらく水害で砂入りになってしまった田畑の措置と、年貢取立てに関する指示である。第一条目は本田畑で災害にあった五五石余は、その約半分の地に植樹する許可を与え、残りの分は今年の秋から年貢を取ること。植樹した所は五年目ごとに視察して調べ、再開発状況をみること。今年から五か年ごとに何年期間が過ぎても、その検査を続けていくこと（「木ヲ植」えることによって地味を回復させ「起返り」をはかるのかと思うが不明。当時そうした知識を有し、意図をもった政策であったかどうか分からない）。

第二条目は砂入場という場所の新たに荒廃したところ、第三条目は同じ砂入場という所の荒廃したところの年貢を免除すること。そして砂入場と砂入場新田の二つについては今年から三年目ごとに検査して、再開発を進めていくようにする。大要このような意味であろう。

旗本と領地の農村とに関わりを示す文書は、年貢、先納金（納期以前に貨幣で納入した年貢）、借財の済ませ方、新田の開発など、ほとんどが旗本財政のものである。この文書も天災後の耕地や再開発、年貢の再新納入年などについて申し渡している。

2、安政七年三月　百姓死歿跡諸色取調帳

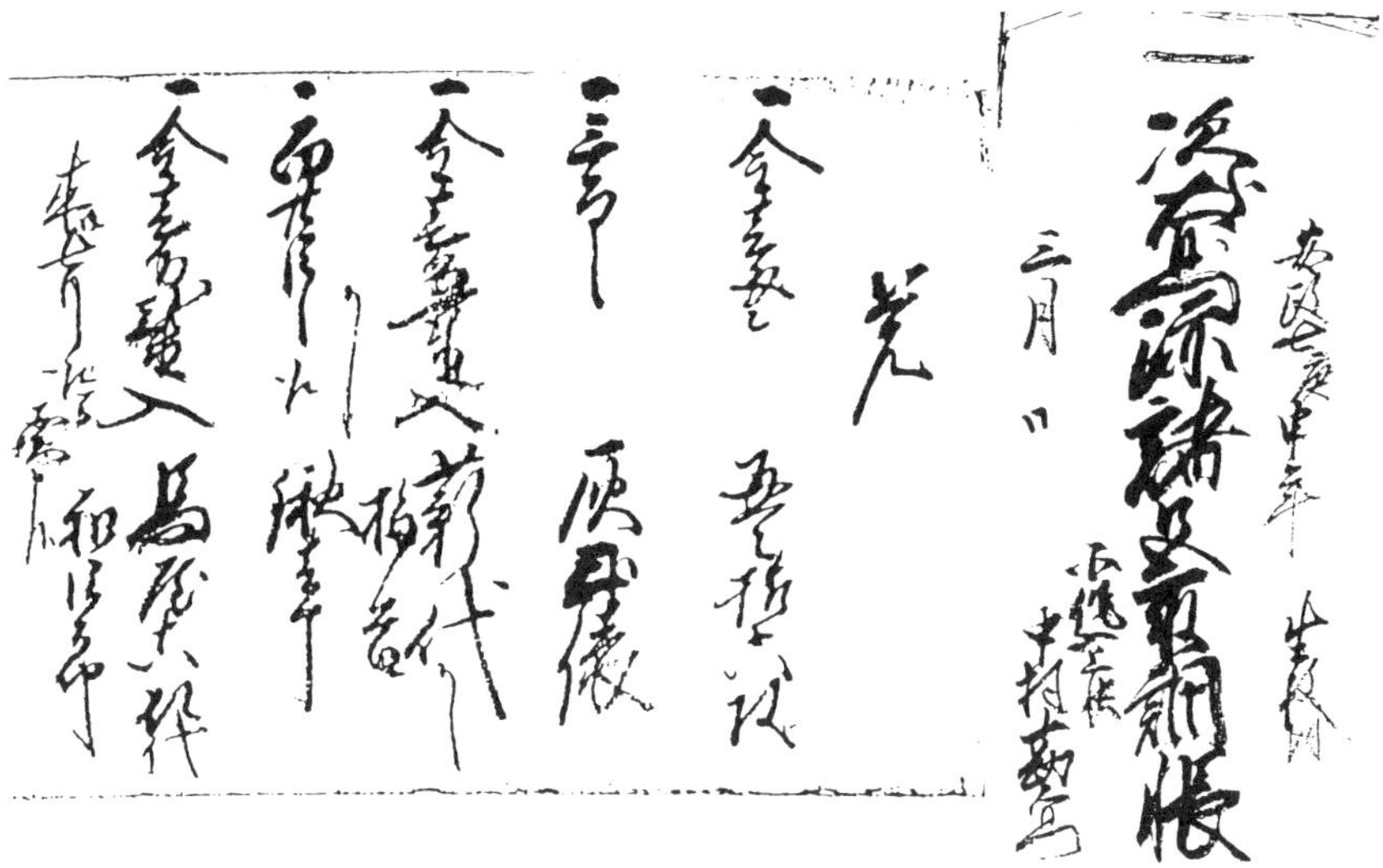

【解読文】

(1)「（表紙）安政七庚申年　　生枝村
次郎右衛門跡諸色取調帳
小作入上帳
三月日　　中村勘右衛門」

(2)
覚
一金壱両也　　畳拾六枚
一三百文　　灰三（「弐」消）俵
一金壱分一朱也　　入　薪代かし
梅吉
かし
一百廿四文　　取　鍬壱丁
一金壱分弐朱也　　入　馬屋こい代
来ル七月取ニ而売申候　　和四郎
閏三月
一四百文　　喜三八

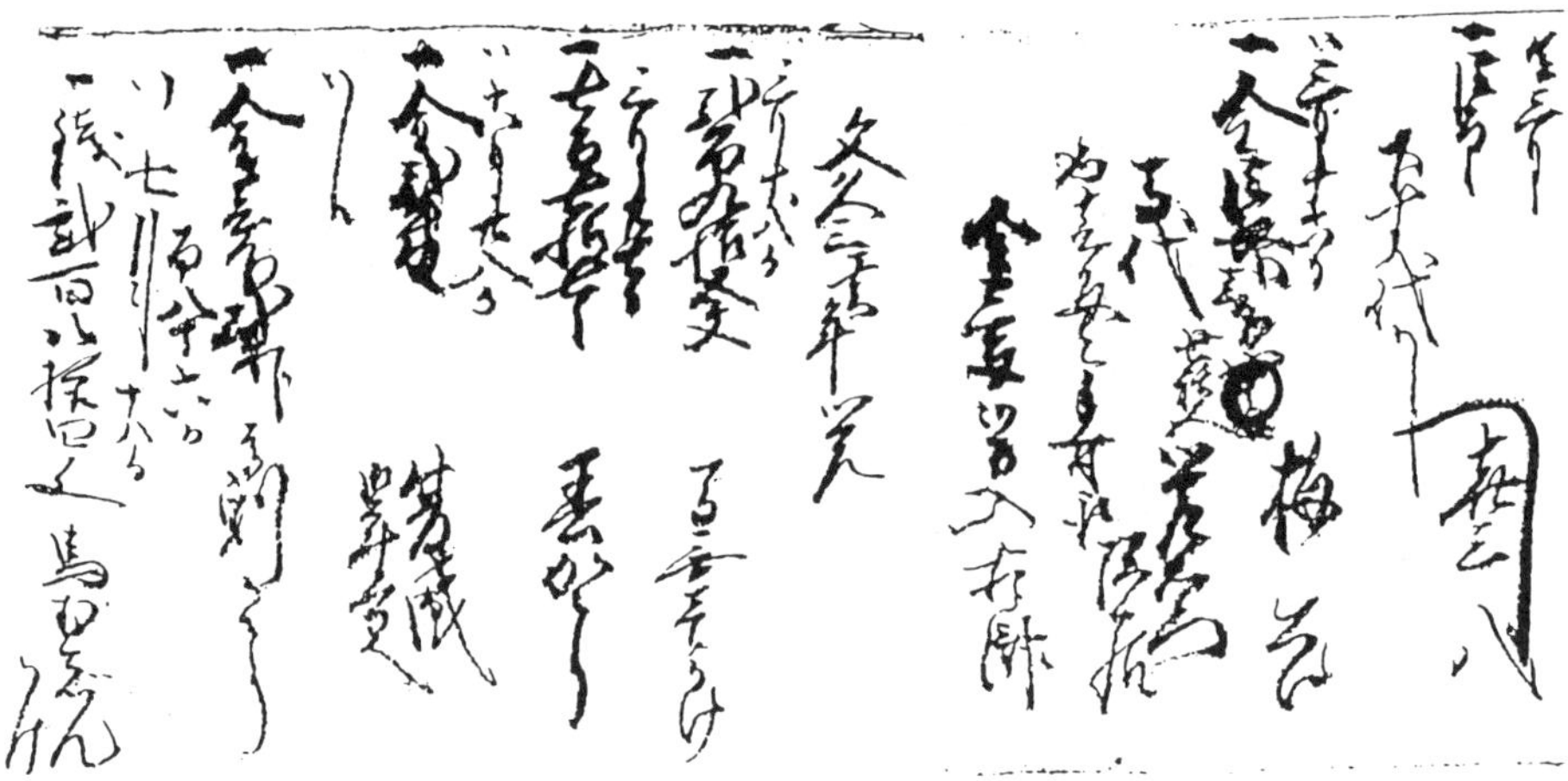

下す代かし
同三月十六日　　梅吉
一金四両弐分弐朱　世話人覚右衛門
馬代　　隠居
内壱両也　手付取
金三両弐分入　相済

(3)　文久三亥年　覚
三月十八日
一弐百九拾五文　馬無尽かけ
三月廿七日
一七百七拾七文　春かゝり
同六月廿八日
一金弐朱也　夏成御年貢
同日
一金壱分弐朱ト　高割かゝり
百八十六日(文)
同七月十八日
一銭弐百八拾四文　馬むじんかけ

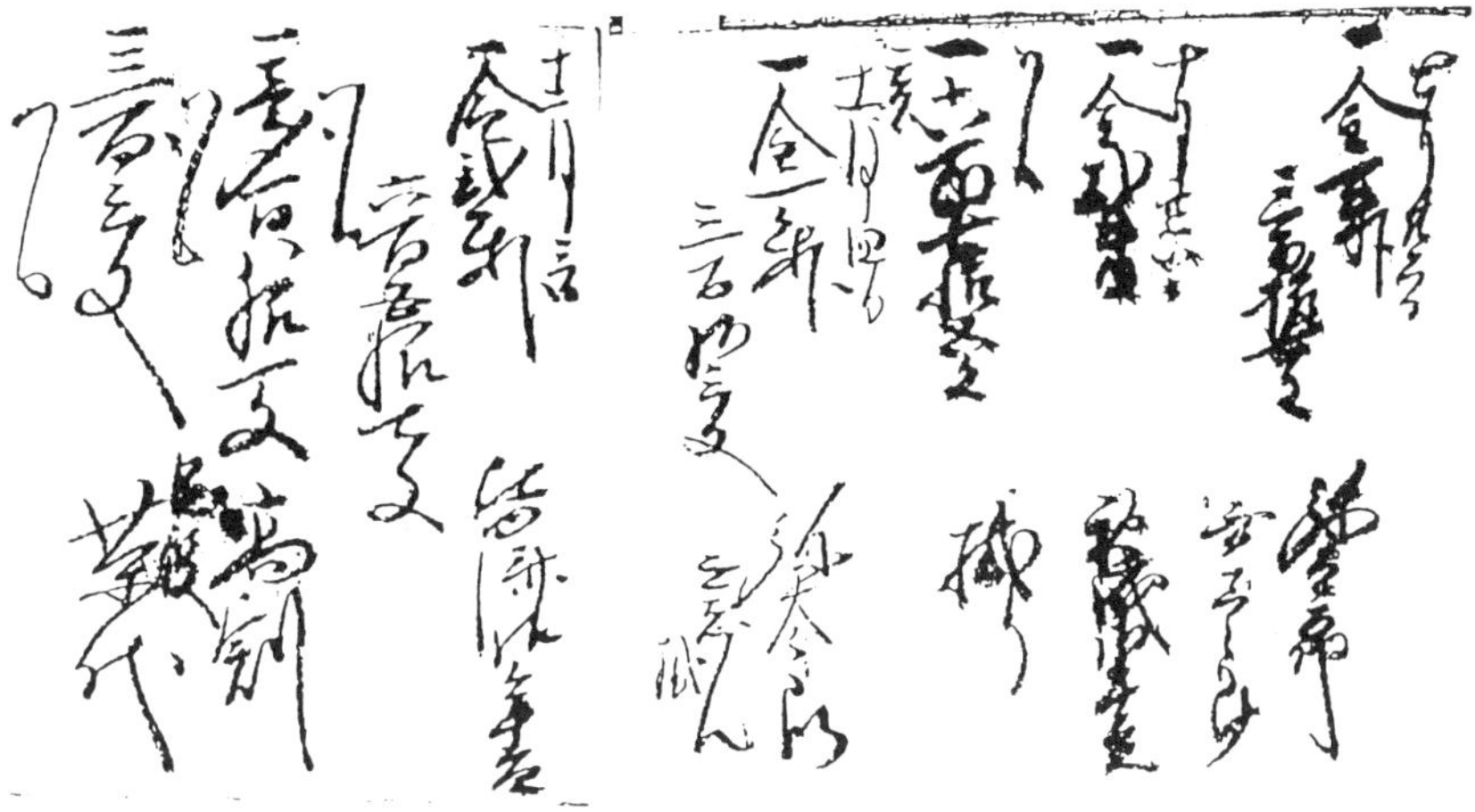

七月廿二日
一金一朱ト　弥太郎
　三百拾七文　無尽かけ
十月廿六日
一金弐朱也　秋成御年貢
同日
一六百七拾五文　掛り
亥十一月四日
一金一朱ト　弥太郎
　三百拾三文　無じん掛
十二月三日
一金弐朱ト　皆済御年貢
　六百五拾七文
同日
一壱〆（貫）百八拾一文　高割
同日
一三百三文　足役茶代
同日

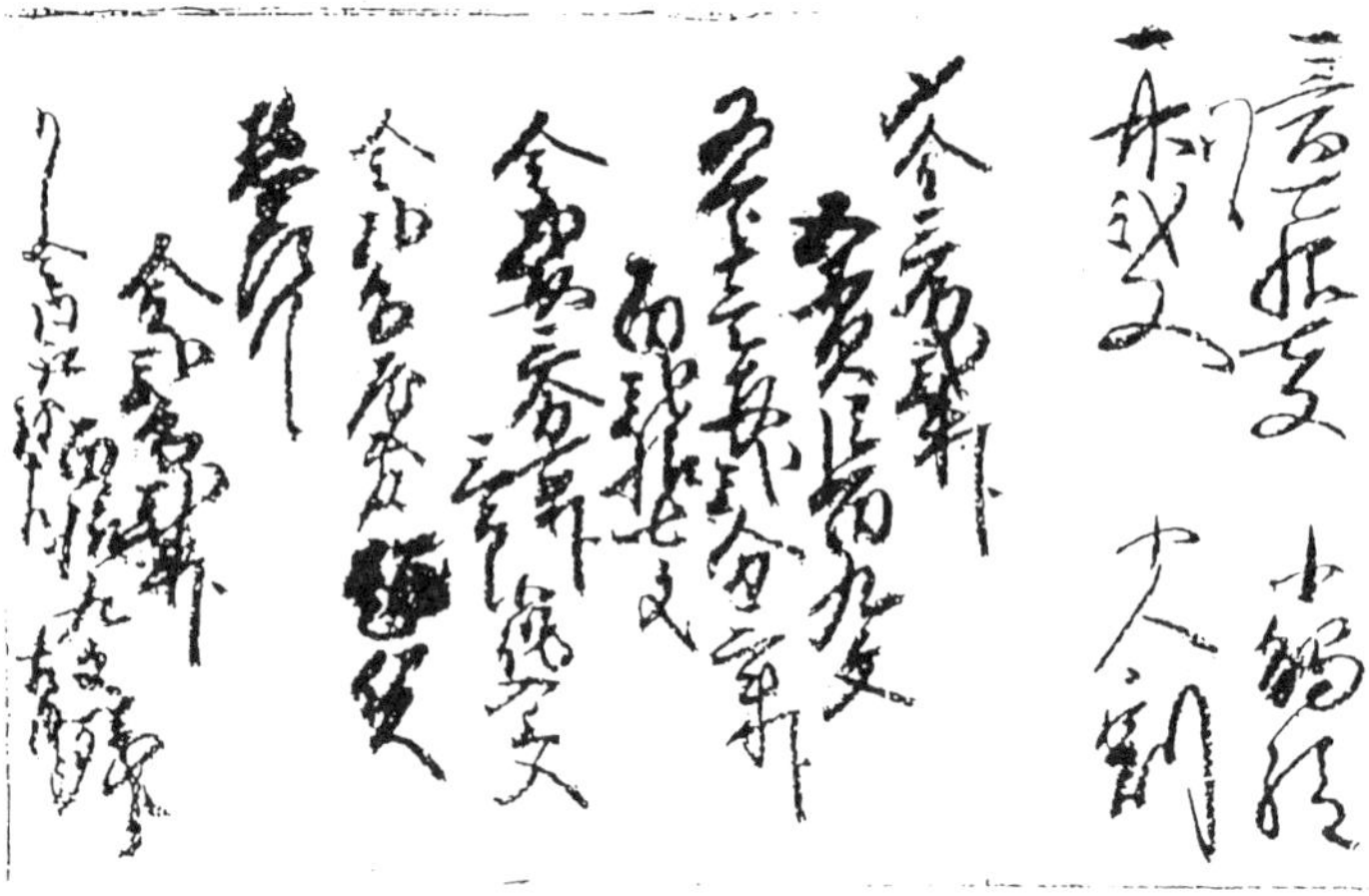

一三百七拾七文　小触給
同日
一廿弐文　小人割
〆(しめて)金三分弐朱ト
五貫四百九文
為金壱両弐分三朱ト
百弐拾七文
金弐両三分一朱ト　小作入上入
三百文
金弐分　屋敷□賃
惣差引
金弐分弐朱ト
百拾九文　残り
かし金内取致申候　相済

【筆　法】　横帳は一般に数字が並ぶ帳面。計算帳などに使われる。さかんに取引きを行っている商人の帳簿なら、毎日の金額・物件らんともあまり字体が変らない。しかしたまに記帳する程度であると、そのつど筆や墨色が違うだけでなく、字体まで変っていることがある。また人に通知する文書でないから、自己流のくずし字も多い。

(1)表紙の題は最も読み易い字・並びが普通だが、「次郎右衛門」の「郎」が「ら」、「色」が「口」と「五」の続け字のように書かれること、「跡」の足へんが正の字のようであることに注目。生枝村の枝はこの文書の出所を知らなければ分らないかも知れない。「衛」が「日」のようにみえる。

(2)「也」が「二」、「文」が「たゞ」のタテ棒になっているのは、こうした会計帳簿によくある。「朱」の下に続いて書いてある小さなヨコ棒も「也」と読むべきであろう。「畳」は下部がかなり省略される。「こい代」の「い」は「以」のくずし。

(3)「春・夏・秋」の字がある。「春」はこの字形で読み慣れたい。「夏」の上部は「甘」のように書かれる。「小触給」の「合」の部分は「青」のくずしにみえるが、偏が糸へん。一字読めない□があるのは残念。題のような字だが、「題賃」では意味をなさない。

【語　釈】　(2)灰三俵…灰が肥料として価値をもっていたのは、さほど昔ではない。酸性土の中和に有効であった。いろり・かまどの灰も大事にとっておいて売買された。　馬屋こい…馬屋肥。馬小屋に敷いたわら・草で、堆肥などとともに良好な肥料。　下す代かし…下肥の貸し金。　(3)馬無尽…馬を購入する希望者が、毎月一定の日時に集まり、掛け金を積み立て、くじ引きなどで当選者に購入費として与え、順次に全員に配当するようにした無尽（頼母子講ともいう）である。　夏成…夏の収穫（麦・豆）。これに対し畑租として畑年貢がかけられた。　高割…土地持ち高に応じて課せられた助郷役など。　軒わり（戸別、戸数割り）もある。　皆済御年貢…その年最後に納める年貢。これを納めて皆済となる勘定。　足役…臨時の課役であろうか。他の年にもあり、五百文ほどの茶代を出している。　小触給…村内または近辺をまわって公文書などを触れつぐ人への給金。村の雇い人。　小人割…人別割りの掛り費。他の年にはこの項なし。　為金…金貨にすべて換算すると、の意味。

【解　説】　生枝村は現在群馬県利根郡白沢村に属する、一七五石余の小村。少数残された村方文書の一冊で、半紙二二枚をとじた横帳。表紙の記載からすると「次郎右衛門の没後遺産を調べたもの、特に小作料の入金を記したもの」と解するのは当然。だが中味をみると「中村家の前主人であった次郎右衛門の死後、跡を継いだ勘右衛門が同家関係の出納を、小作料入金を含めて年々記帳した帳簿」というのが実体で、明治四年の初めまで書き継がれている。夏成・秋成の年貢、高割金・小触給など、貢租や村入費などの分担金、無尽の掛け金、貸付金と返金、肥料・溜荷桶等の売上げ等、春から暮までの会計を記入してある。小作料のみのページも三枚ほど付いており、その合計額は各年次の差引き（集計）に記されている。会計帳簿としては大福帳より未整理な、付込み帳といった性格の出納帳である。

金額の下に、かし・取・入・相済などとあるのは、それぞれ貸付・取立（返金）・入金・処理済みを示し、「印や〇も貸金の返済したことを示すものであろう。小作入上金のページには地名の下に桑共とあったりして、養蚕地帯らしさがうかがえる。喜三八も弥太郎も小作人で、毎年金一分一朱〜二朱で二枚の畑を小作していたようである。また馬無尽のかけ銭が記されているのは、毎年三・七・十一月である。ここには出さなかったが、卯年（慶応三）には、兵賦人足給金とか兵賦御用金、辰年（明治元）には官軍様人足代など、明治維新期ならではの会計項目もある。宗門人別帳の作成に九百八文かかっているのも興味ぶかい。

こうした会計帳簿は、記載様式が一定しない、字が乱雑である、金額が金銀銭入り乱れている、などの理由で余り研究する人がいない。しかし物価史や貢租の変化など、農民生活の経済的側面がよく示されている資料でもある。難しいけれどじっくり眺めて想像をめぐらすのも、横帳古文書の楽しみ方のひとつである。

3、（年不詳）質地証文

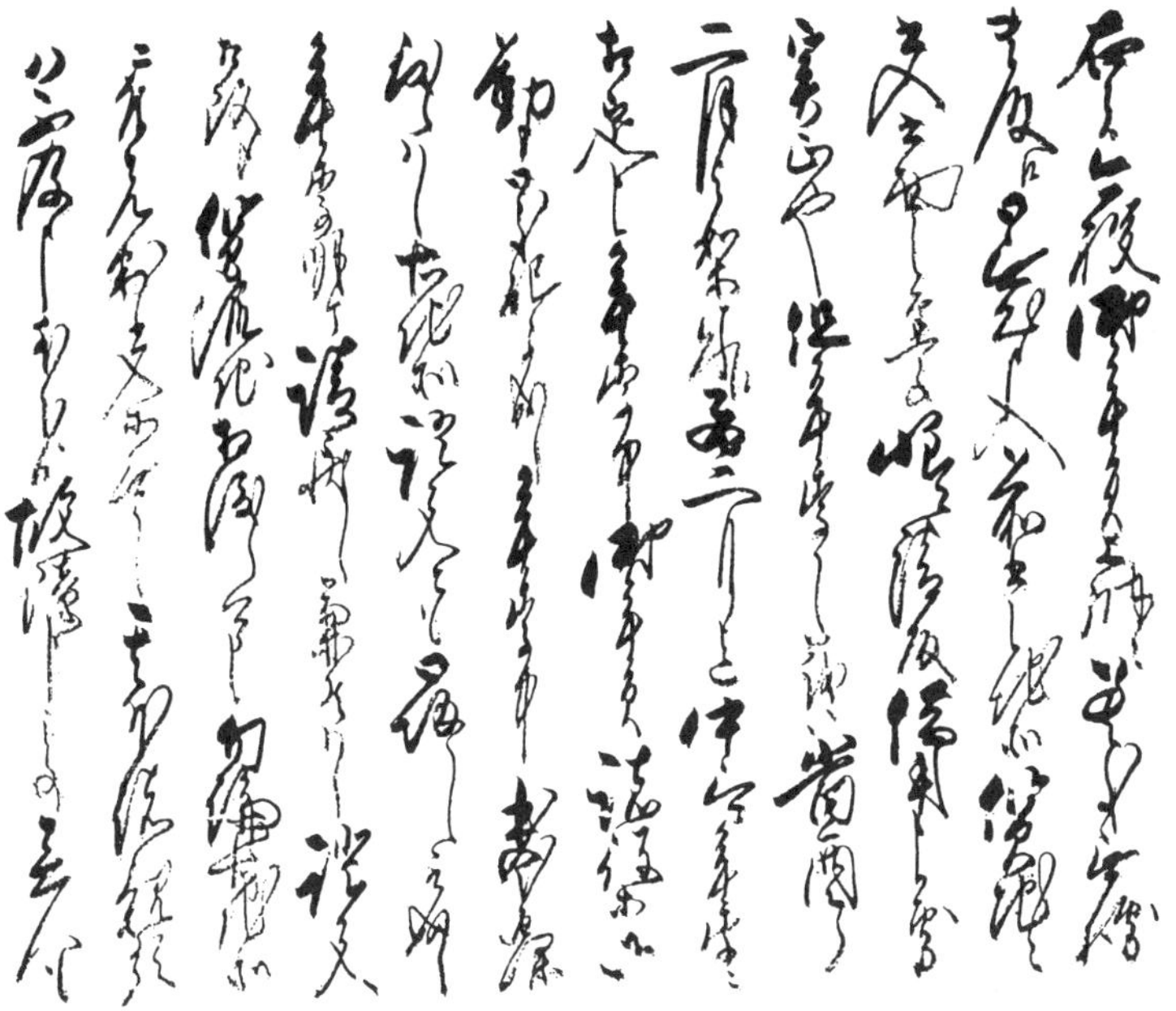

【解読文】

右者今般御年貢上納ニ差支、無據
貴殿江御無心申入、前書之地所質地ニ
書入、書面之金子慥ニ請取借用申候處
実正也、但年季之義ハ當酉ノ
二月より来ル子二ノ月迄、中三ヶ年季ニ
相定申候、年季中御年貢諸役等御
勤メ御支配可被成候、年季中本金返済
致候ハ、右地所證文とも御帰し可被成候、
年季明ヶ請戻し兼候ハヽ、證文
相改メ、質流地相渡し可申候、勿論右地所
ニ付、先判書入等無之、其外諸親類
ハ不及申、外々ゟ故障申もの壱人も

無之候、万々一故障申もの有之候ハヽ、
加判人埒明ヶ、貴殿江毛頭御損毛御苦労
相懸ヶ申間敷候、為後日質地證文仍而
如件

【読み下し文】

右は今般御年貢上納に差し支え、よんどころなく貴殿へ御無心(むしん)申し入れ、前書の地所質地に書き入れ、書面の金子慥(たしか)に請け取り、借用申し候ところ実正(じっしょう)なり、但し、年季(ねんき)の義は当酉の二月より来ル子の二月まで、中三ヶ年季に相定め申し候、年季中御年貢諸役等御勤め御支配なされべく候、年季中本金(ほんきん)返済致し候わば、右地所証文とも御返しなされべく候、年季明け請け戻し兼ね候わば証文相改め、質流地相渡し申すべく候、勿論、右地所に付き、先判書き入れ等これなく、其の外諸親類は申すにおよばず、外々より故障申す者一人もこれなく候、万々一故障申す者これあり候わば加判人埒(らち)明け、貴殿へ毛頭御損毛御苦労相懸け申すまじく候、後日のために質地証文、仍て件の如し

【筆　法】　証文の語句はほとんどきまり文句で、カンだけで読めそうに思えるが、一つずつとり出してみると難読字が多い。①の「今般」の「今」がのような形をしている。　①差支…古文書に書かれている「差」のくずし字はのどちらかで、後者が読みにくい。二字目で判断という手もあるが、この「支」も細長すぎる。⑦の「支配」も参照。　②③⑪書…「出」と読み違え易い。「出」は最後の画が点を打つようになる。　③金子…「金」の初画の方向が違い、「平」を書いて(しんにょう)のようにみえる。その下の（慥）も難しい。　⑤より…「与梨」

のくずし字を平がな読み。⑦可被成候…「被」が隠れているが、基本的には「丶」、⑧のそれと同じ。⑦本金…「本」が「出」と間違い易いが、「出金返済」では意味が通らないし、「出」の縦棒は斜めになることが多い。⑧御帰し…「返し」の当て字（誤字？）。⑪先判…「判」は⑭にもある。「半」を書いて、右に巻き点を打つまでが刂（りっとう）である。⑮相懸…悬と書いているが、「心」が横棒になっている。

【語　釈】②無心…遠慮なくねだること。③書入…抵当。担保として契約書に記入する。⑤年季…約束の期間、年限。⑥諸役…年貢以外の、その土地にかけられる課役、雑税。⑦本金…元金。借金のもと金。⑨請戻し…借金を返済して質に入れた土地をとり戻すこと。⑩質流地…質流れの土地。⑫故障…異議、さしさわり。

【解　説】多くの人がもう見慣れているかも知れない質地証文なので読みにくそうな字並びを選んでみた。慣用語句が多いけれど、改めて訓みや意味を解説してみようとすると難しいことが分かった。

質地証文の様式は、借金証文と同様に貸借上の条件から構成される。基本的には㈠質入れ地（担保）の明細、㈡借入れ金額、㈢利子、㈣期間（年季）、㈤返済時の約束、返済不履行のときの条件、㈥連帯保証人（加判人）の責任保障、㈦年月日、㈧借り入れ人・保証人の連判、㈨あて名、等から成り立っている。掲載部分は㈠㈡と㈥以下を省いて本文だけであるが、㈢の利子については省略部分にも本文にも書かれていない。通常の借金証文でもこうしたことはよくあるが、あらかじめ利子の金額を差引いていることが多く、その当時の公定利率より高利の傾向がある。⑤「子ノ二月」の「子」が書き直してあり、「子」の形になっていないが、「酉二月」から「中三ケ年季」で、満三か年後の「子二月」までである。

歴史上の度量衡

尺貫法の基本単位

長さ(度)	1丈＝10尺＝100寸＝1000分＝10000厘(りん) 曲尺(かね)1尺＝鯨尺8寸＝30.303センチ
里　　程	1里＝36町＝3927メートル，1町＝60間＝109.09メートル，1間＝曲尺6尺＝181.818センチ
容　量(量)	1石＝10斗＝100升＝1000合＝10000勺(しゃく)＝100000撮(さい)(才)＝180.39リットル
重　さ(衡)	1貫＝1000匁＝10000分＝100000厘＝3.75キログラム。1斤＝160匁＝600グラム
広さ(面積)	1町＝10反＝100畝＝99.174アール。1畝＝30歩 1歩＝1坪(6尺平方)＝3.3058平方メートル

長さ(度)

令制…周尺＝曲尺の0.64尺，晋尺＝曲尺の0.8尺
　　大尺＝高麗(こま)尺＝曲尺の約1尺1寸7分
　　小尺＝唐大尺＝曲尺の約9寸8分
近世…呉服尺＝曲尺の1尺2寸
　　鯨尺＝曲尺の1尺2寸
　　文尺　10文＝曲尺の8寸＝24.24センチ

測地・里程

令制…1里＝5町＝300歩(ぶ)，1歩＝1間＝大尺5尺
近世…1里＝36町(伊勢路は48町，佐渡は50町等一定せず)

容量(量)

令制…令大枡(ます)　大枡1升＝小枡3升(今の約4合)
　　宣旨枡(せんじます)　1升＝京枡の0.627升(今の約6合)
近世…京枡　1升＝64.827立方寸(4.9寸×4.9寸×2.7寸)

重さ(衡)

令制…1斤＝16両，大1斤＝小3斤(今の180匁)
近世…1斤＝160匁(180匁，200匁などもあった)＝600グラム
　　1貫目＝1000匁(文目)＝3.75キログラム

広さ(面積)

令制…1町＝10段＝3600歩(ぶ)，1歩＝高麗尺の方6尺
近世…太閤検地 1歩＝1間(6尺3寸)平方・幕藩体制下 1歩＝1間(6尺)平方

Ⅷ

家族——結婚・離婚そして生活

1、正徳四年三月　夫妻の約束破棄につき済口証文

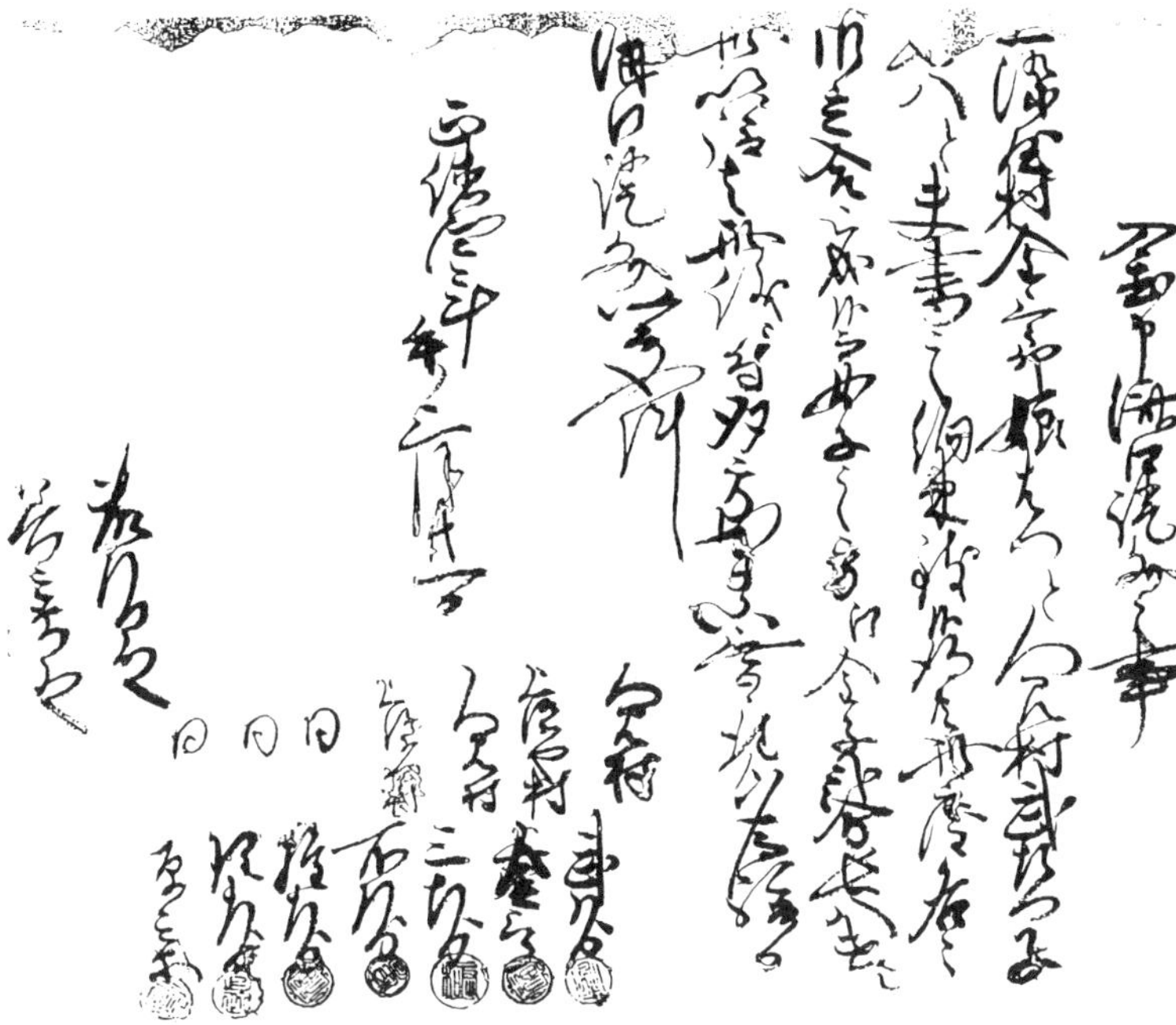

【解読文】

入置申済口證文之事
上染屋村金三郎娘はつと、人見村武左衛門子
長八と夫妻之約束致候得共、此度各々
御立合被成候而、女子之方江金子弐分長八遣シ、
此以後者此義ニ付双方かまい無御座候、為後日
済口證文、依而如件

正徳四年
午ノ三月廿一日

人見村　武左衛門㊞
上染や村　金　三　郎㊞
人見村　三左衛門㊞
上染や村　所左衛門㊞
同　権左衛門㊞
同　理（ママ）左衛門㊞
同　原　兵　衛㊞

藤左衛門殿
善　兵　衛　殿

源之丞殿

【読み下し文】

入れ置き申す済口証文の事

上染屋（そめや）村金三郎娘はつと、人見村武左衛門子長八と夫妻の約束致し候えども、此の度各々お立ち合い成され候て、女子の方へ金子（きんす）二分長八遣し、これ以後はこの儀につき双方かまい御座なく候。後日の為に済み口証文、依（よっ）て件（くだん）の如し。（以下略）

【語　釈】　①済口証文…訴訟やもめごとの対立点が和解に達し、双方で取り交わす証文。　③各々御立合…対立者と仲介者の全員が相談して。⑤かまい…さしつかえ、さしさわり、故障。差構と書かれる事が多い。

【解　説】　婚約が破談となり、男がわから女がわに違約金二分を払って解消したことを示す和解証文。単純な内容だが仲裁人が三人（あて書）立っており、書かれてないもめごとがあったことと察せられる。上染屋村・人見村は武蔵国多摩郡のうちで隣りあい、現在は東京都府中市に属している。上部の破損は湿気による腐蝕。欠けた字の一部の筆順が分かり、同じ書体の字を探すことができる。前後のつながりをみて探すとよい。

済口証文（すみくちしょうもん）は、内済証文・内済取替（とりかわし）証文とも言う。紛争の対立者の間で和解（内済）が成立した時、和解事項を記した同内容の証文を当事者同士が取り交わす。調停者がいればその人にも双方が捺印して渡し、訴訟事件であれば奉行所に同文で報告する。民事裁判ではなるべく内済するよう、奉行所で調停する人を世話することもあり、済口証文は判決書に等しい重さを持った。近世の農村文書には入会山や用水に関するものが多い。なお人名の「丞」（ジョウ）で、「亟」（キョク。すみやか・あわただし）とは別字である。「丞」の下の横棒を、「心」のように波打たせて書くのは、「亟」と間違えない為の書法上の約束ごとで、同様な例に「丈」を「丈̇」（大と区別）、「土」を「土̇」（士と区別）など点を打つことがある。

　また金三郎と権左衛門は同一印が押されている。単なる間違いかも知れないが、村方の文書には時々ある。親戚であったり、親方、子方の身内関係の場合にみられるようあるが、この点の研究はこれまで余りない。一般の文書では黒印を使うが、印は適当な文字を彫った三文判を買い、その人の印として、一般人は名主に、村役人は支配役所に届け出る。印文の字と人名は、特に関係ない。なるべく縁起のよい字を選ぶが、将軍、大名の名前に関係ある文字は避けるのが普通である。

2、天保六年六月　倅の久離（勘当）願い

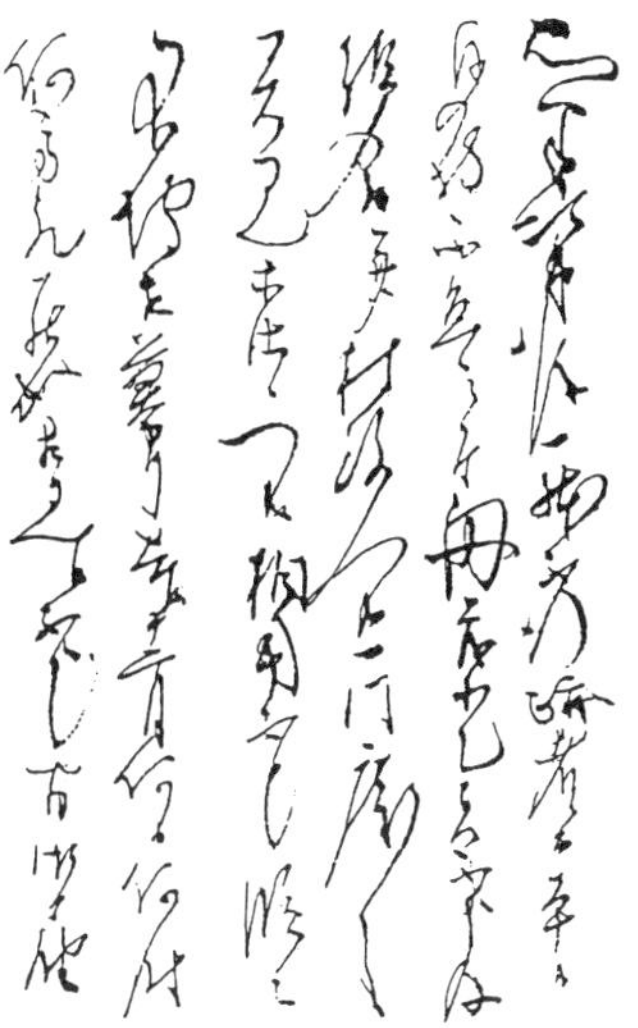

【解読文】

右半次郎儀、一躰（体）不行跡者ニ而、平日
身持不宜候ニ付、母茂登（もと）者不申及
組合并村役人共一同度々
異見等仕候へ共相用不申候、段々
不埒相募り、去ル十二月何日何時
何方歟罷出、相見江不申候間、御届

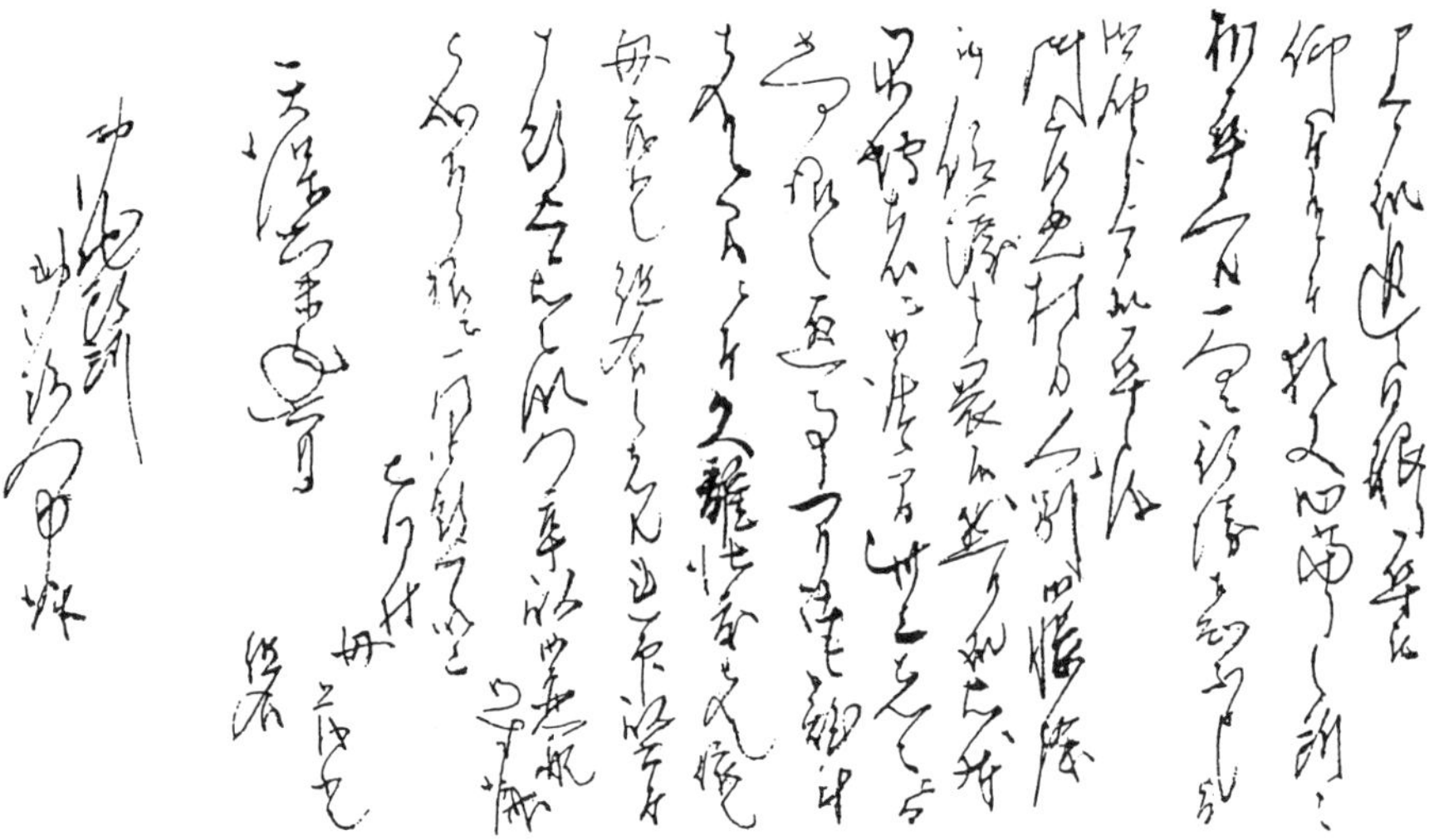

申上候処、追々日限り尋被
仰付候ニ付、猶又心當り之所々
相尋候へ共、一向ニ行衛相知不申候旨
御届申上候処、尋候儀
御差免、村方人別御帳除
被　仰渡奉畏候、然ル処右躰
不埒者ニ御座候間、此上先々ニ而
如何様之悪事可仕も難計
奉存候間ニ付、久離仕度奉存候、依之
母茂登組合之者共、連印以書付
奉願上候、右之段何卒以御慈非(悲)御聞済
被成下候様ニ一同奉願上候、以上

右同村
天保六未年六月日　母
茂登
組合

御地頭所
御役人中様

【読み下し文】

右半次郎儀、一体不行跡者にて、平日身持宜しからず候に付き、母もとは申すに及ばず、組合並びに村役人共一同、度々意見等仕り候え共、相用い申さず候。段々不埒相募り、去る十二月何日何時何方(いつなんどきいずかた)か罷り出で、相見え申さず候間、御届け申し上げ候処、追々日限り尋ね仰せ付けられ候に付き、猶(なお)又心当りの所々相尋ね候え共、一向に行衛(ゆくえ)相知れ申さず候旨、御届け申し上げ候処、尋ね候儀御差免(さしゆる)し、村方人別御帳除き仰せ渡され畏(かしこ)み奉り候。然る処、右体不埒者に御座候間、此上先々にて如何様(いかよう)の悪事仕るべきも計らい難く存じ奉り候間に付き、久離(きゅうり)仕り度く存じ奉り候。これに依て母もと・組合の者共、連印書付を以て願い上げ奉り候。右の段何卒(なにとぞ)御慈悲を以て御聞済み成し下され候様に、一同願い上げ奉り候。以上（以下略）

【筆法・語釈】　②身持…身は・とくずすが、ここでは斜めに変形している。　②不申及…「不及申」が正しいが、まれにある倒置。　④異見…見と書いている。本人の考えとは異なった見解を述べて人をいましめること。　⑥…本字は歟。一般にこの略字を書くが、かなりくずしている。前の何日何時何方と続けて読みの見当をつける。　⑦日限り尋…日限をきめて捜索すること。三十日を基準とし、不明の時はそれをのばして、計百十日とするものと、百八十日までの方法がある（後述）。　⑧猶…これも右側を極端に省略したくずし。手紙の猶々書きには、もっとくずした字がある。　⑪御差免…赦免・免除の意。差は接頭語。　⑫奉…この字はふつうと書くが、だけになっている。この後に出てくる四例も同じ形のくずし。　⑭可…書き様が特異で右側の「間」に似ているが、下の「仕」の字から見当がつく。　⑮奉存…この行に二例。「奉」は前述。「存」はだけである。下にさらに「し」の字状にのばした所が「候」。　⑮久離…縁を切り、勘当すること。これにより、近親者や村役人らは連帯責任から免れる。　⑰⑱願…旁(つくり)の「頁」は「斤」か「阝」にみえ、「断」や「赴」ともみえるが、前後

の語句から判断する。

【解　説】　身持ちを悪くして、親に乱暴するなど村の問題児になった挙句、ふと家出したきり行方も知らせない若者、もしや博徒の仲間入りも心配される。分かっていても、村のためにはならないとして、人別帳から除いてもらう。このような事件に関する類似の村方文書は、文化年間（一八〇四～一八）以後の関東・東海・中部地方に割合多い。それは、近世中期以後貨幣経済の進展により東国の農村が変質し、それまでの支配体制がゆるんできたことと関係がある。関東取締り出役を設置して関八州の支配の立て直しをはかり、取締まりの地域は次第に東国に広がっていった。近世後期のいわゆるヤクザが申し合わせたように、この地方の出身者であるのはそのためである。法律違反者は、いわば、何時でも何処でも存在しうるが、地域や事件などに一定の傾向が生ずるのは、政治や社会の歴史の条件によっているのである。

この文書は、天保飢饉の苦しみから、農民たちがまだ立ち直れないでいるころの、武蔵国多摩郡の村の出来事を示している。半次郎という若者には、すでに父がいなかったことがわかる。どのような不行跡か知れぬが、一般には親に乱暴するとか、農業を怠り、村の慣習を無視し、博打にふけるなどである。家出して、恐らく博徒の手下となっていることは想像がつく。母と村方の組合では、半次郎が近頃帰宅しないどころか、村で見掛けた者もいないことに気付いて、すぐに領主の旗本役所に届け出た。日限り尋ねを重ねて、半年たった一八〇日目に「尋候儀御差免」となり、宗門人別帳から外されることになった。半次郎はこれで無宿人となったのである。さらに村では後難を恐れ、悲しむ母親を説得して勘当とし、将来、半次郎が前非を悔いて村に帰ってきても、勘当を許されたり、人別帳に復帰するには、相当に面倒な手続きを要する。このような家を単位にした事件を、もう少し詳しく調べるには、まず、この年前後の宗門人別帳があれば、半次郎の家の家族構成（兄弟の有無、父との死別年）、土地持高から村内での貧富の程度が割り出せる。五人組帳や連印の文書から、組合の構成も分かるし、村内に類似の事件がほかにもあるのではないか、その年代や回数の頻度、事件に一定の傾向がないか、などを調べることができれば、つまらない小さな一件も、歴史的な意味の深さをもっていることを知る、きっかけになるであろう。

3、天保十三年九月　離縁状

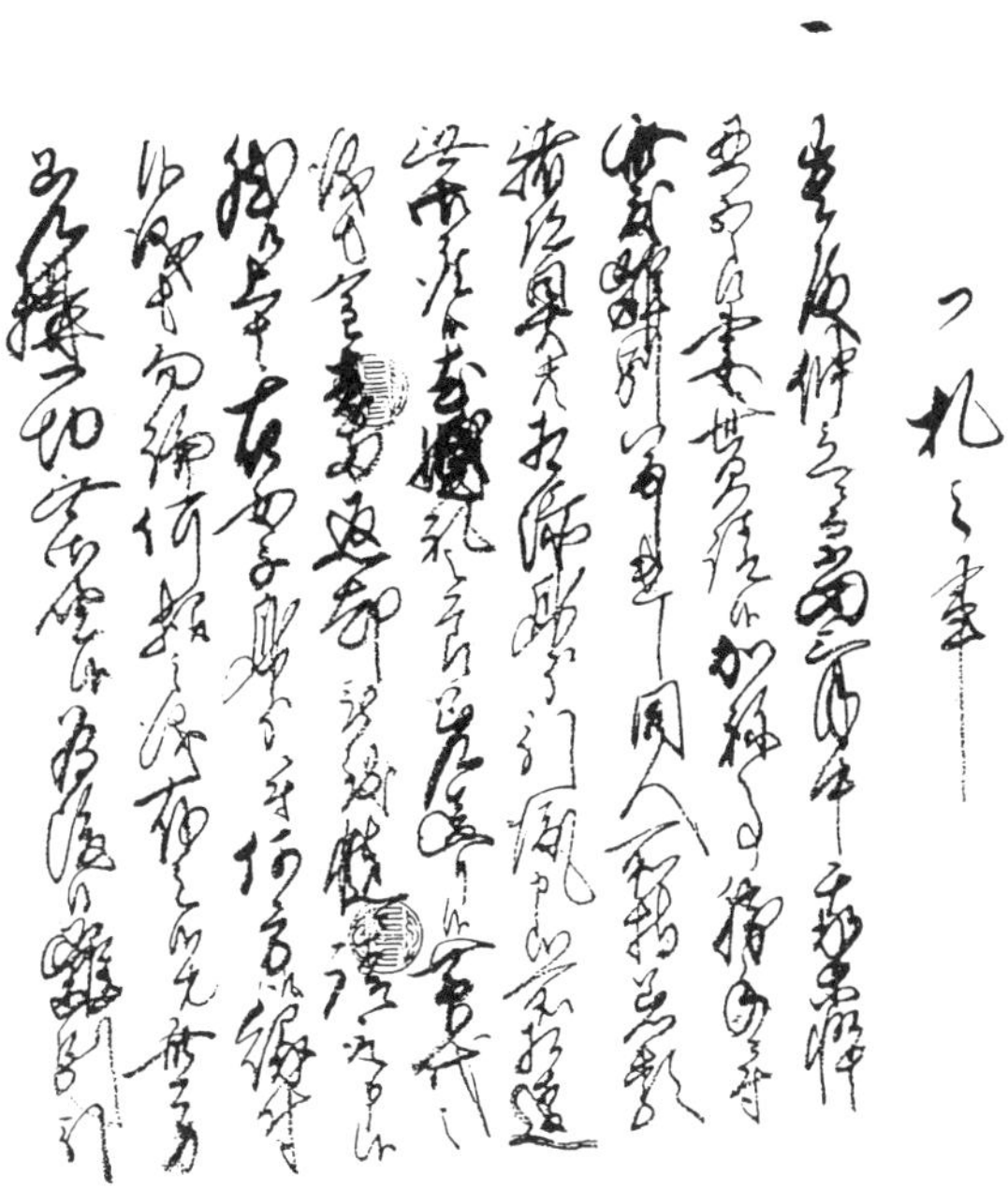

【解読文】

一札之事

一貴殿仲立ニ而当三月中我等忰
丑五郎妻ニ貰請候かね事、勝手ニ付
此度離別いたし遣し、同人所持着類
諸道具共相添、身分引渡し申候所、相違
無御座候、尤婚礼之節差送り候帯代之
儀者㊞金壱両返却被致、㊞慥ニ請取申候、
然ル上者右女子身分ニ付何方江縁付
候儀者勿論、何様之儀有之候共、此方
差構一切無御座候、為後日離別引

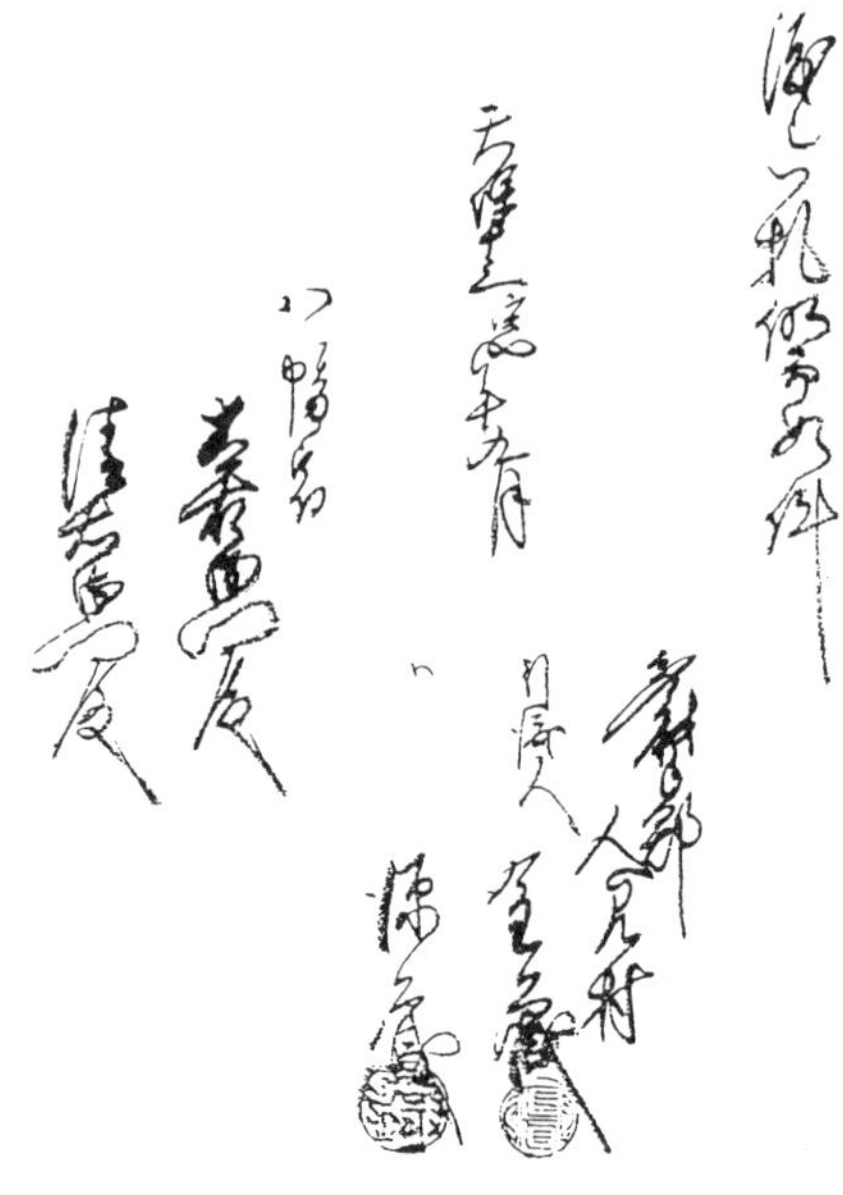

渡シ一札、仍而如件
天保十三寅年九月
多摩郡
人見村
引渡人　金　蔵㊞
同　源　蔵㊞
八幡宿
太右衛門殿
清右衛門殿

【読み下し文】

一札の事

一、貴殿仲立にて、当三月中我ら悴丑五郎妻に貰い請け候かね事勝手に付き、此の度離別いたし遣し、同人所持着類、諸道具共相添え、身分引渡し申し候所、相違御座なく候、尤も婚礼の節、差し送り候帯代の儀は、金一両返却致され、慥かに請け取り申し候。然る上は右女子身分に付き、何方へ縁付候儀は勿論、何様の儀これあり候共、此方差し構い一切御座なく候。後日の為に離別引渡し一札、仍て件の如し。（年月・差し出し者・受取者は略）

【語　釈】①一札…証文のこと。②仲立…仲人、紹介。⑥帯代…結納金のこと。嫁取りなら帯代、聟取りならば袴代とする。

【解　説】離縁状はよく、三行半に書き、夫から妻に渡すものと言われるが、このような離縁状もあるという一例。婚家先の聟の親から、仲人に宛てられている。恐らく嫁入りに際し持参した着物や道具類を、本人とともに送り返し、また結納に贈った帯代一両は返してもらっている。離縁状には、離別に至った理由などはあまり詳しく書かない。この文書にも「勝手ニ付」とあるだけである。それは女性に再婚の話があった時のためとも解され、後段の「何方へ縁付候儀は勿論……差構一切御座なく候」と対応している。しかし離婚理由など不必要なことは記載しなかっただけという見方もできる。子供や老父母の養育、財産上のこと等、必要な契約はきちんと書き記しておくべきことは勿論である。

差出・受取書の人見村・八幡宿は、現東京都府中市内にあった旧村である。帯代の「壱両」と「慥ニ請取」の二か所に、親金蔵の印が捺してあることに注意。借金の証文や受領証などにも、金額や受領文言の個所に捺印するのが通例である。なお、女名前のかねは「加祢」と書いている。また、婚礼の「婚」は、何か誤字を書いた上から訂正している。

離縁状は、夫婦間や婚家間だけでなく、嫁ぎ先の村の宗門人別帳から名前を抜き、実家の村の人別帳に戻してもらうのに必要で、そうした意味では公的な性格を含んだ文書でもある。

4、文久二年二月　女奉公人請け状

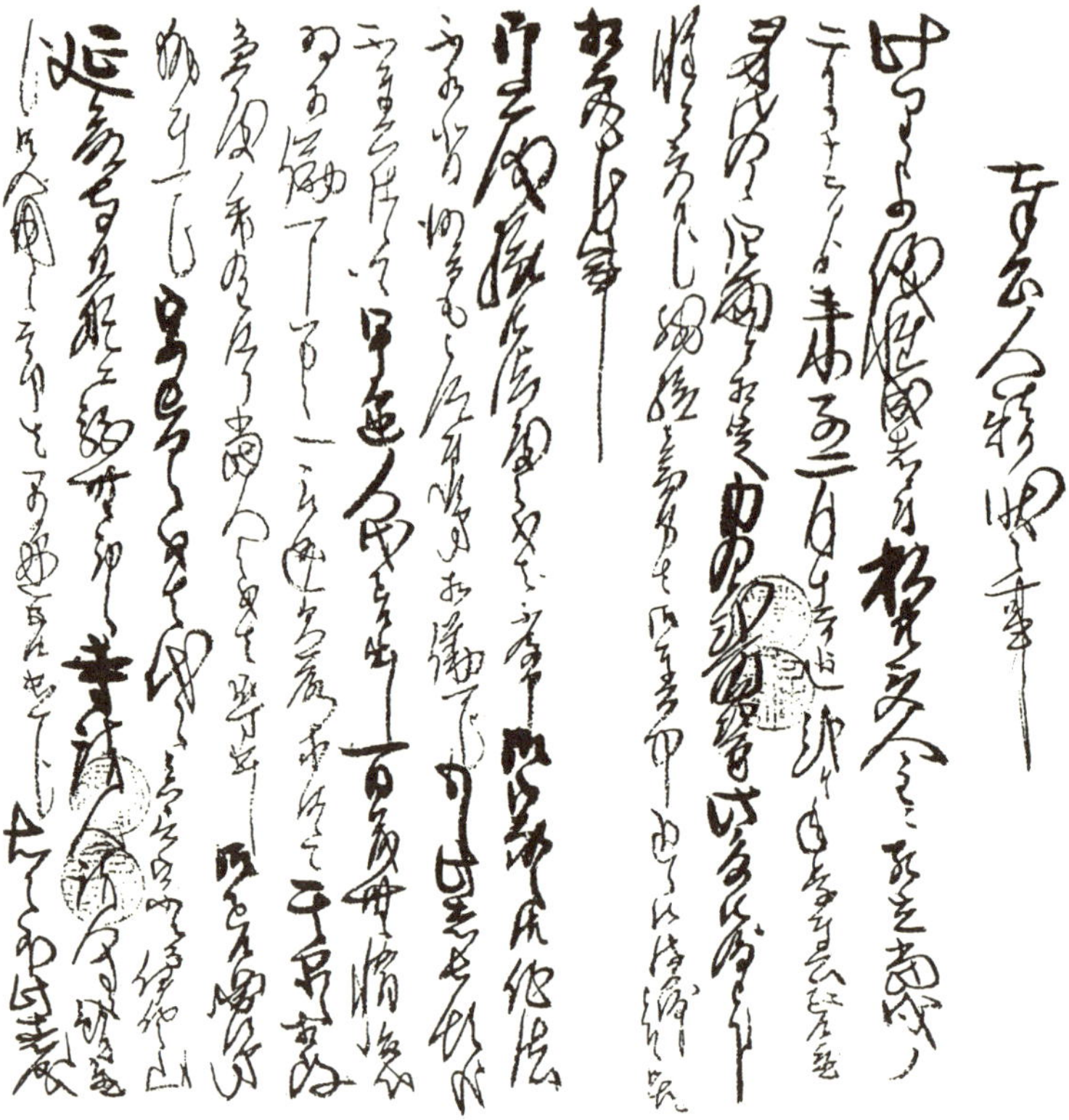

【解読文】

奉公人請状之事

此りよ儀、慥成者ニ付、私共受人主ニ罷立、当戌ノ
二月十二日ゟ来子二月十二日迄、弐ヶ年季奉公ニ差置、
身代金四両ニ相定、内金弐両弐分此（カ）度御渡被下
慥ニ受取申候、残給壱両（ママ）分者御奉公中、追々御貸渡し被下候筈ニ
相究申候事
御公儀様御法度之義者不及申、御家之御作法

不相背何ニ而も被仰付次第相働可申候、もし此者長煩哉
不奉公仕候ハヽ、早速人代差出し、一日茂無懈怠
為相働可申、万々一取逃欠落等仕候ハヽ、其品々相改
急度弁金仕り、当人之義者尋出し、御差圖次第
執計可申候、宗旨之儀者代々真言宗ニ而伊佐山
延命寺旦那ニ紛無御座候、寺請人（状）請人方ニ預り置
申候、御入用之節者早速差遣申候、右之外此者儀
ニ付、譬如何様之義出来候共、受人引受取計、
御主人江少茂御損御苦労相懸申間敷候、
為後日奉公人受状差入置申処、仍而如件

文久二年戌二月十二日　加方（カ）村
請人　喜之助　㊞
人主　繁　蔵　㊞

中村
九八郎殿

【読み下し文】

奉公人請状の事

此のりよ儀、慥（たしか）なる者に付き、私共請人主（うけにんぬし）に罷り立ち、当戌の二月十二日より来たる子二月十二日迄、二か年季奉公に差（さし）置き、身代金（みのしろきん）四両に相定め、内金二両二分、此の度御渡し下され、慥に受取り申し候、残給一両分は御奉公

中、追々御貸し渡し下され候筈に相究め申し候事
御公儀様御法度の儀は申すに及ばず、御家の御作法に相背かず、何にても仰せ付けられ次第に相働き申すべく候、もし此の者長煩いか不奉公仕り候わば、早速人代差し出し、一日も怠懈なく相働かせ申すべく、万々一取り逃げ欠落等仕り候わば、其の品々相改め、急度弁金仕り、当人の義は尋ね出し、御差図次第執り計らい申すべく候、宗旨の儀は代々真言宗にて伊佐山延命寺旦那に紛れ御座なく候、寺請状請人方に預り置き申し候、御入用の節は早速差遣し申し候、右の外此の者儀に付き、譬如何様の義出来候共、請人引き受け取り計らい、御主人へ少しも御損御苦労相懸け申すまじく候、後日の為に奉公人請状差入れ置き申す処、よって件の如し（日付・差出・受取書省略）

【筆法・語釈】　②受人主…請人と人主。意味が近いので一語句としたもの。　③（年季奉公…一年を一期とした奉公。年季勤めとも）。「奉」は普通と書くが、この文書に五か所出てくる「奉公」は、いずれも字形が微妙に異なる。⑤⑨を比べてみよ。「公」もこれだけをみると「恐」に似た書き方である。　③（差置）…「置」は「四」と「直」だからと書くことが多く、⑬「預り置」のように右に点を打つこともある。　④身代金…現在では人身売買の代金（身売り金）を指すが、かつては奉公人も雇主に人身を預けて勤めた。しかも前借金を受け取り、その債務を担保として労働を勤める。「シンダイ」と音読みすると財産の意となる。

④弐分…この「分」は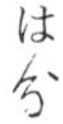と書くべきところ、肩に点を打って下方に筆を下げてから、また左にはねたようである。金一両は四歩（分）、一歩は四朱（銀貨の場合は分）。　④（此度）…「度」のくずしが⑦「御法度」の「度」より画数が少ない。　⑤（慥ニ受取申候）…慥の忄は「月」に見えるから筆順に注意。「取」はをさらに略した形。「申候」の書き方は、後文にも数例出てくるので比較のこと。　⑤残給…二字とも左が子偏のようであるが、歹・糸・子・犭・馬などがいずれも似た書き方をする。　⑥相究…相極とも書く。

ともにキワメ・キメと読む。⑧（次第）…「次」が上の付につながり、「第」の最後の画が左上にはねて点を打った。⑪の行末の次第はその最後の点が上の圖の字の左にくっついた。⑧（長煩哉）…「長」は「哉」は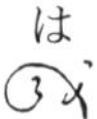と書くのをもっとくずした形。⑨人代…人がわり。代人（だいにん）とも。⑨…懈怠（げたい）と読んだが、二字の間のレを返り点とみて「怠惰」とも読める。但し、「惰」の月の部分が「角」のくずし方であり、「怠懈無く」でも通用する。通用語句の多くは「懈怠無く」である。⑩取逃…持ち逃げ。⑩欠落…奉公先から逃げ出すこと。⑫（執斗）…「執」の偏が犭（けものへん）のように書かれている。「報」などもこのように書く。⑫真言宗…この三字ものように一字ずつ分けてみれば、「言」を除いて簡単であろう。⑬（命）…この字は史料にあまり使われず、くずし字も見ることは少ない。形は「落」に似ている。⑮（譬）…下の「如何」と並べて「仍而如件」と誤りそうである。「辛」の部分の極端なくずしに注意。⑯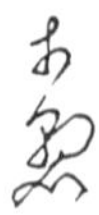（相懸）…懸をくずした字が多いが、ここでは「愚」のようにも見える。

【解　説】　奉公人請状は奉公人手形ともいい、雇傭契約証のことである。奉公人の請人から雇い主宛てに出され、人主が連印し、下請人も連名していることが多い。記載内容は契約期間（年季）・給金額・支給方法（前払い・分割・一括など）・仕着の支給の有無、公儀諸法度や奉公先の家法の遵守、病臥の際に代人を立てること、家財の取り逃げ・逃亡（欠落）したときの弁済や、尋ね出しの義務等を明記した。またキリシタンでないことを示すために宗旨と檀那寺を記し、必要なら寺請状が提出できると書くのが普通である。寺請状は現代の戸籍抄本に相当するといえよう。

請人と人主の関係であるが、奉公先に対し共同責任を負うとしても人主の方は奉公人の親や兄（戸主が奉公するときは親類の者）がなるのが通例で、請人に対して奉公人の身元保証をする。請人は奉公先を斡旋して手数料を収入するなど、人宿（口入屋、奉公人あっせん業）を営む者もいる。就職の世話人であると同時に、前借りした賃金の債務保証人でもある。すなわち人主が奉公人の身元保証をし、請人はその保証の上に奉公先に話し、債務履行の責も負う。いわば元請けと下請けの関係といえる。

次に身代金とよばれる賃金が二年間で四両、この内契約時の前払いが二両二分、そして「追々御貸渡し被下」はずの残給が一両分?とある点である。下女や一般女中奉公の賃金が、近世中後期では大体年二両が相場だから二年で四両は順当な額といえる。が前払いと残給を足しても金三両二分にしかならない。これは、証文を書いた人の単純な間違い（誤記）とみるか、近年まであったサラ金業者（高利貸し）の利息天引きと同様に、金二分の天引きがなされたのではないか、または、前受金二両二分は身代金＝元本の八分の五（十五か月分）で、前受金に対する年利一六%ならば後日に払われる残給はちょうど一両になる、年季明けの時不足の二分を貰うのかなど、様々な推量がなされる。正直のところ原本で明らかに、このような算定不備の文書というのは珍しく、まだ納得のいく解釈ができない。⑤「残給壱両弐分」の「弐」が脱落したと考えるのが、最も単純で分かり易いのだが。

5、慶応三年三月　嫁入りにつき人別送り状

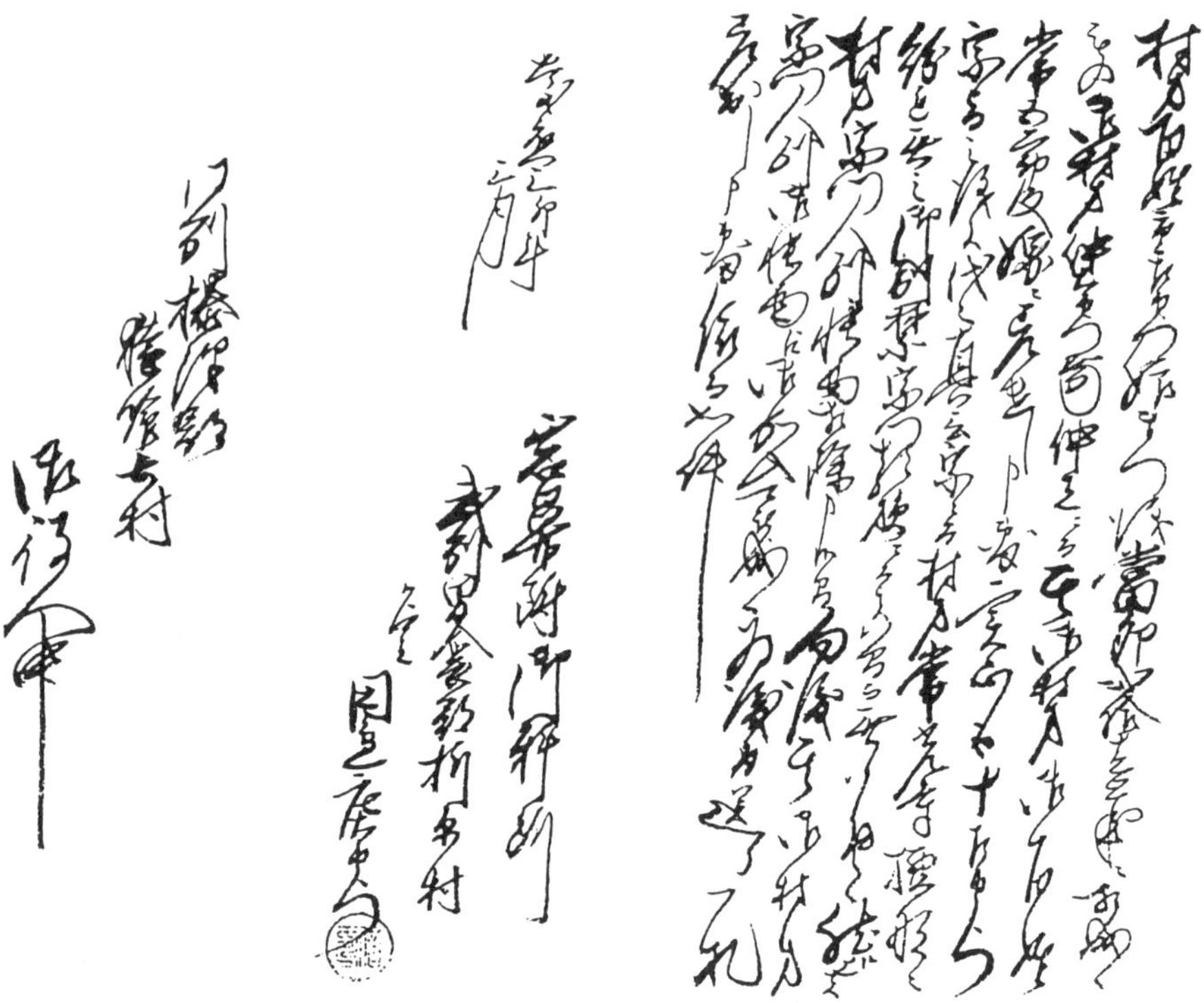

【解読文】

送り一札之事

村方百姓重左衛門娘まつ儀、當卯弐拾壱歳ニ相成候
もの、御村方仲右衛門殿仲立ニ而、其御村方御百姓
常五郎殿嫁ニ差遣し申處実正也、十左衛門
宗旨之儀者代々真言宗ニ而村方常光寺檀那ニ
紛れ無之、御制禁宗門類族ニ而者曽而無御座候、然ル上者
村方宗門人別帳面相除申候間、向後其御村方
宗門人別御帳面江御加入可被成候、為後日送り一札
差出し申處、依而如件

慶應三卯年　岩鼻附御料所
三月　武州男衾郡折原村
名主　田邊庄右衛門㊞

同州榛沢郡
猿喰土村
御役人中

【読み下し文】

送り一札の事

村方百姓重左衛門娘まつ儀、当卯二十一歳に相成り候もの、御村方仲右衛門殿仲立(なかだち)にて、其の御村方御百姓常五郎殿嫁に差し遣し申す処実正(じっしょう)也。十左衛門宗旨の儀は代々真言宗にて、村方常光寺檀那に紛れこれなく、御制禁宗門類族にては曽(かつ)て御座なく候、然る上は村方宗門人別帳面相除き申し候間、向後其の御村方宗門人別御帳面へ御加入成さるべく候、後日の為に送り一札差出し申す処、依て件の如し（略、男衾(おぶすま)・榛沢(はんざわ)・猿喰土(さるがいと)）

【筆法・語釈】②壱歳…「壱」が「去」のようにみえるが、「土」の部分で筆が少し横に動いている。「歳」の止の部分はと書き、下部は「来」のくずしに似る。③殿…の最後の画が右からまわす丸い線になり、さらに右肩に点を打っている。例が少ないくずし方。④嫁…女へんから家の点につながっている。この点を見ないと「嬶(かか)」のように見え、「カカに差遣し」と読んでしまうことになる。④處…異体字のをさらにくずし、左右に点を打っている。本文最終行にも同字あり。くずし字としては特例。④十左衛門…②の重左衛門と同一人物。恐らく「重」が正しく、「十」は不注意ミスであろう。⑥類族…「族」の左を木へんにみると「様」に似ている。ここでは同類、仲間の意味ではない。⑥曽而…「曽」の上の点が下と離れ、おまけに左右に大きく広がっている。⑥無御座候…あとから左に点を打ったところが「御」。「候」は一番下の筆を押さえた点だから、その上が「座」。画数を思い切って減らしたくずし。⑦向後(きょうこう)…今後。こののち。「きょうご」とも。⑪…男衾郡。⑬…田邊。「田」は「因」にも見えるが画数が足りない。

【解　説】　この文書は猿喰土村の名主文書。猿喰土は「さるがいと」と読み、「さるくいと・ざるがいと」などの読みがある。現在、埼玉県榛沢郡花園町のうちで、下郷(しもごう)とも呼ばれている。文禄四年（一五九五）の「縄打水帳」には小字名「さるかいと」がみえ、承応年中（一六五二〜五五）飯塚村が分村して成立した。村高八八石ほどの小村で、大部分は旗本領である（なお埼玉県さいたま市の猿ケ谷戸とは別である）。

差出書の岩鼻付御料所は「岩鼻代官所」の支配下にある天領のこと。この代官所は上野（こうずけ）三郡と武蔵六郡を支配し、特に近世後期から幕末に、農村風俗の矯正や浪人横行に目を光らせた。群馬県の西南に位置し、現在は高崎市内に編入されている。代官所跡地は史跡として保存公開されている。男衾郡折原村は現在埼玉県大里郡の寄居町に属している。慶応三年（一八六七）の翌年は明治元年。

文書は、娘の嫁入りに、相手方の村役人に持たせる「宗門送り手形」とか「人別送り状」と呼ばれる戸籍異動証明書である。親の宗旨・檀家寺（真言宗常光寺）を記し、村方の宗門人別帳から消すので、先方の村の宗門帳に加入するよう要請している。嫁に行くまつは二十一歳であるが、最近の研究では、十代の結婚は多い方でもなく、二十代後半から三十代に入っての初婚という例も普通にあったらしい。結婚年齢が若いのは農民の一般的貧困ゆえと説明されてきたが、晩婚もまた同様であった。また通婚圏も多くは村内か隣村、二～三里（十二キロメートル）以内が一般的であった。あまり掛け離れた地域との結婚はほとんどない。

「御制禁宗門」は、まず切支丹（幾利支丹（キリシタン）など）、ついで寛永七年（一六三〇）から日蓮宗不受不施派も邪教とされ、禁制・弾圧の対象となり、隠れ切支丹同様ひそかに法統を守って明治九年（一八七六）再興された。同宗富士派の分派である三鳥派、真宗の一派のかくれ念仏、かやかべ教という宗教なども邪宗とされ、禁圧された。これらの中には継承者が絶えて、現在では教義の分からないものもある。御制禁の宗門といえば切支丹と不受不施派が代表といってよい。

「類族」とは単なる親族・一類という意味ではない。信者本人と、彼が転宗する以前の子供も本人同様とみなし、それより男系五代、女系三代にわたる者をいう。彼等は貞享四年（一六八七）より宗門改帳とは別に切支丹類族帳に記載され、婚姻・転居・生没などが幕府に報告され、監視された（元禄年間まで規定は少しずつ変更された）。

6、明治二十四年「女子消息、文かきぶり」の中から

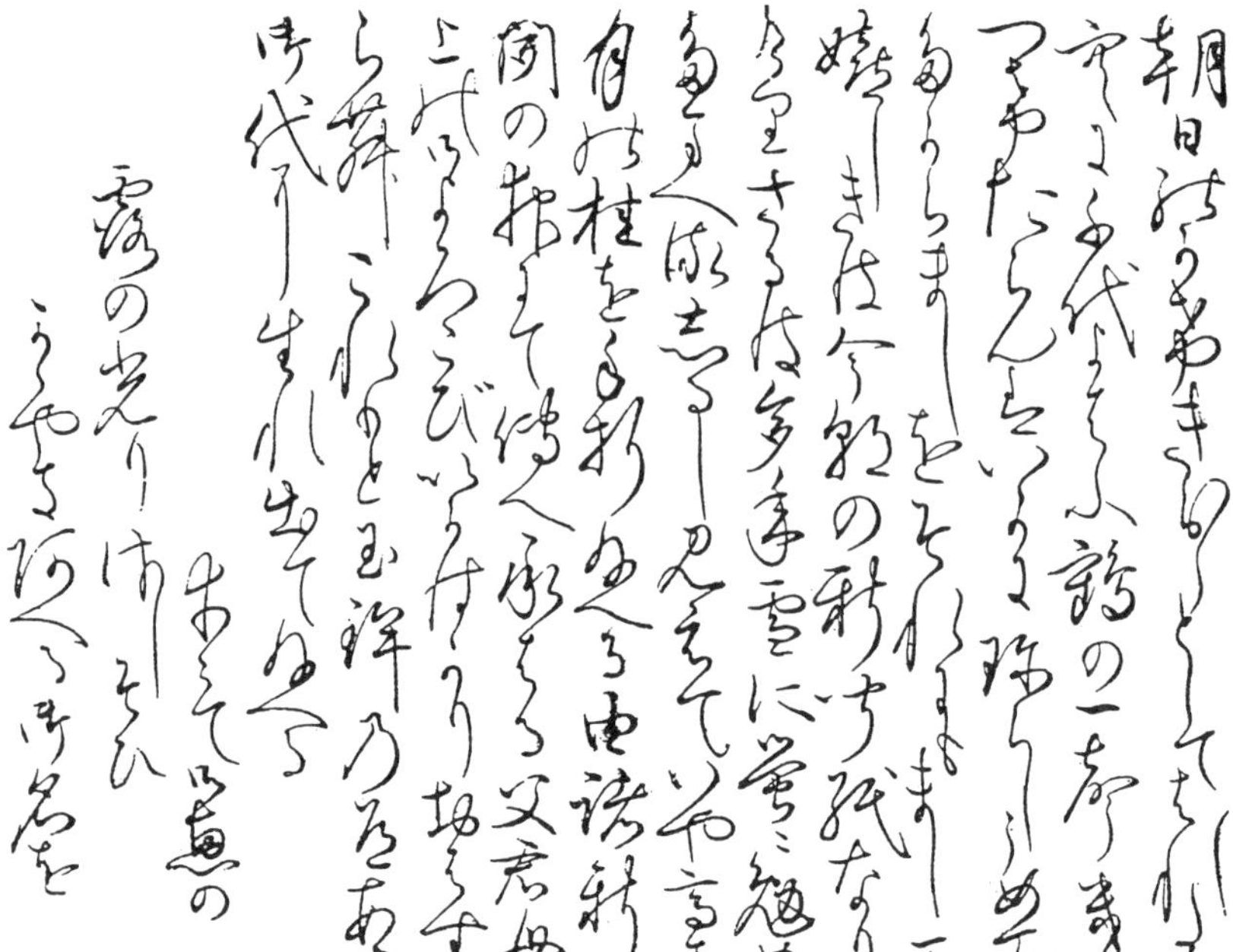

【解読文】

朝日のかけきら〱として、はれたる
空に千代よはふ鶴の一聲きゝ
つけたらんは、いかに珍らしうめて
たからましを、それにもまして
嬉しきは今朝の新聞紙なり
けり、さるは多年、雪に蛍ニ勉め
たまへるしるし見えて、いや高き
月の桂を手折(たおり)給へる由、諸新
聞の報にて伝へ承はる、父君母
上の御よろこび、いかはかりおはす
らむ、これもと玉鉾(たまほこ)の道ある
御代に生れ出て給へる
幸にて御恵(みめぐみ)の
露の光りさしそひ
かゝやきあへる御名(みな)を

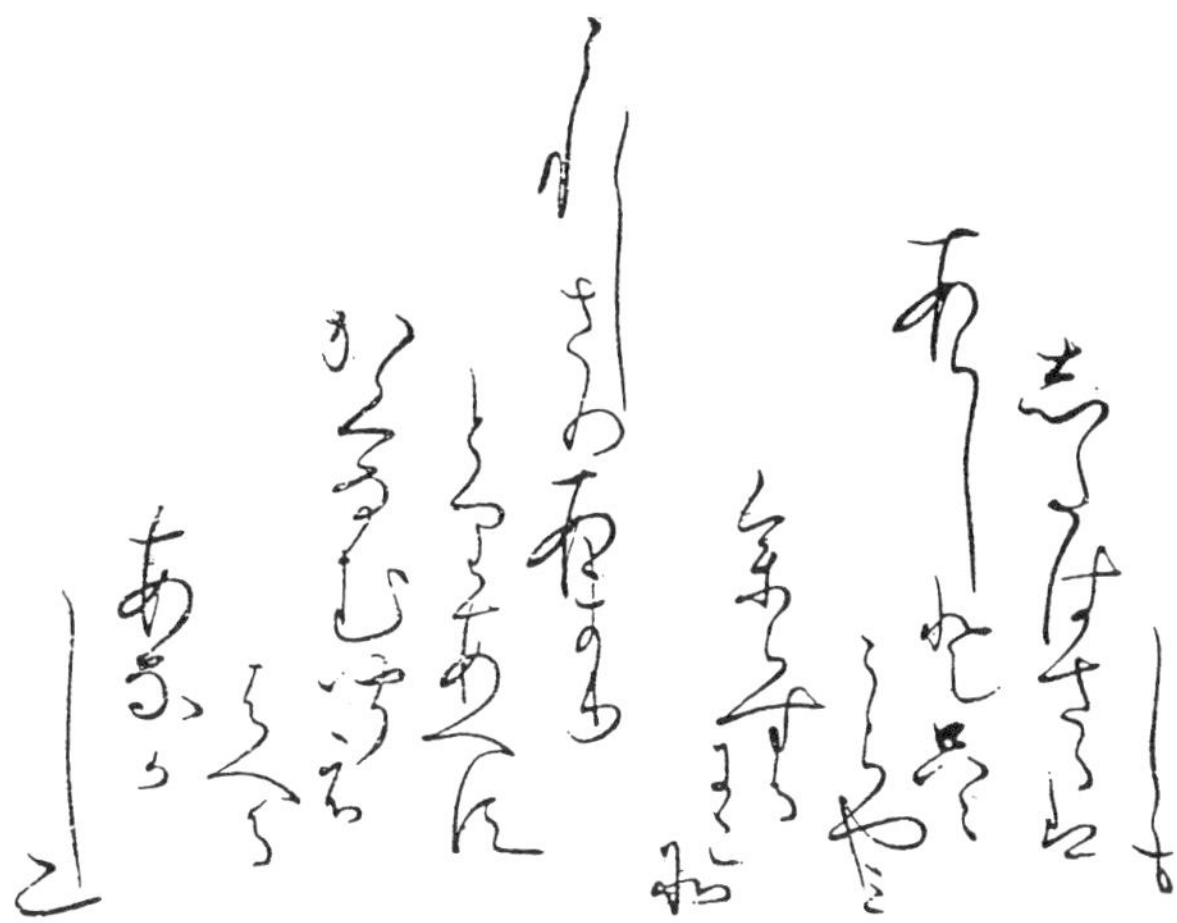

しも、
したはさるは
あらしと、只々
うらやミ
参らする
にこ
そ
うれしさのあまり、
とりあへす
かくなむ聞え
はへる
あなか
しこ

【筆　法】　ふだん見慣れなくなった、いわゆる変体仮名が多く、漢字のくずしもひらがな文字にあわせて、通常の行書以上にくずしている。かなはくずす前の原字を示して参考としたい。

①（能）…の。⑧にも出てくる。①（希）…け。③にもある。かなの大きめな字、細長い字は二字に分けて考え勝ちである。それも試行の一つだが、反って分かりにくくなることもある。①（多）…た。原字を

想定しにくいくずし字の例。②空…「穴」まではよいが、「工」の部分が分かりにくい。②…聲。「殳」「耳」の部分のくずしが分かりにくいので、「声」という略字しか知らないと読めないことになる。②（幾）…き。これをさらにくずすと、平がなの「き」となる。③（盤）…は。春のくずしの「＝す」とも似ている。他にも、波・者をくずした「・」がある。③（尓）…に。一般に、仁・二をくずした「に」が多く、年・丹は少なく、原字を混同していることもある。⑥（个）…け。おどり字の「々」に似ているが、「々」は同のくずし字である。⑦（万）…ま。⑦（流）…る。「る」の原字には留・累・類などがある。⑦（支）…き。これも書き方により、に（尓）に似る。⑧…給。⑫にも同じ字のくずしがある。⑨…報。偏の幸が読めないと難しい。⑫に同じ筆順の「幸」があるが、難読に変わりない。⑪（舞）…む。「牟」と「舞」をくずした「む」はあまり使われない（この行の鉾の傍（つくり）を参照）。⑫（耳）…に。⑤のを参照。⑨では「聞」をと書いている。⑭（佐）…さ。原字を沙としても似ているが例は少ない。⑱（登）…と。㉒（所）…そ。異体字の「所」の書き方である。㉓（利）…り。禾（のぎへん）が名残のようである。次の「り」の原字は勿論、「里」。㉕（奈）…な。㉗（奈）…な。二つとも同じ「奈」のくずしである。前者は⑧の「給」に似ているので注意。

【語　釈】①かげ…暗い陰ではなく、光の意。月影・星影・灯かげなどと同じ用い方。②千代よはふ…千年の栄えを祝って鳴く。⑥雪に蛍ニ勉（つと）め…ご存じの「蛍雪の功」と同じ。中国の『晉書（しん）』にみえる苦学の故事。貧しくて灯火用の油を買えなかった晉の車胤は、蛍を集めてその光りで書を読み、孫康（そんこう）は雪の明りで勉強した成果にいう。⑧月の桂を手折（たお）る…月には高さ五百丈（約千五百メートル）もの桂の木が生えているという中国の古伝承。その桂の枝を折るとは、難関の官吏登用試験（中国の科挙・日本では文章生）に及第することの喩（たと）え。『避暑録話』

に「世ニ登科ヲ以テ折桂ト為ス」とある由。⑪玉鉾の道…玉鉾は道にかかる枕詞。立派な道徳・学問。⑬恵の露…ここでは朝の輝き、「朝露」の光と通じさせたのであろう。㉕聞えはべる…お便り申し上げます。聞こゆは言う・話すの謙譲語。はべるは丁寧語。

【解　説】　関根正直校閲・小野鶯堂（鐧之助）編著『女子消息、文かきぶり』東京吉川弘文館・博文館発行（明治二十四年六月）という、女性の手紙の書き方・習字手本の古書から、折り込みの消息文見本を右に掲げた。この本は大正元年までに一八版を重ねたベストセラー。伝統的な書状様式の説明とともに、急進する当時の文明が文章となり、蓄音器や瓦斯（ガス）・軽気球など、江戸時代の人や平成の若者には理解し難い言葉が出てくる。

きちんとデータをとった訳ではないが、明治―大正期にはこうした手紙の書き方・見本例文集などの類書が、かなり出版されている。文書人口が充実し、印刷技術の進展、官庁・会社・学校等の文書主義の徹底、商業通信文（コレスポンデンス）のような新分野ができ、郵便制度とともに電信・電話など新しい通信手段が開けた故であろう。しかも筆墨を使っての文書のやり取りが、教養・礼儀として重んじられていた社会であった。新旧の知識と教養がぶつかりあう時代だったのである。

右の文は、新聞の高文試験合格者の記事の中に、知人の名を見出して、喜びとお祝いの心を伝えた手紙である。千代呼ばう鶴の一声とか、蛍雪、月の桂、玉鉾の道など優雅な、しかも当時としてはさほど難解でなかった語句がちりばめられている。現代の感覚からすれば、大袈裟な感じがするが、これでも不自然でなかったのである。

後半の文章は上方を不揃いに空けて、語句を短くしている。これは重要な内容を前半に書き、後半はほとんど祝いの修辞であり、文字並びを美しくしようとしたこと、古くからあった女性のかな書き書状の散らし書きの様相を、残し伝えようとしているのである（このように、下を揃え、上が不揃いなのを茎立（くくたち）様、逆が藤棚様という）。

7、（年不詳） 東海道旅日記

（前略）

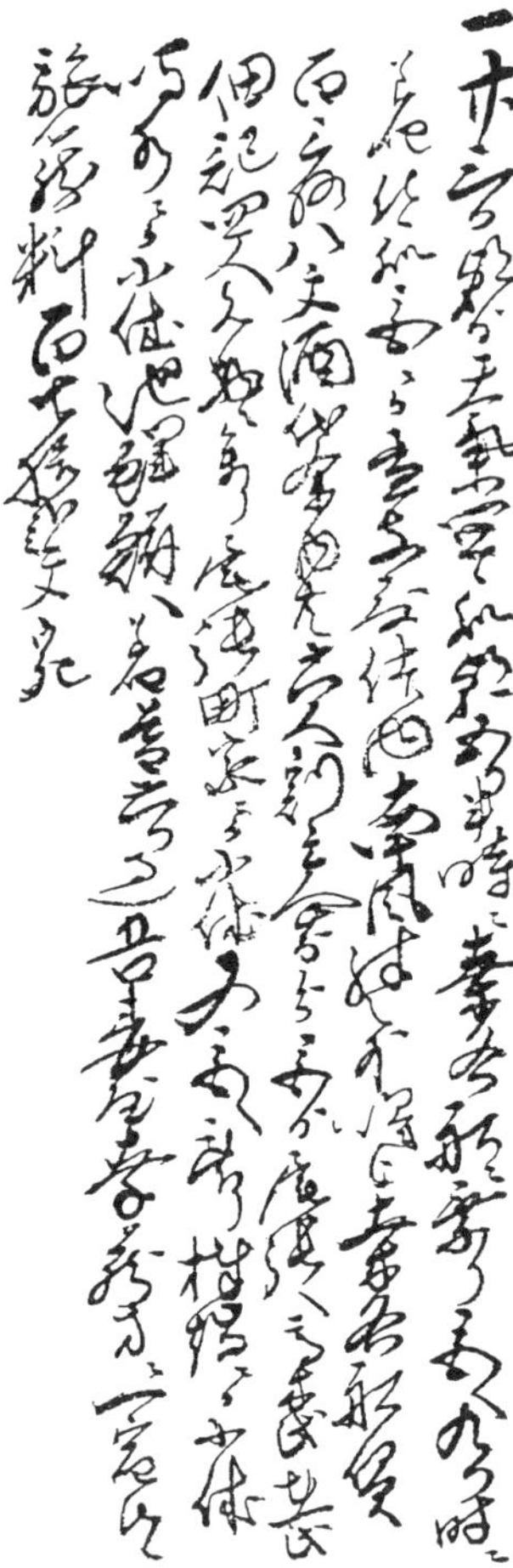

（中略）

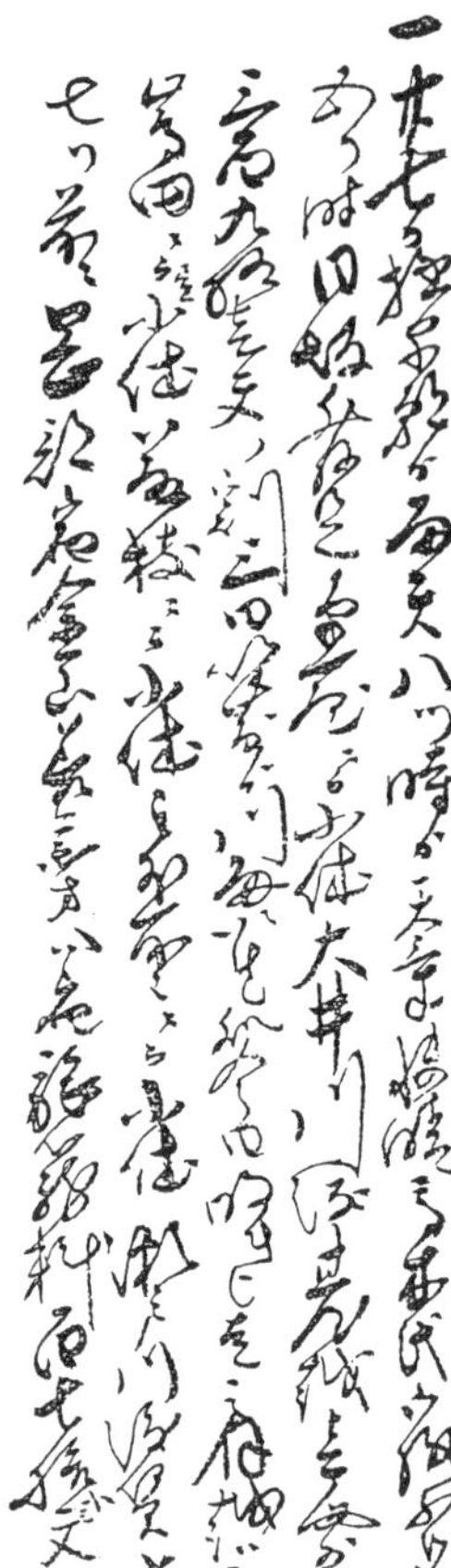

（中略）

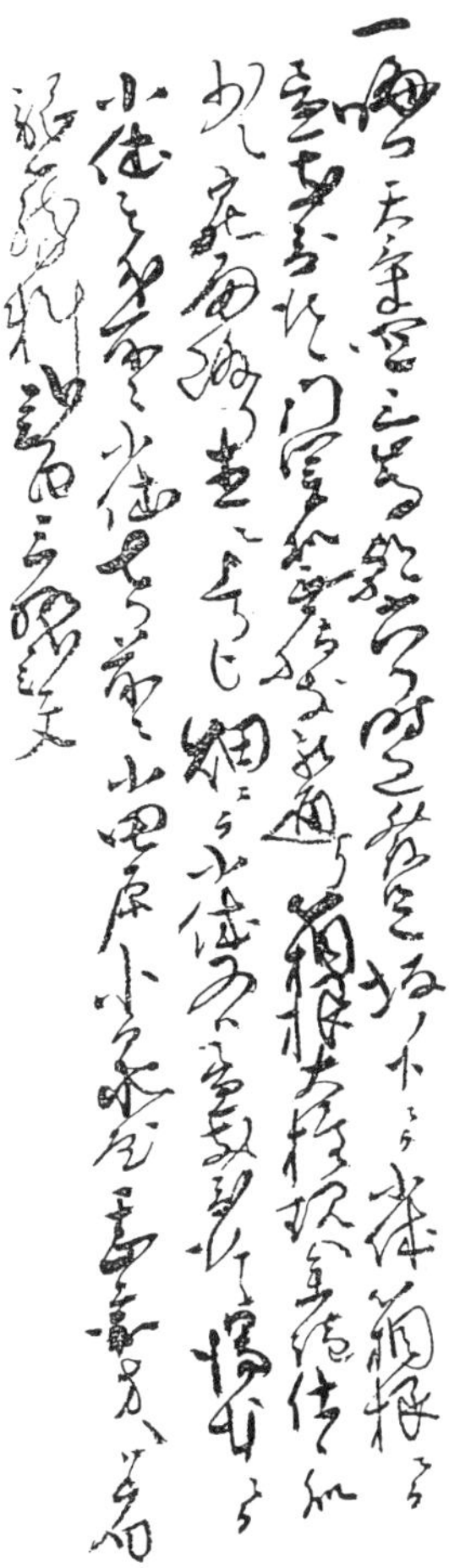

【解読文】

一廿三日朝ゟ天気宜候処、朝五ッ半時ニ桑名船ニ乗り宮へ九ッ時ニ
着仕候処、宮ニ而昼支度仕候内南風殊之外吹キ申候、桑名船賃
百三拾八文、酒代余内共六人割壱人前分、宮ゟ尾張へ高木氏・在氏・
佃・記四人見物ニ参り尾張町家ニ而小休、又宮へ戻り棒端ニ而小休
鳴水ニ而小休、池鯉鮒へ着、暮六ッ過吾妻屋幸蔵方ニ一宿仕候、
旅籠料百七拾弐文宛
一廿七日極早朝ゟ雨天、八ッ時ゟ天気快晴、高木氏御勝不被成候ニ付
五ッ時日坂發足、金屋（谷）ニ而小休、大井川渡臺越壱人前分
三百九拾壱文ノ割、三日以前ゟ川留ニ御座候処、今日明キ申候故、肩越ハ無之候、
嶋田ニ而昼小休、藤枝ニ而小休、其外所々ニ而小休、瀬戸川渡賃六文、
七ッ前ニ岡部宿金山善兵衛方へ着、旅籠料百七拾弐文

一晦日天気宜、三嶌六ッ時過發足、坂ノ下ニ而小休、箱根ニ而
昼支度仕候、御関処無指（差）支罷通り箱根大権現へ参詣仕候処、
少し宛雨降り直ニ上り申候、畑ニ而小休、又候昼支度仕候、湯本ニ而
小休、其外所々小休、七ッ前ニ小田原小泉屋甚兵衛方へ着、
旅籠料弐百三拾弐文

【読み下し文】

一、廿三日、朝より天気宜しく候処、朝五ッ半時に桑名船に乗り、宮へ九ッ時に着仕り候ところ、宮にて昼支度仕り候内、南風殊の外吹き申し候。桑名船賃一三八文、酒代・余内（よない）とも六人割、一人前分。宮より尾張へ高木氏・在氏・佃・記、四人見物に参り、尾張町家にて小休。又宮へ戻り、棒端（ぼうはた）にて小休。鳴海にて小休。池鯉鮒へ着。暮六ッ過ぎ吾妻屋幸蔵方に一宿仕り候。旅籠（はたご）料一七二文宛（ずつ）。

一、廿七日、極（ご）く早朝より雨天。八ッ時より天気快晴。高木氏御勝（すぐ）れ成されず候に付き、五ッ時日坂発足、金谷にて小休。大井川渡し台越一人前分三九一文の割（わり）。三日以前より川留に御座候ところ、今日明き申し候故、肩越はこれなく候。嶋田にて昼小休。藤枝にて小休。其の外所々にて小休。瀬戸川渡し賃六文。七ッ前に岡部宿、金山善兵衛方へ着。旅籠料一七二文。

一、晦日（みそか）天気宜しく、三嶋朝六ッ時過ぎ発足。坂の下にて小休、箱根にて昼支度仕り候。御関所差支え無く罷り通り、箱根大権現へ参詣仕り候ところ、少し宛（ずつ）雨降り、直（すぐ）に上り申し候。畑にて小休、又ぞろ昼支度仕り候。湯本にて小休、其の外所々小休。七ッ前に小田原小泉屋甚兵衛方へ着。旅籠料二三二文。

【筆法・語釈】

[二十三日の条] ①(朝)…日付のすぐ次に毎日出てくるから読みやすいが、偏が「与」にみえ、「月」が肩にかかった書き方をしている。この文書に四か所出てくる。書き順は。 ①五ッ半…朝の五つ半は午前九時ごろ。 ①(桑名)…「桑」は上部の「又」を「十」に略し、「名」は「各」に似ているが筆者の書き癖、②も同様。「桑名船」は桑名から宮（熱田）への渡船だが、この名称が一般的だった訳ではない。 ①(乗)…これも「桑」や、⑤の(幸)と似ているが、「乗」は上の「ノ」があること、下部が「千」か「示」のように書かれるのが特徴。 ②(吹キ申候)…吹の口偏が「い」のようになり、「欠」と「キ」がくっついている。「申候」はだが、一字分に短く書いている（晦日の条③にも同例）。 ③余内…一般に臨時収入とか本業以外の内職による収入、女房の稼ぎ等をさすが、それから転化してここでは割増しのチップ。 ③(壱人前)…前の「艹」を、横棒を引いてから上の二点を書き、続けて下の刖をと書いている。二十七日の条②の「壱人前」は「人」と「前」の上部が重なっている。 ③尾張…名古屋を指す。 ④戻り…「犬」の部分の画数が多く、「房」のようにみえる。 ④棒端…宿場のはずれ。坊鼻とも。 ⑤鳴水…「鳴」の口偏は②「吹」と同様。「鳥」はと略している。「水」は海の当て字。 ⑤池鯉鮒…知立。近世はこの表記の方が多い。 ⑤…「仕候」。筆者は通用語句を小さく書く傾向がある。

[二十七日の条] ①(雨)…画数の少ないくずし。 ③の「留」と似ているが書き順に注意。 ①天気…气の部分が「三」になっている。「米」のくずし方も略し過ぎである。 ①御勝不被成候…「勝」の旁は・と書くが、ここでは斜めになりと極端に省略してくずしている。「被」はと書くつもりが、やはり斜めになり、さらに略された。「成」もの部分をとした。おすぐれなされず候。御体調勝（すぐ）れずの意。 ②(發足)

：「發」は「発」の旧字。②金屋…金谷。②臺越…「臺」の上部は「甘」のように書く。輦台（れんだい）に乗って川を渡ること。③川留…「留」は通常と上部を三点にする。増水して渡河を禁止すること。「川止」とも書く。③御座候…「御」を「い」に、「座」は「坐」をくずして書いている。③肩越…人足の肩車に乗って川を渡ること。④（其）…「其」はと書いたつもりだが、小さすぎてつぶれている。晦日の条④にも同例。⑤兵衛：「兵」が二のようになり、「衛」も書き順がよく分からない。左側の点は最後に打っている。晦日の条④にも同例。

［晦日の条］②御関所…「御」が「門」「川」のようにみえるが、「イ」や「卸」から「卩」にあたるくずし方に特徴。「関」の「」の部分はとなっている。③降…「阝」がとなり傍りの部分は「為」のくずし「ゐ」のようである。③又候…又々、再びの意。「又ハ」と読むと意味が通じない（二十三日②の「候」と同じ）。

【解　説】　東海道を西から江戸へ下った人の旅日記から、桑名〜宮の海上七里の渡し、大井川の渡し、および箱根の関所の有名な三場面を選んだ。地名などは宿場一覧などに出てくるので、それらを参照していただきたい。日記は個人的なメモで、自分だけが読めればよい記録だから、乱文・乱筆、自己流のくずし字はざらであるし、旅日記は明け方床の中で書いたり、小休止の茶屋で慌ただしく書いたりしている。読み難くても仕方がない。ただし原日記は裁判のため、江戸の勘定奉行所まで数人の仲間が連れ立って出た折りのものである。裁判の経費の記録という性格もあったかも知れない。

海上七里の渡しは、桑名七里の渡し、熱田の渡しともいい、伊勢や熱田に参詣する旅人で賑わった。天保年間（一八三〇〜四四）に桑名宿に四八艘、宮宿に七五艘備えており、船賃は、正徳元年（一七一一）に乗掛荷と人ともで一〇九文（天保十四年五割増）と定められていた。酒代・余内ともで一三八文払っているのだから、各人が手荷物を持っていたのであろう。風浪などで海路を避ける人は、佐屋・神守・万場・岩塚を経て宮に至る佐屋路九里を行かなければならないが、こちらも桑名〜佐屋間に木曽川の下流三里を船で渡らねばならなかった。

大井川に架橋や渡船も許されなかった理由は、駿河・遠江の国境であり、軍事・警備上の問題とされているが、近世初期における技術的制約から渡渉制としたのが、そのまま制度化したという説もある。自分越しは、初めは認められていたが、堤防工事などで、川筋が一つにまとまるようになって危険となり、川底を熟知した川越人足による肩車と連（輦）台の二種になったという。

箱根の関所も厳しい詮議で有名であるが、通行手形など条件さえ整っていれば、緩やかな一面もあった。

この三日間の記事で気付くことは、朝遅くも五ツ時ごろには宿を出立していること。二十三日は乗船したのが五ツ半であり、二十七日は一人が病気で宿を出たのが五ツになった。ちなみに時期は寛政六年（一七九四）三月で、春彼岸より一か月余り後だから、かなり日の出は早くなっている。晦日の六ツ時過ぎの発足というのは、今の午前五時半ごろであろう。

宿に着くのは七ツ前か六ツ過ぎ。七ツ前はまだ相当に陽が高い。旅行は「早発ち早着き」が肝要といわれるが、この記事にも垣間見られる。次に旅籠に着くのに迷ったり、宿賃の交渉などしていないようであること。これはあらかじめ旅行世話人に定宿の斡旋を頼んでいたことを思わせる。

近 世 の 交 通 路

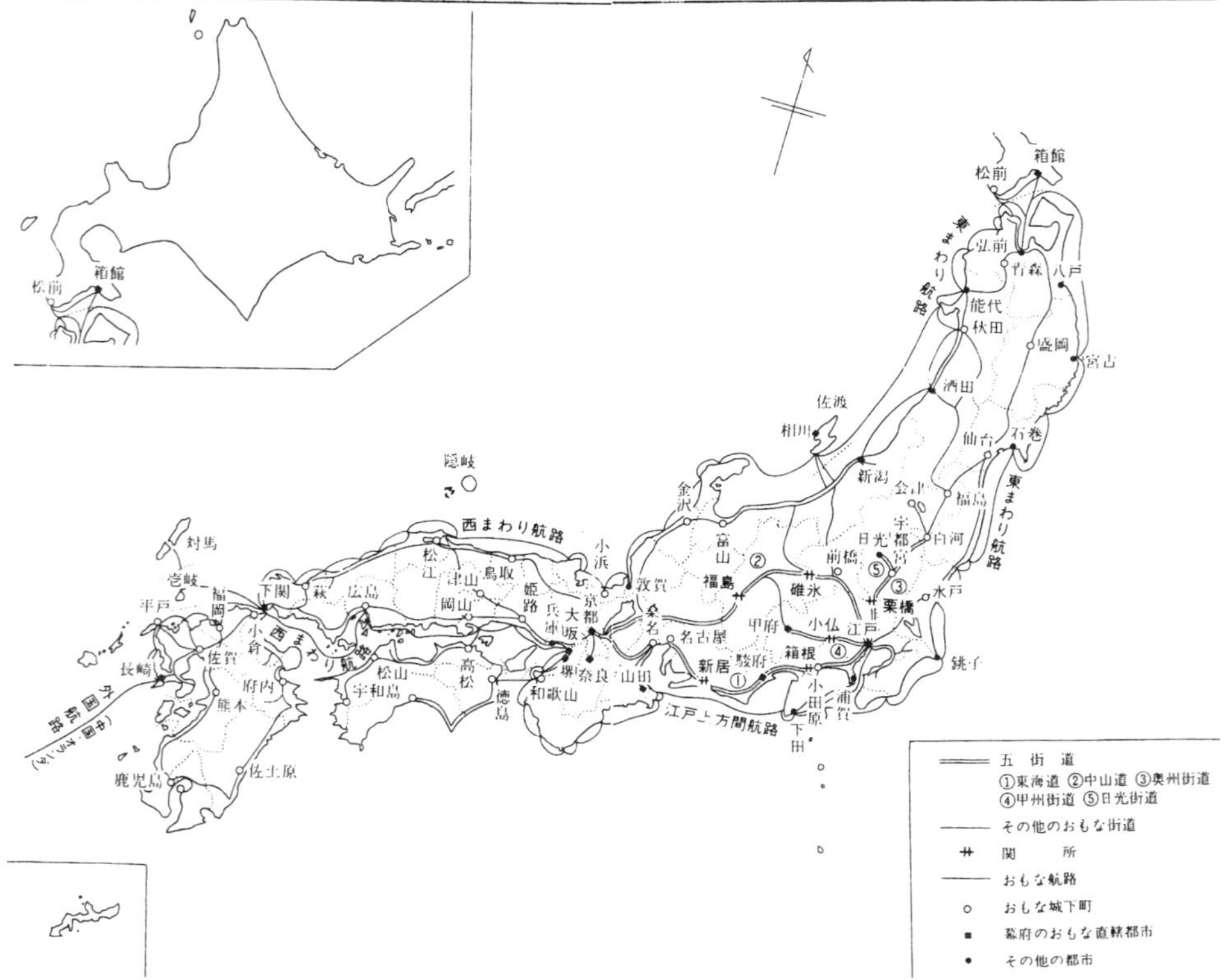
箱館
松前
東まわり航路
弘前
青森
八戸
能代
秋田
盛岡
宮古
酒田
佐渡
相川
仙台
石巻
新潟
会津
福島
東まわり航路
宇都宮
日光
白河
前橋
水戸
栗橋
雄氷
江戸
小仏
甲府
箱根
小田原
浦賀
下田
銚子
金沢
富山
福島
名古屋
駿府
新居
桑名
山田
江戸上方間航路
敦賀
小浜
京都
大坂
奈良
堺
和歌山
兵庫
姫路
鳥取
津山
岡山
松江
隠岐
西まわり航路
広島
萩
下関
高松
徳島
松山
宇和島
小倉
福岡
壱岐
対馬
平戸
佐賀
長崎
府内
熊本
鹿児島
佐土原
外国航路（中国・オランダ）
五街道
①東海道 ②中山道 ③奥州街道
④甲州街道 ⑤日光街道
その他のおもな街道
関所
おもな航路
おもな城下町
幕府のおもな直轄都市
その他の都市

Ⅸ 村の商い・金融

1、享保二年六月　盗難太物荷物一件済口証文

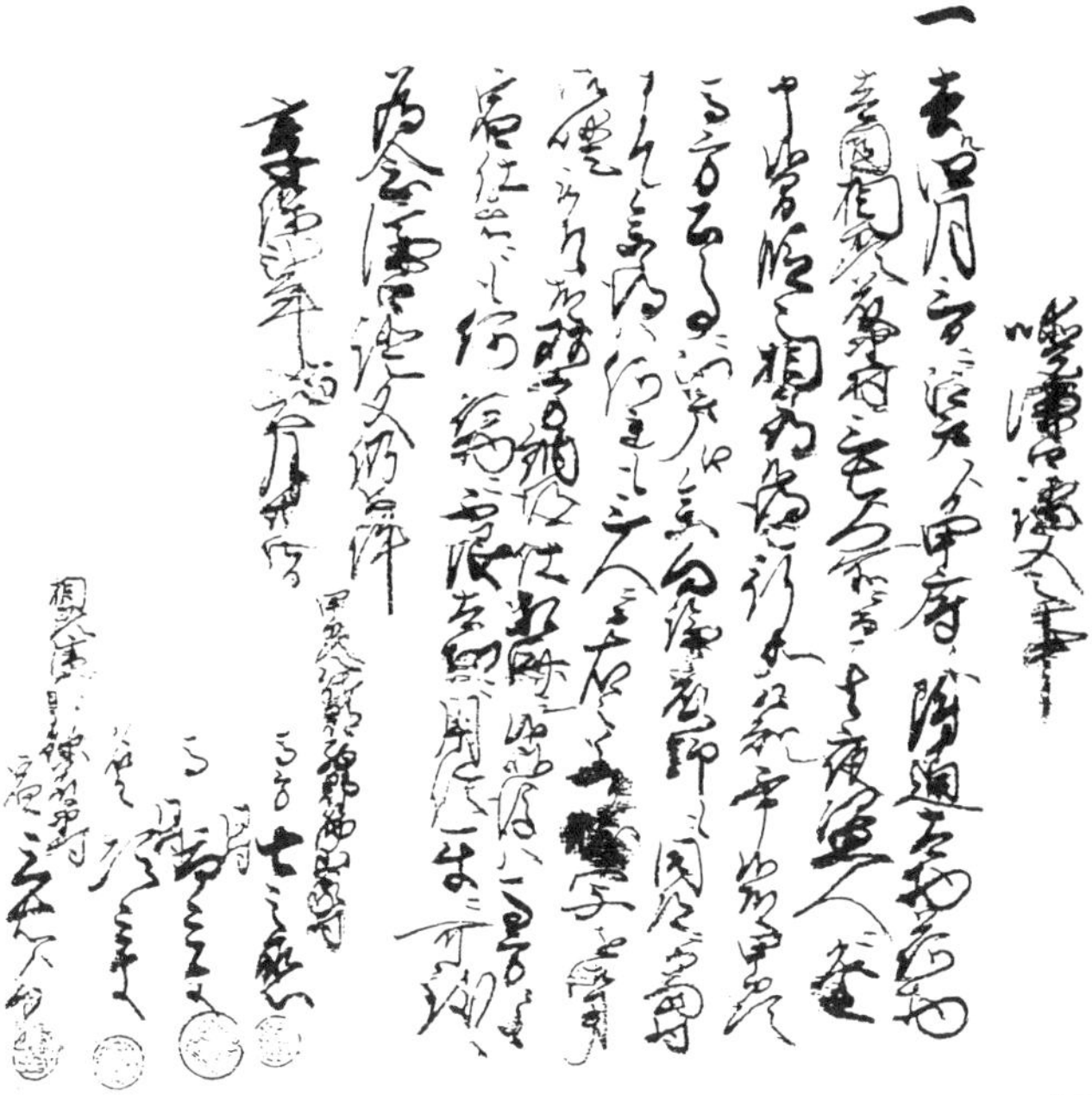

【解読文】

噯(扱)済口證文之事

一去ル四月三日ニ江戸ゟ甲府江附通太物荷物
壱固(個)、相州藤野村三右衛門所ニ而其夜盗人ニ逢
申候間、段々相尋候得共行衛相知レ不申候故、甲州
馬方公事ニ江戸江参、勿論藤野も同道ニ而、當村
まで参候得ハ何れも三人ニ而、右之送り状写を御用
御噯被下候故、双方納得仕相済シ候、以後ハ馬方ニも
宿仕者ニも何荷物ニ不限太切(ママ)ニ用信(ママ)互ニ可致候、
為念済口證文、仍如件

享保弐年酉六月廿四日

甲州八代郡西郡筋山家村
馬方　七之丞㊞
馬方　同村　市兵衛㊞
名主　同村　次兵衛㊞

相州津久井縣藤野村
宿　三右衛門㊞

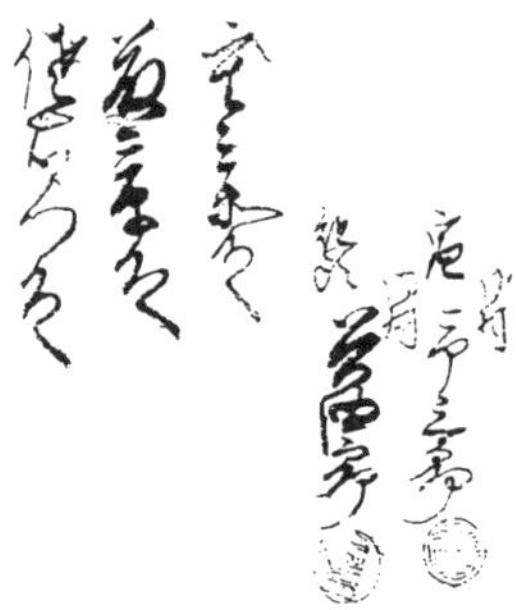

宿　同村　市三郎㊞
組頭　同村　兵四郎㊞

重兵衛殿
藤兵衛殿
佐右衛門殿

【読み下し文】

扱い済口（すみくち）証文の事

一、去る四月三日に江戸より甲府へ付け通す太物（ふともの）荷物一個、相州藤野村三右衛門所にて、その夜盗人（ぬすっと）に逢い申し候間、段々相尋ね候えども、行方相知れ申さず候故、甲州馬方公事（くじ）に江戸へ参り、勿論藤野も同道にて、当村まで参り候えば、何（いず）れも三人にて、右の送り状写を御用（おもち）いお扱い下され候故、双方納得（なっとく）仕り相済し候。以後は馬方にも宿仕（つかまつ）る者にも、何荷物に限らず大切に用心たがいに致すべく候。念の為、済口証文、仍て件の如し。（以下略）

【語　釈】　①嗳（扱い）…紛争などの調停をすること。また、その人（仲裁人）もさす。①済口証文…紛争が裁判の判決にまで至らずに仲裁されたとき、双方の納得した内容を仲裁人（ときには裁判の取扱い役所）に提出した証文。内済証文ともいう。　②太物…綿織物・麻織物の総称。絹織物は含まれない。　③相州藤野村…甲州道中の村。いまＪＲ中央線相模湖の近く。　⑤公事…訴訟事、裁判。

【解　説】　甲州（山梨県）の馬方二人が、江戸から甲府まで木綿の反物を運送している途中で、甲州街道の相州

（神奈川県）藤野村の宿屋で宿泊した夜、荷物一個が盗まれてしまった。きちんと戸締まりをしていなかった宿屋の責任か、馬方が気を付けなかったから悪いのか、荷主に対してどちらが保証すべきなのかで、馬方と宿屋で争ったらしい。決着がつかぬまま馬方は訴訟することとし、宿屋と同道で江戸に向かった。その途中、武州調布宿まで言い争いながら来たとき、宿役の三人、重兵衛らが間に割って入り、仲裁の労をとってくれた。

この証文の言外のことまで補うと、右のような話である。馬方は近世初期から信州・甲州など内陸部に発達した運輸業、中馬の業者である。藤野村三右衛門も馬方と馬を泊めてくれる中馬（ちゅうま）宿であろう。双方とも仲間と村役人をつれての三人ずつである。仲裁人は、荷物の送り状写をもって争いごとを収め、両者納得したとあるが、その内容まではわからない。ともかく以後は、馬方も宿も何荷物に限らず大切に用心しあう、という約束で双方連印し、紛争を扱ってくれた三人に提出した証文である。

差出書には、馬方の住所に西郡筋（にしごおりすじ）とあり、宿の住所には津久井縣とある。筋は方面を示し、県は区域を示すが、どちらも郡より小さく村より大きい単位。県はもちろん、近代以後の県ではなく、相州の津久井県は郡と同じような呼称で古くから使われていた。

2、文化七年　無尽定め

【解読文】

定

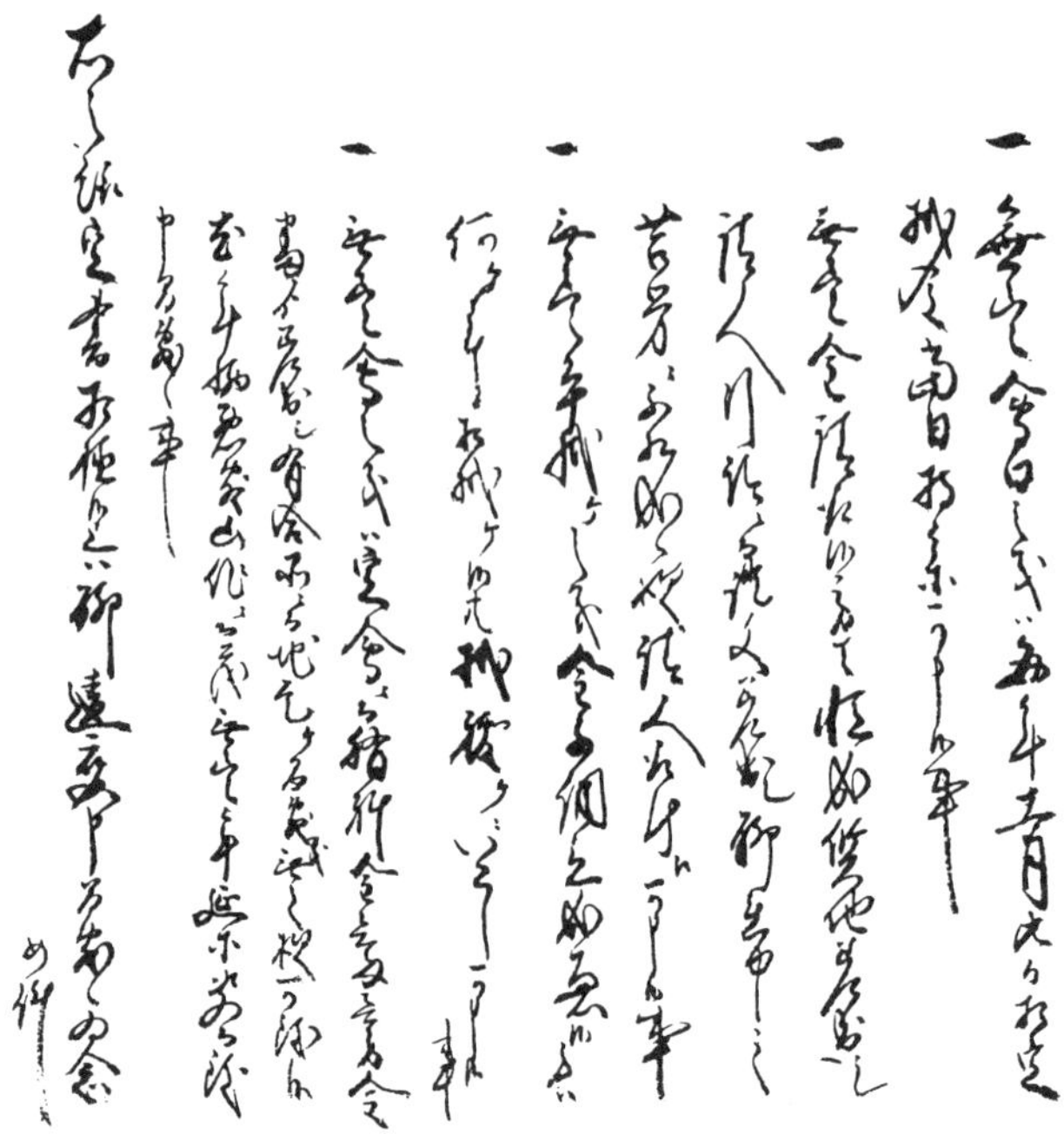

一無尽會日之義ハ、毎年十一月廿日相定、
掛金當日持参可申候事
一無尽金請取候方者、慥成質地差出シ
請人引請ニ而證文差出シ、聊連中之
苦労ニ不相成候様、請人取計江可申候事
一無尽平掛ヶ之義、金子調立(達)成兼候方ハ
何ヶ年相掛ヶ候共、掛抜ケニいたし可申候事
一無尽會之義ハ定會ニ而、賄料金壱両壱分金
番ゟ差出シ有合品ニ而地走(馳)ヶ間敷義無之様可致候、
尤年柄悪敷凶作ニ而茂、無尽年延等決而致
申間敷候事
右之趣、定書相極候上ハ、聊違変申間敷候、為念
如件

【読み下し文】

定

一、無尽(むじん)会日の義は、毎年十一月二十日と相定め、掛け金当日持参申すべく候事。
一、無尽金請取り候方は慥(たし)かなる質地差し出し、請人(うけにん)引請けにて証文差し出し、聊(いささか)も連中の苦労に相成らず候様、

請人取り計（はから）え申すべく候事

一、無尽平掛（ひらが）けの義、金子調達成り兼ね候方は、何か年相掛け候共、掛抜けにいたし申すべく候事

一、無尽会の義は定会にて、賄（まかない）料金一両一分、金番より差し出し、有り合わせ品にて馳走がましき儀これなき様致すべく候、尤も年柄悪しく凶作にても、無尽年延（としのべ）等決して致し申すまじく候事

右の趣、定め書相極め候上は、聊かも違変申すまじく候。念の為件（くだん）の如し。

【筆法・語釈】②無尽…頼母子（たのもし）とほぼ同じく、仲間内の相互金融会で、頼母子講・無尽講という集まりをもつ。②会日（かいび）…無尽講の集会日で、無尽を行う日。③掛金…会日に持ち寄る積み立て金。一と口いくらと定額である。④請取候方…くじに当り、無尽の融金を請取ることのできる者。④慥（たしか）…この一字では難しいが、「成」とあわせて読みとる。④差…「着」と間違えぬよう、書き止めに注目。⑤連中…無尽講の構成員。不特定の私的な仲間を連（れん）という。阿波おどりの連。みこしかつぎの連など。⑥取計江（とりはからえ）…正しくは「取り計ひ」であるが、ここでは明らかに「江」と書いており、一種の方言と見てよい。⑦平掛ケ…通常の無尽の掛け方。平は、手や、年にまちがえやすいが、書き順、画数ともに異なる。⑦調立…調達。金をととのえる。調は納に似るが、偏に注意。⑧掛け抜…これまでの掛金はそのままにして、以後掛金を積まない。そしてくじの配当などの利益も得ない。「抜」の字の旁（つくり）がとなっているが、よくある書き方。⑨賄料…酒肴料。台所手伝人の謝礼なども含む。⑨金番…講中の会計係。発起人が担当することもあるが、別に世話係が庶務・会計を担当することが多い。⑪決而…異体字は決のくずし字からできた。

【解　説】　原本は信州佐久郡中桜井村文書（個人蔵）で「文化七年午十一月、頼母志（ママ）無尽割帳、發記（起）次兵衛」と表記のある、一〇枚綴りの縦帳である。頼母子・無尽（またはこの二語を続ける）については、わが国の庶民金融制

度の発達史を知る上で、各地の事例の研究があるが、まだ総体的なまとめはなされておらず、不明な部分も多い。ただ中世末にはある程度行われていたこと、商店街や村落の一部で現在も決して珍しくない互助的な融通法として、継続して行われていることが知られている。またわが国だけでなく、韓国ではかなり広く庶民金融の一法として古くから行われていたようである。

無尽（以下頼母子と同じものとして解説）の最も簡単素朴な方法は、一定数の講員（連）が毎月定額の掛金を持ち寄り、くじを引いて当たった者が借りうけ、順次、全員が借りられるように一巡する、というもので、運の良い人は早くまとまった資金を手に入れ活用する機会を得るのである。もっとも多くの場合、発起人が第一順位と定められていることが多い。

この無尽定めは、1、毎年十一月二十日（恵比須講の日に合わせたのであろう）を会日とし掛金を持参する。2、無尽金借入れには保障として質地を差し出し、証人を立てる。3、掛金を調達できぬ者は何度実績があろうと以後掛け抜けしたものとする。4、会合費の酒肴料は金一両一歩、凶作など生活困難な年も順延せず期間を守るという内容。同文書の他の個所には、全部で十口、ひと口毎回金五両とあり、二〜五人でひと口を乗り合っている例などもある。

3、文化十二年三月　揚げ酒商売仕り度き旨願書

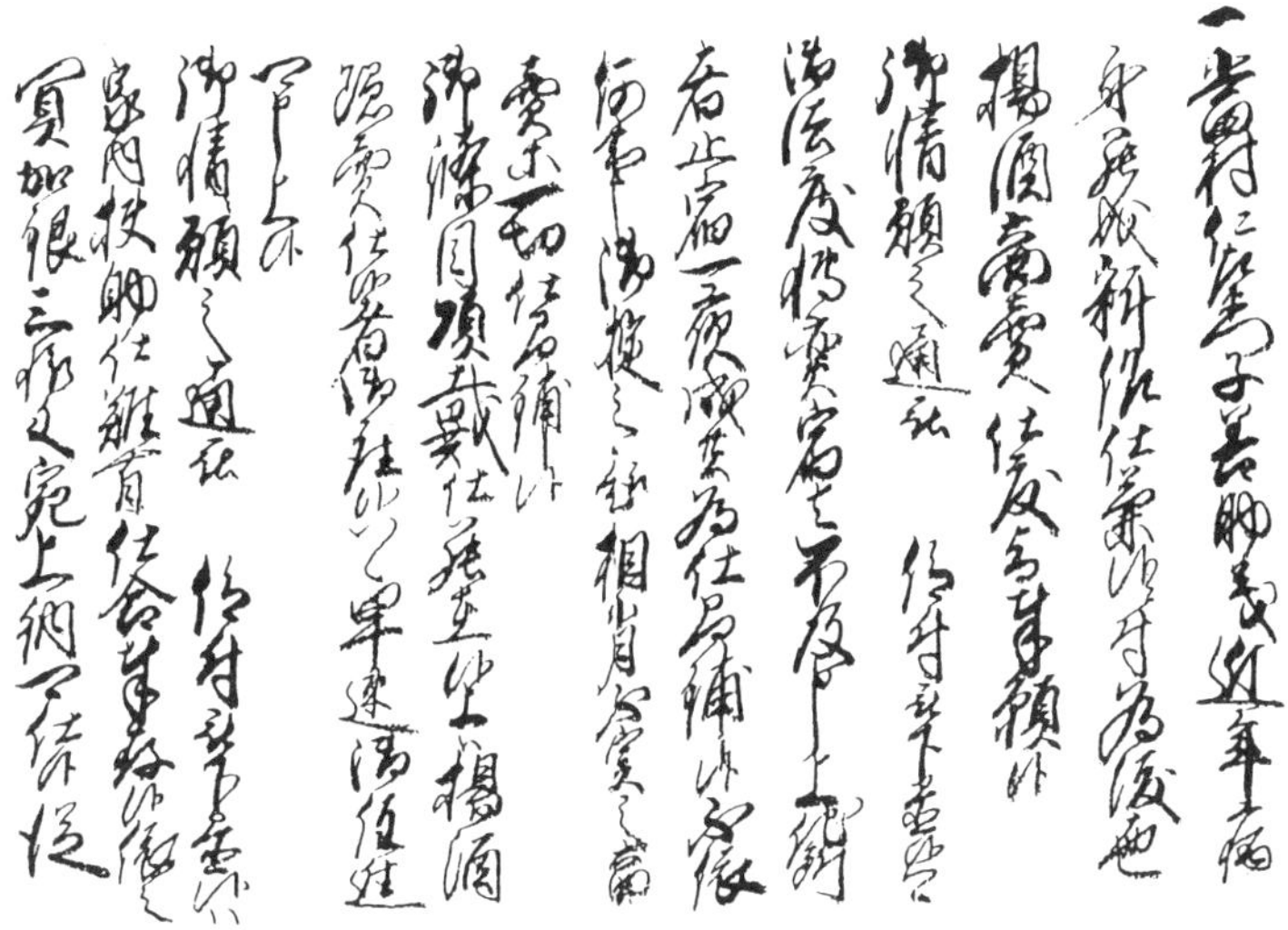

【解読文】

乍恐以口上書奉願候御事
一當村仁左衛門子善助義、近年病
身罷成、耕作仕兼候ニ付、為渡世
揚酒商賣仕度旨奉願候、
御情願之通被　仰付被下置候ハヽ、
御法度博奕宿者不及申上、他所
者止宿一夜成共為仕間鋪候、不依
何事御掟之趣相背、不実之商
賣等一切仕間鋪候、
御條目項戴仕罷在候上ハ、揚酒
隠賣仕候者御座候ハヽ、早速御住(注)進
可申上候
御情願之通被　仰付被下置候ハヽ、
家内扶助仕難有仕合奉存候、依之
冥加銀三拾匁宛上納可仕候、従

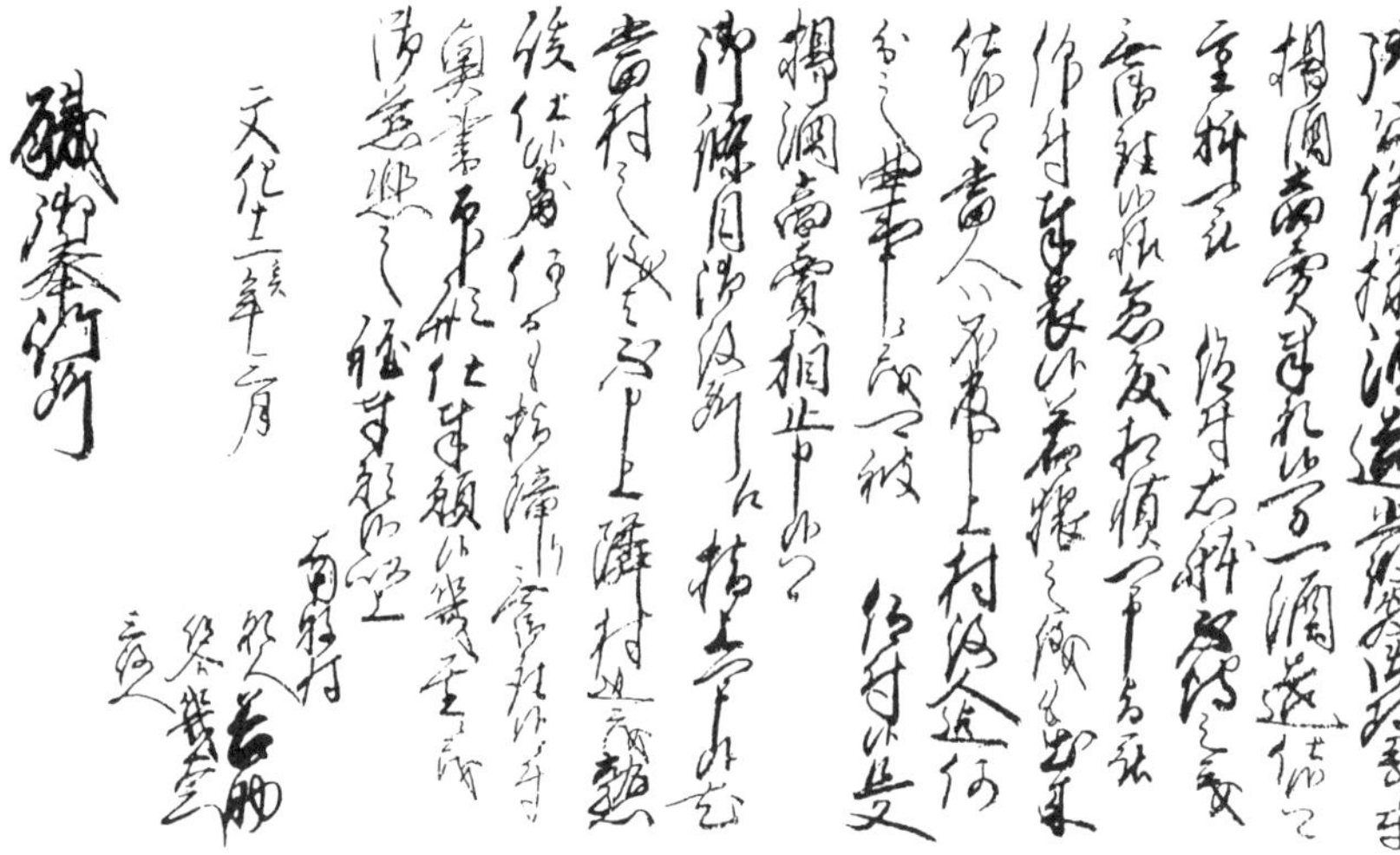

御公儀様酒造厳敷御改義ニ付
揚酒商賣奉願候、万一酒造仕候ハ、
重科可被　仰付、右躰不埒之義
無御座候様、急度相慎可申旨被
仰付奉畏候、若猥之儀も出来
仕候ハヽ、當人ハ不及申上、村役人迄何
分之曲事ニ茂可被　仰付候、且又
揚酒商賣相止申候ハヽ、
御條目御役所江指上可申候、尤
當村之儀者不(「及」脱カ)申上、隣村迄茂熟
談仕候處、何ニ而も指障り無御座候ニ付
奥書印形仕奉願候、幾重ニ茂
御慈悲之程奉願候、以上

南牧村

文化十二亥年三月　願人　善　助

組台　幾右衛門

三役人

職御奉行所

【読み下し文】

一、当村仁左衛門子善助儀、近年病身に罷り成り、耕作仕り兼ね候に付き、渡世の為、揚酒商売仕り度き旨願い奉り候、御情願いの通り仰せ付けられ下し置かれ候わば、御法度の博奕宿は申し上ぐるに及ばず、他所者止宿、一夜なりとも、仕らせまじく候、何事に依らず、御掟の趣きに相背き、不実の商売等、いっさい仕るまじく候、御条目頂戴仕り罷り在り候上は、揚酒隠し売り仕り候者御座候わば、早速御注進申し上ぐべく候。御情願いの通り仰せ付けられ下し置かれ候わば、家内扶助仕り、有り難き仕合せに存じ奉り候、これに依り冥加銀三十匁宛上納仕るべく候、御公儀様より酒造きびしく御改めの儀に付き、揚酒商売願い奉り候、万一酒造仕り候わば、重科に仰せ付けられるべく、右体不埒の儀御座なく候様、急度相慎み申すべき旨仰せ付けられ、畏み奉り候、若し猥の儀も出来仕り候わば、当人は申し上ぐるに及ばず、村役人まで何分の曲事にも仰せ付けらるべく候。且つ又、揚酒商売相止め申し候わば、御条目御役所へ差し上げ申すべく候、尤も当村の儀は申し上げ（ぐるに及ば）ず、隣村迄も熟談仕り候ところ、何にてもさし障り御座なく候に付き、奥書、印形仕り願い奉り候、幾重にも御慈悲の程願い奉り候、以上（以下略）

【語　釈】　④⑩揚酒商売…小売りを兼ねた居酒屋商い。　⑩の揚酒隠売は無許可者の商い。　⑤御情願…情深い寛大な取り計らいを願うこと。哀願すること。御慈悲願・御憐愍願なども同様。　⑥御法度…掟、法律。特に禁止事項に関する事が多く、戦国期の禁制に近いとされるが、有名な武家諸法度や禁中並公家諸法度の場合は基本法という意味。　⑧不実之商売…不実は不誠実、ふまじめ。違法の商売。　⑩御条目…箇条書の法令。許可のさい示された規則。　⑮冥加銀…みょうがぎん。商人、職人が領主から営業を許可され、または特別な保護を受けたことに対する謝礼。のち営業許可税の一種となった。貨幣の種類により冥加金、永・銭といい、ときには冥加米や冥加奉公（お礼奉公のこと）もあった。なお東日本の金貨経済圏でも銀貨は流通しており、逆に西でも金貨流通が珍しいことではない。⑱重科…重い罪、刑罰。ここでは長期の入牢や重い罰金。「重科に仰せつけらるべし」と切って読むと法文のようになり、願書の文言としては不適当。「らるべく」と読んで後文に続けること。㉒曲事…くせごと。ひがごと、きょくじとも。不正なことや違法な行為。処罰の対象となる行為。㉔尤も…ただし、なおまた。なお当然のことながら。㉕熟談…じゅくだん。よく話し合い理解しあって問題解決をはかること（ここでは揚酒商売を始めるために、村内のみならず隣村とも支障がないかをよく調べ、談合をとげたところ、何も問題が生じないことが分かった）。㉜三役人…村方三役。名主・組頭・百姓代。㉝職御奉行…松代藩の職制で、職業や商業の担当課。町奉行所に相当する。職はシキと読む。

【解　説】　文書は、信州（長野県）松代藩、真田氏十万石の領地、更科郡南牧村（今の信州新町の内）のもの。百姓仁左衛門の子（といってもすでに成人。家督を受け継いでないだけ）の善助が病身となり、農業に耐えられないので、揚酒商売（居酒屋）に転業したいと、藩の担当奉行所に許可を求めた願書である。そのため博奕をする者に場所を提供しない、身分や住所の分からぬ他所者を一夜たりとも宿泊させない、何事も掟に背いて不実の商売は一切しないと誓う。さらに営業人が守るべき条目を頂いたからには、無許可で揚酒を隠し売りしている者がいたら、すぐに注進申し上げると約束している。

それだけではない。家中助かることであるから、毎年御礼の冥加銀三〇匁ずつ上納する。御公儀が酒造を厳重に改められ、揚酒商売の許可をお願いしているので、もし密造などを犯したら重科を課せられたく、そのような不埒をせぬよう慎む。もし違犯したら村役人までも曲事として連座し処罰される。また、商売をやめる時には頂いた御条目をお返しする。なお、この営業許可願いは当村・隣村ともよく話し合い、何にも差障りないと合意され、奥書・捺印をして願い出ている。

大要このように多くの条件を守ることを誓約しているが、村方の風俗や治安・密売・冥加銀上納などが主な内容である。また、村内外の同意を得た上での営業願いであることも、若者風俗の乱れや地域の治安が問題となってきた時期を反映している。同時に、町から離れた山村にも、農具鍛冶や竹籠・笊・箕職、まれに豆腐などの職人商いができてきたほか、居酒屋の営業を願う者が出てきたことにも注目しておきたい。

また、酒屋という商売が米価・諸物価・商業流通など、経済政策にも大いに関わる性格をもっている。条件の多さはそのことを物語っている。

4、文久二年十二月　瓦焼渡世御承知につき一札

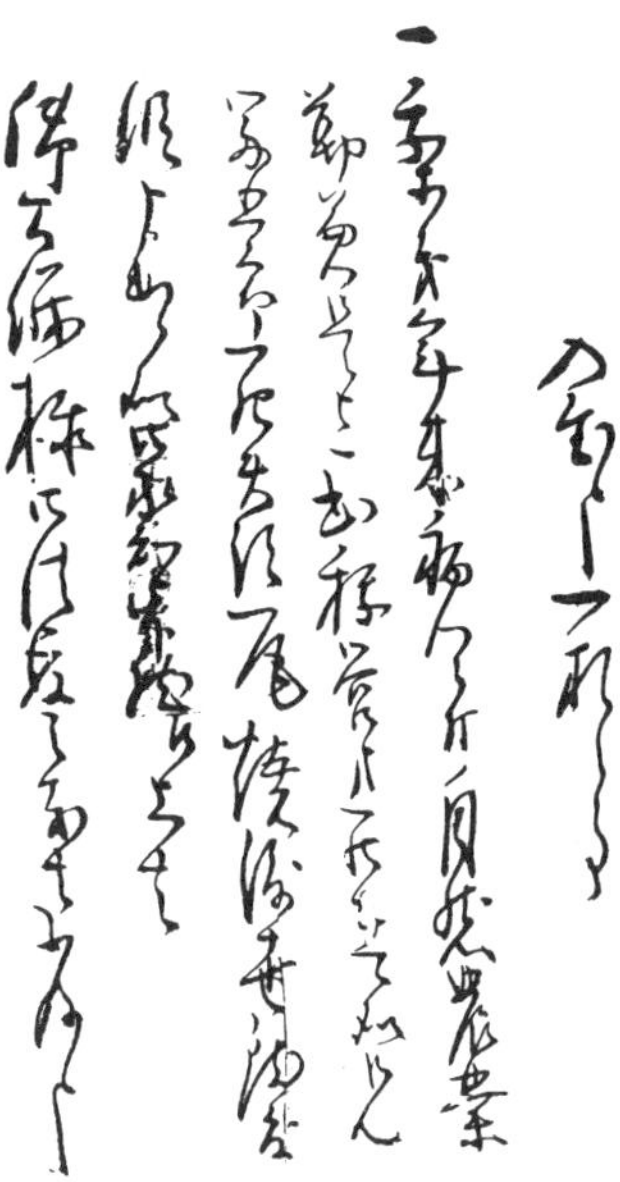

【解読文】

入置申一札之事

一我等義年来病心(身)ニ付、自然農業
勤兼、是迄出稼営方罷在候処、兄
冨五郎死失、跡瓦焼渡世致度
段申出候処御承知被下、然ル上者
御公儀様御法度之義者不及申

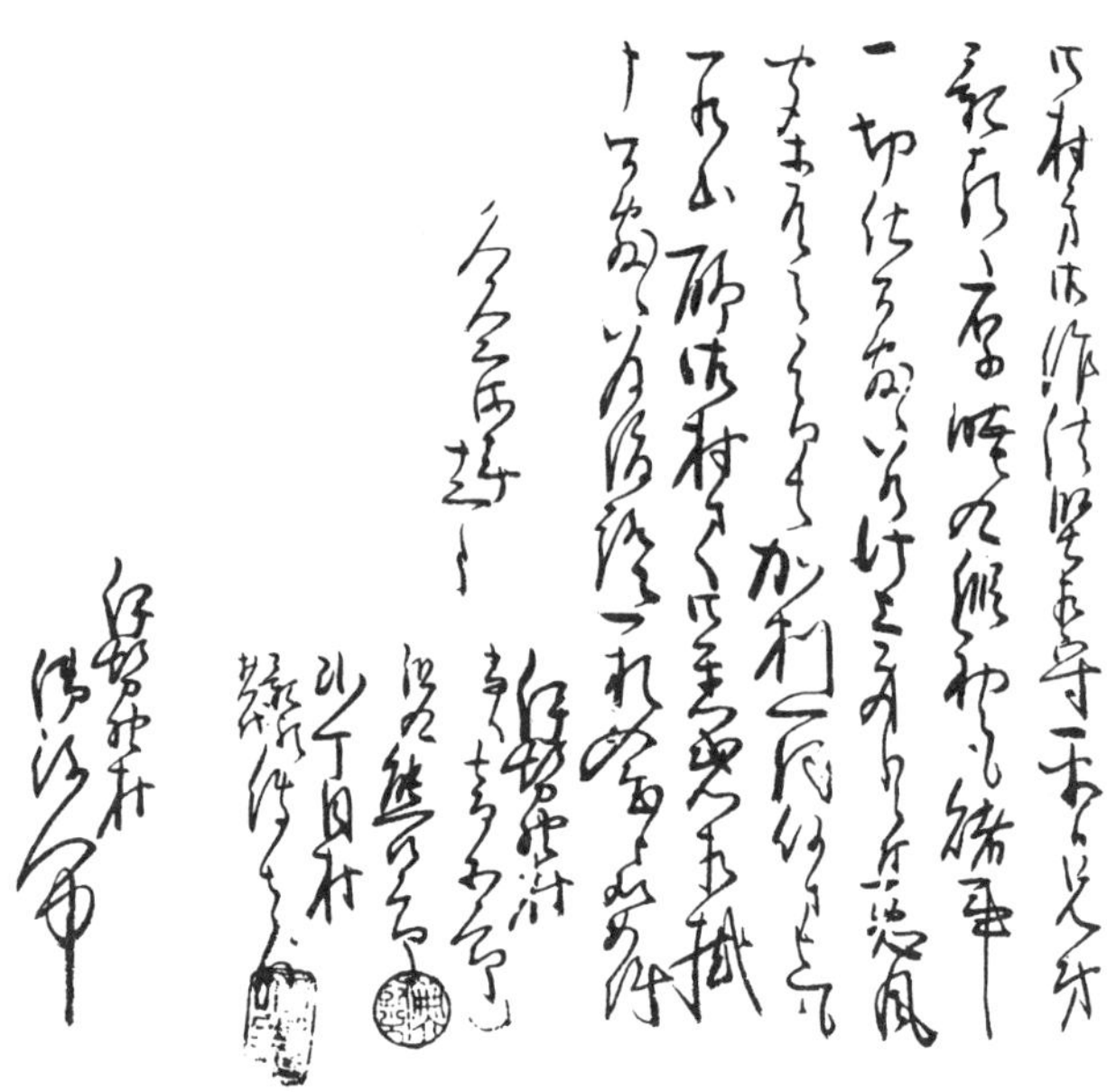

御村方御作法堅相守、平日兄弟
親類へ厚睦合、假初ニも賭事
一切仕間敷候、若此上身分ニ付悪風
聞等有之候節者、加判一同何方迄も
罷出、聊御村方へ御迷惑相掛
申間敷候、為後證一札入置申処、如件

文久二戌年　伊勢野村
十二月　當人　音五郎
組合　熊次郎㊞
弐丁目村
親類惣代　伝右衛門印

伊勢野村
御役人中

【読み下し文】

入れ置き申す一札の事

一、我ら儀、年来(ねんらい)病身に付き、自然(しぜん)農業勤め兼ね、是れ迄出稼(でかせ)ぎ営み方罷り在り候処、兄富五郎死失(ししつ)跡、瓦(かわら)焼き
渡世(とせい)致し度き段申し出で候処御承知下され、然る上は、御公儀様御法度の儀は申すに及ばず、御村方の御作法(ごさほう)堅

く相守り、平日兄弟親類へ厚く睦み合い、仮初にも賭事一切仕るまじく候。若し此の上身分に付き悪しき風聞などこれあり候節は、加判一同何方迄も罷り出で、聊かも御村方へ御迷惑相掛け申すまじく候。後証の為に一札入れ置き申す処、件の如し。（年月・差出書・受取書略）

【筆　法】　書き慣れた筆の使い方をしているが、あて字や、適当でないくずし字があって読みにくい。難読箇所は、同種の証文類にみられる同様な文言を思い起こしたり、同じくずし字がこの文書の中にないか探してみること。もっとも、②の「罷」と③の「死」はたいそう似ているから要注意である。②我等…我の字形は古文書を読みなれた人には納得のいくくずし方かも知れないが、単独に書かれると分かりにくい。「ホ」は「等」の異体字。②病心…病身のあて字であろう。③罷在…在に虫損があるが、残った墨跡をつなげば標準的なくずし字の「在」となる。④冨五郎…冨には「富」と「冨」の二種類あるが、「冨」の方は使用例が少ない。④跡…足へんが長く伸びて「冷」や「次」に似ている。後にも見えぬこともないが、行人べんには点（）がほしい。「跡」は、「後」は。右のつくりも異る。⑤段…⑧の「假」と似ているが、これも上から読み下せば判断できる。⑧親類へ…「親類之者共」と書くことが多い。⑧睦合…「合」は差出人の組合の「合」と同じ。「睦」は日へんにみえるから、「暁」と間違えやすいが、下部の書き方が異なる。⑩「有之候節者」…「候得者・候而者」のどちらにも迷いそう。竹冠が分りにくい。人名の「郎」をみるとの部分が似ている。⑪伊勢野…勢も野も略体で書いている。野には・埜などの異体字がある。

【語　釈】　②自然…おのずから、そのために。③営み方…方（かた）は、…することの意。話し方、撃ち方やめなどの方と同じ。村方などの方は場所を指す。⑥「御公儀様御法度」…公儀は公的な権力機関をいい、ここでは江戸幕府。⑥法度＝法律で、禁止条文（べからず）を指すことが多い。⑦平日…平素、ふだん。⑨身分…社会的な地位・階級のほかに、一身上という意味もある。⑪「聊」…下に否定文がくるとき「イササカモ」とモをつける。少し・少しも、と同じ用法。

【解　説】　村方に商人・職人が出てくるのは、どこでもほぼ十八世紀の中ごろからと思われるが、初めは農間稼ぎ（「のうま」とも）、やがては専業化して農業の方が従となる。この文書は村方に入れた一札で、病弱のため農業労働に耐えず、出稼ぎをしていたが、兄が死んだので、兄の稼業であった瓦焼き業を引きつぐという内容である。在方（在郷）商職人は、身分は百姓であっても、年貢納入のために農業を営むだけでなく、商品流通にもかかわるものであるから、農村の風俗を華美・ぜい沢にし、ムラの共同体的な結び付きを乱すもととして注意されることが多かった。⑥に村方の作法（慣習）を堅く守るとか、かりそめにも賭けごとをしないと誓わされているのはそのためである。

領主が村明細帳（村鑑）などで農間稼ぎ人を書上げさせるようになったのは、それだけ農村の様相がだいぶ変ってきたからであろう。土地の大高持ちの者や、質入れ値段、近くの市場と市日などの記載と、それは軌を一にするものがあると思われる。しかもこの文書の瓦焼き渡世とは、町方に売ることを前提としている。瓦屋根は町のものであり、農村はカヤ・ワラ葺き屋根が最近まで普通であった。ということは、町の瓦商人や建築業者に売り込む商人が、他所からこの村にやってきたことまで、この文書から考えられるのである。伊勢野村・弐丁目村ともに武州埼玉郡八条領のうちで、現埼玉県八潮市内。前者は寛文二年（一六六二）以後旗本森川氏の知行地。後者は初め天領。宝暦九年（一七六九）以後は江戸深川の霊雲院の寺領で、高五〇四石余の村であった。

5、（年不詳）正月　例年通り参会の旨急廻状

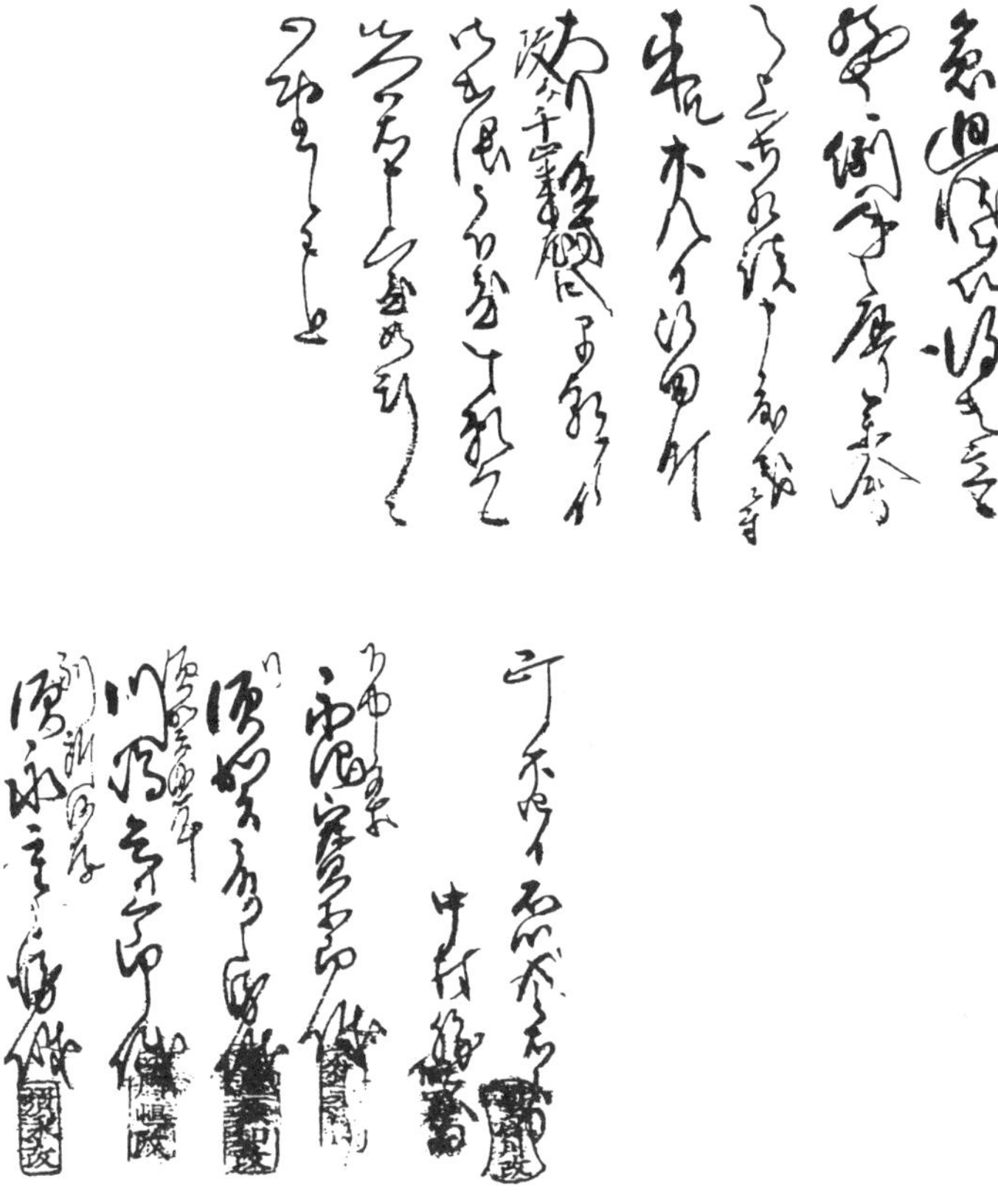

【解読文】

急廻状ヲ以得貴意候、
然者例年之通り参會
之上御相談申度義ニ付、
来ル廿八日行田町
大り殿方へ早朝ゟ
「改而千歳屋江」
御出張被下度奉願上候、
先ハ右申上度如斯ニ
御坐候已上

正月廿四日　石川金右衛門 印
中村勝右衛門 印

下中条　永池寶五郎様 印
同　須賀藤兵衛様 印
須賀河岸川嶋兵三郎様 印
別所河岸須永重兵衛様 印

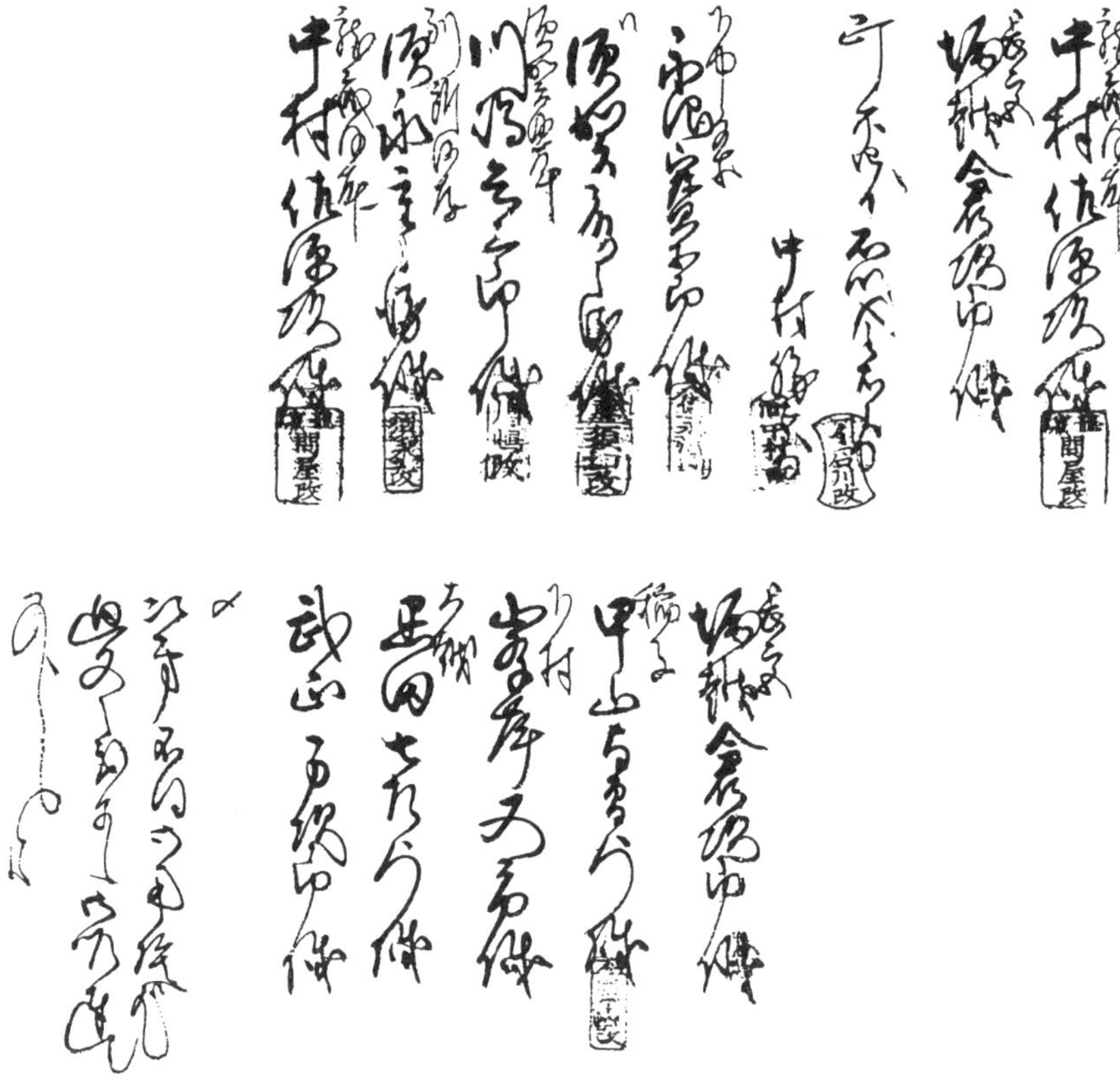

龍蔵河岸中村佐源次様 印

長宮　堀越倉次郎様

正月廿四日　石川金右衛門 印

中村勝右衛門 印

下中条　永池寶五郎様 印

同　須賀藤兵衛様 印

須賀河岸川嶋兵三郎様 印

別所河岸須永重兵衛様 印

龍蔵河岸中村佐源次様 印

長宮　堀越倉次郎様

稲子甲山与曽右衛門様 印

下村　峯岸又市様

大越　黒田七左衛門様

武正万次郎様

〆

次第不同御用捨可被下候、

廻文之義早々御順達シ

可被下候、已上

【読み下し文】
急廻状を以て貴意を得候、然らば例年の通り、参会の上御相談申し度き儀につき、来たる二十八日行田町大り殿方へ（「改めて千歳屋へ」）早朝より御出張下され度く願い上げ奉り候。先ずは右申し上げ度く、斯の如くに御座候。已上（差出・宛書は略）次第不同、御用捨下さるべく候。廻文の儀、早々御順達し下さるべく候。已上

【筆　法】①意…上から読んでこないと「立」に見えるかも知れない。下の横棒が心にあたる。②然者…「然」の点が筆続きだが、書き順は一般的。②参會…「會」の𠆢の下の部分は「専」の書き方に近い。下部の「日」のところでとめる。⑤大り殿…「り」は仮に入れた字で不明。「行」と読む人もいるかもしれないが、行田町の「行」とも字形が異なる。⑥奉…「奉」の初筆は数字の「二」を書くようにするのが普通だが、ここでは左に寄っている。⑧御坐…「坐」は「座」の略字で坐・坐とも書く。⑨正月…「正」は乙と書くが、点の二つが横一字に書かれ、その下に続けてタテ棒の下を丸くとめた所までが「月」。右に寄りすぎて読みにくくなった（人名の個所は、右衛門・左衛門・兵衛・郎など、それぞれ見て慣れること。様も木へんの丶を後で書く特異な形である）。㉒㉔の部分の「可被下候」は手紙文によく使われる語句であるから、極端に省略され、記号化された字形になっている。最後の「已上」は、「以上」とみえないこともないが、⑧に明らかに「已上」とあり、同字句としておく。

【解　説】これは現在の埼玉県の北部、利根川筋の河岸問屋組合の役員から、組合の問屋たちに速達で回された廻状である。近世後期のある年正月、例年の通り新年の顔合せ会を開きたいので、行田町（今の埼玉県行田市。忍藩の城下町）の大り?殿方（千歳屋に改め）にお出で願いたいという内容である。あて先の肩書の地名は、いずれも利根川舟運の舟着場（河岸）である。また読んで次の人に回したという意味の印も、河岸名と問屋改の文字があって、職印をおしていることが分る。あて名の後の「〆」は、何人かのあて先があるとき書かれていることがあり、

「〆(しめ)て十人様あて」という内意を含んでいる。最後の「次第不同」はあて先の順序不同の意である。

この文書はたて一四・六センチ（四寸八分）ほどの半切紙の巻紙に書かれ、長さは約六二センチ。奥（左）から端（右）へ三センチ幅ほどに巻き折りにした上で、折封に包んでいる。折封は本紙と同質の半紙をたてに二つ折りにして、中央に巻き折りした本紙を納め、封紙をたて三つに折り、さらに上下を向うがわに折る。この様式は朱印状のような大型の公文書でも同じである（左図）。

折封上ハ書

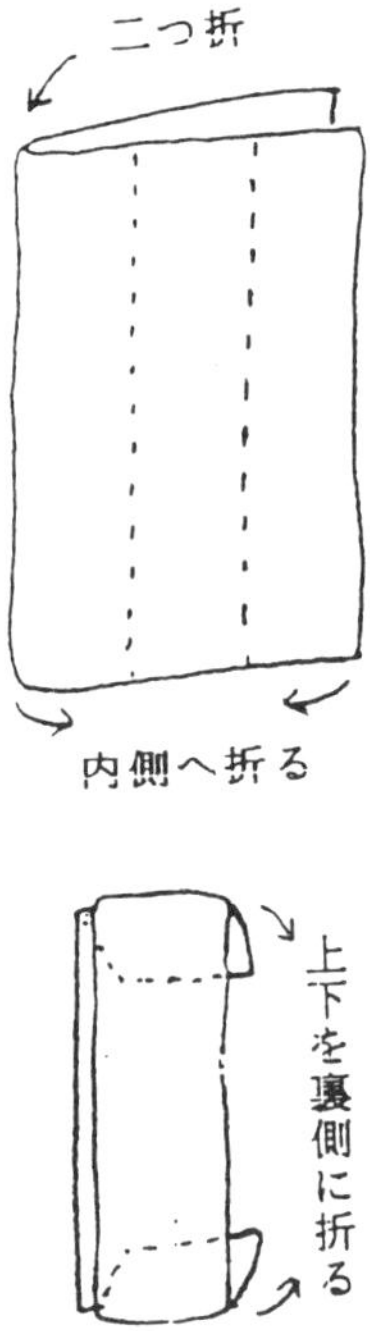

X 宗教

1、明和三年十一月　羽黒山修験吉祥院の法位授与書

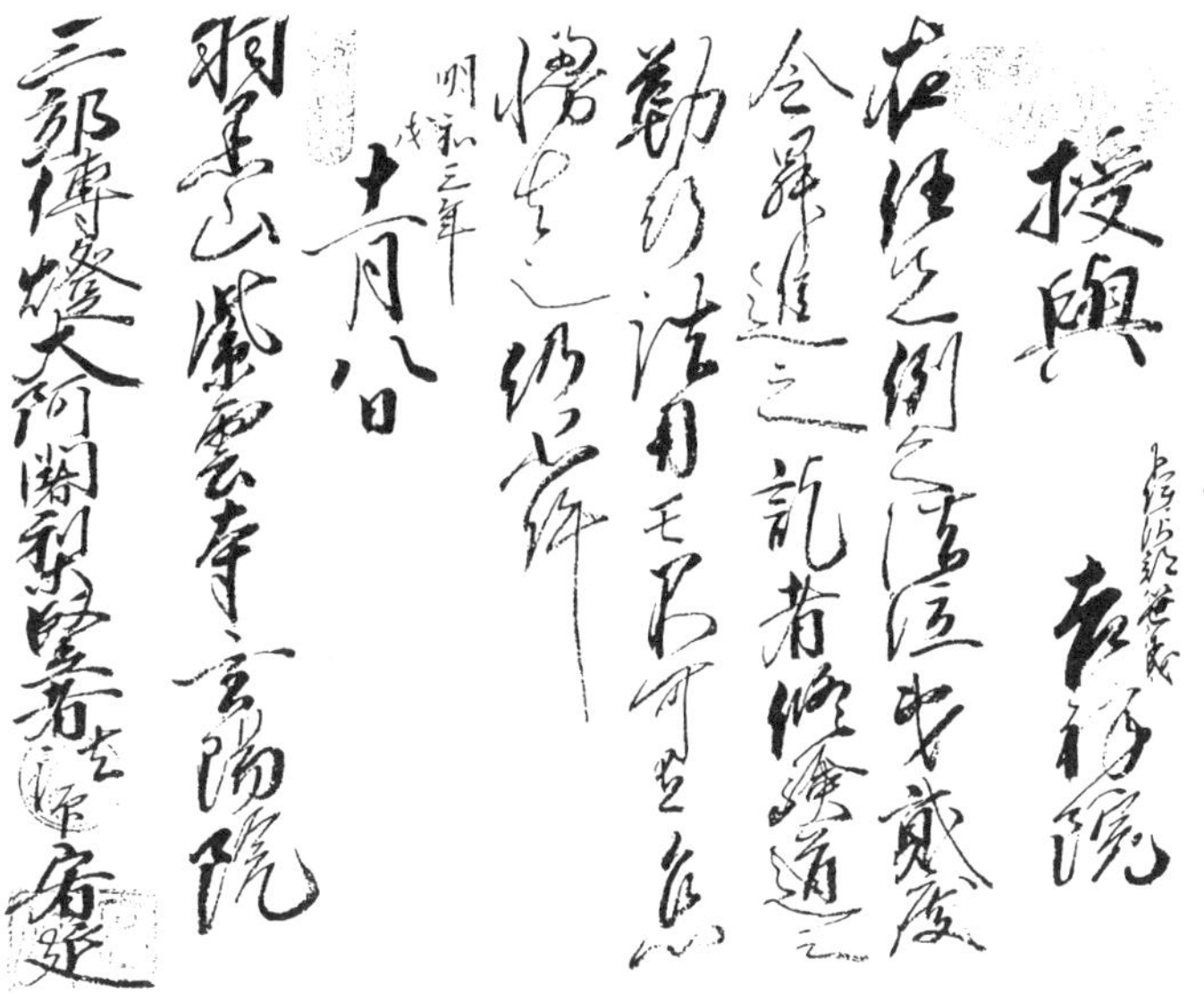

【解読文】

第二度之事

授與　下伊沢郡笹森　吉祥院

右任先例之法位第弐度

令昇進之訖、者修験道之

勤行法用モ不可有怠

慢者也、仍如件

明和三年

戌十一月八日

羽黒山紫雲寺玄陽院

三部傳燈大阿闍梨竪者法印宥延㊞　印

【読み下し文】

第二度の事、

授與す。下伊沢郡笹森、吉祥院。

右、先例の法位に任せて、第二度、これを昇進せしめ訖（おわ）んぬ。てえれば修験道の勤行・法用も怠慢あるべからざる者なり、仍て件の如し。（以下略）

【筆法・語釈】①・③第二（貳）度…修験道の行者の修行の度合いを示す語（後述）。②伊沢…胆沢のあて字。陸奥国下胆沢郡笹森（岩手県水沢市）。③法位…僧位と同じ。④訖…畢・了とも書く。終わった、以上の通りである。オワリヌの音便。④者…テエリ（テイリ）（「と言えり」の変化した語）またはテエレバ（テイレバ）。前の文を引用し終わったところに、「以上の如くである」の意で、鎌倉時代から多く古文書で使用された。例えば、綸旨の言葉を引いた後に「〜者（テエリ）、綸言かくの如し」のように使う。⑤法用…法要のあて字。法会・法事と同じ。⑤怠慢…〓は「慢」の異体字〓をくずしたもの。⑩三部…〓は「部」を省略した書き方。天台密教では、金剛界法・胎蔵界法・蘇悉地法を三部大法といい、延暦寺において、仁寿四年（八五四）、安慧・慧高を三部大法大阿闍梨とした経緯がある。三部伝燈大阿闍梨もその流れの法位である（『仏教大辞典』）。⑩伝燈…法燈を師から弟子へと承け伝えること。⑩大阿闍梨…修法を司る主たる僧。阿闍梨は密教の秘法を伝授できる師僧のことで、天台宗・真言宗の僧位でもある。⑩竪者…リュウジャと読む。やはり羽黒山修験の位階で比叡山で菩薩戒を受けた（受菩薩戒）後に、竪者（廣学竪義という）となり、その後に権大僧都に昇進する。羽黒山に清僧、妻帯の衆徒、里山伏の三系の修験がいるが、本格的な清僧衆徒の高位の僧である。⑩法印…最高の僧位の法印大和尚の略であったが、儒者・医師・絵師らの称号ともなり、山伏の祈禱師を指す言葉ともなった。

【解　説】　羽黒山修験の吉祥院が、第二度位を与えられた、法位授与書である。古文書の様式としては、中世の下知状（げぢじょう）に似たところもあるし、御教書（みぎょうしょ）の一部とも似ている。用語の者（テエリ）は実は古代の公式様（くしきよう）文書（公式様文書とは、大宝令・養老令のうち、公式令（りょう）に規定された様式をもつ公文書のこと）から使われている。

近世文書なのに、こうした古代・中世的な様式や用語を使って新しい文書の型を創っているのは、宗教的な儀礼や権威づけのためでもあり、神社文書にみられる神道裁許状などとも共通する性格である。古い形式ばった重々しさを、授与された者に感じさせる。

吉祥院は後に述べるように（X―3）、羽黒山の一院であるが、下胆沢郡笹森にある里（在地）修験で、年行事役を勤めるなど有力層であったらしい。明和三年（一七六六）当時の主人が、初度を終えて二度の位に昇進を認められたのであるが、修験の修行度合は初度から第三度までであるという。出羽三山神社の神官藤田氏から伺ったところでは、現在も峰入り（修行）の回ごとに、初度・二度と進み、二十度ほどの人もいる由で、法位というより峰入り修行の回数を示すもののようである。明治の神仏分離で出羽三山神社となった今でも、「峰中三度ノ参勤ヲ為シ、則チ平素ノ篤行ヲ認識シ訖ンヌ、テエレバ　云々」（原漢文）という文言の「入峰之事」という文書を発しており、この文書の系統をひく様式といえる。

2、天保五年頃　薩州水引郷八幡新田宮のこと（『喘息軒随筆』より）

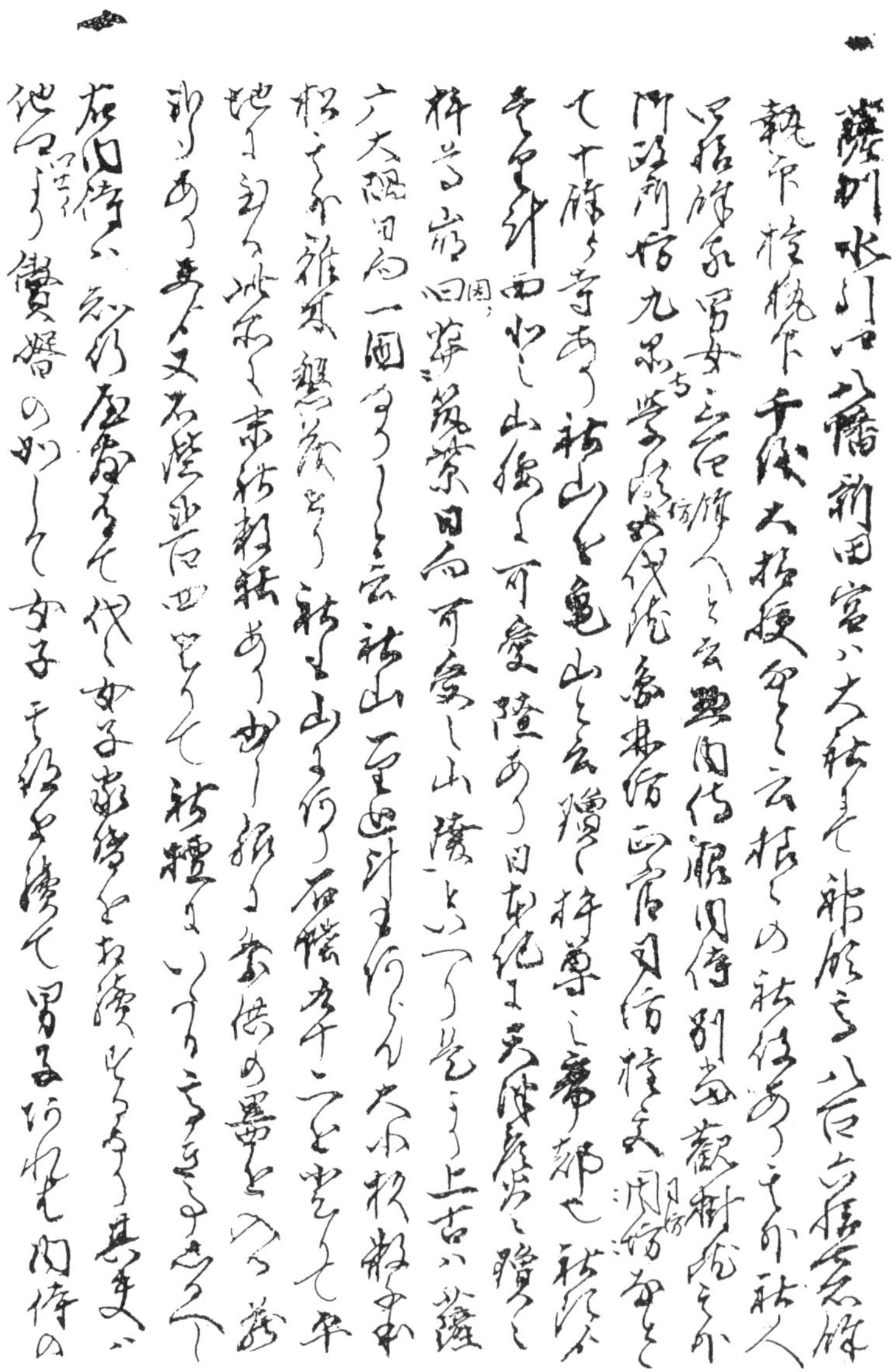

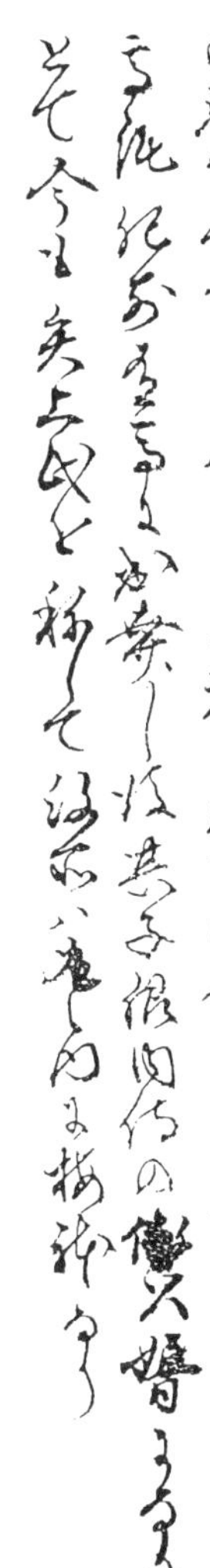

【解読文】

一薩州水引郷八幡新田宮ハ大社にて、神領高八百六拾七石餘執印（しついん）・権（ごん）執印・千儀（ちぎ）・大検校なと〻云（いう）様々の社役あり、其外社人四拾餘家、男女三百餘人と云惣内侍・脇内侍・別當観樹院其外御政所坊・九品寺・学頭坊・五代院・圓林坊・正官（宮）司坊・権宮周坊（司坊）なと〻て十餘ヶ寺あり、社山を亀山と云、瓊々杵尊（ににぎのみこと）之帝都也、社頭ゟ壱里計西北之山腰に可愛（えの）陵あり、日本記（紀）に天津彦火々瓊々（あまつひこほほにに）杵尊崩旧（因テ）葬ニ筑紫日向可愛之山陵一といへリ、是より上古ハ薩摩大隅日向一國なりしと云、社山一里廻計（まわりばかり）もあらん、大小杉数千本松其外雑木繁茂せり、社も山にあり、石陛（階）九十二を登りて平地に至る、此所に末社数社あり、少し脇に祭供の器を、入る蔵弐ツあり、夫ゟ又石陛弐百四登りて社壇にいたる、高き事しるへし

一右内侍ハ知行屋敷有て代々女子家督を相續するなり、其夫ハ

他郷「郷士イ」より償婿の如して女子其跡を續て、男子あれは内侍の姓氏を称して内侍の二男家と立（カ）るなり、往古ゟ当代迄ハ女子の出生せさる事なしと云、観應の比（ころ）催馬楽城主矢上左衛門五郎高純、肥前有馬に出奔し、後其子脇内侍の償婿になりしとて、今も矢上氏を称して紋所ハ丸の内に梅鉢なり

【語　釈】①水引郷八幡新田宮…鹿児島県川内市水引の新田神社。郷の字が四に似ているが上辺に特徴がある。⑬にも「他郷」とあり、右に「郷士イ」と注書している。注は「他郷の郷士身分の者より」の意で、イは別本に依る注記を意味する。②執印…この神社特有の社役（社家・社人、近代以降神官と総称）の名が上位から並んでいる。執印（しついん）…新田宮が薩摩国一之宮として朝廷の祭祀の折に勅使が派遣されていたが、遠方につき代りに金印を下賜され、これを預った神主の最高職。醍醐天皇第五皇子の子孫とされる。権（ごん）執印…権は副の意で、執印につぐ神社政所（まんどころ）の第二神主。執印・権執印とも職名が転じて現在は苗字になっている。千儀（ちぎ）・大検校（だいけんぎょう）…ともに権執印につぐ政所の次席で、権執印とともに本姓紀氏を名のる名族。検校は社人・社僧らの上に立って事務を統括する役。朝廷では天皇即位後の最初の新嘗（にいなめ）の祭の大嘗会（だいじょうえ）などを執行する総裁職。また盲人の最高官位や荘園の官職名にも使われる。③内侍…律令制度では内侍司（つかさ）の女官。伊勢神宮では斎宮の女官、安芸（あき）の厳島（いつくしま）神社では巫女の名である。この神社の場合は⑫以下を参照。なおナイシと澄んで読む。③別当（べっとう）…大寺の事務統括役をいい、東大寺・興福寺の別当職（べっとうしき）が有名。ここでは、神仏習合により、神社に付属して設けられた別当寺のことで、観樹院を指す。④正官司坊…「宮」の字は次の権宮司坊からして「宮」の誤記。近世後期には十二坊と四社家が神社の下方に並んで建っていたようである。⑤瓊々杵尊（ににぎのみこと）…天照大神の孫で、高天原から日向の高千穂の峰に降臨、国土を統一した。妻は本花（このは）

之咲耶姫。⑥可愛…エノと読む。同例は宮崎県に可愛神社、広島県に可愛川がある。⑥日本記…日本書紀のこと。⑥崩因…よみ方、(瓊々杵尊が)崩ズ、因テ筑紫日向ノ可愛ノ山陵ニ葬ル。⑨石陛…石の階段。⑪にもある。⑪社檀…神社の本殿。⑫知行屋敷…知行として与えられている屋敷。⑪儕婿…入り聟のこと(にんべんを付した誤字を書いている)。⑮観応の比…南北朝時代の崇光天皇(北朝)の代の年号。一三五〇〜五二。

【解 説】 近世の随筆史料には紀行文や地誌・名所案内に類するものが多い。右の史料は「喘息軒随筆」の一節で、鹿児島県川内市宮内町(旧薩摩国高城郡水引郷)の新田神社(新田八幡とも)と可愛山陵に関する条を抄出した。

ここはニニギノ命が土地を開き水を引いて農耕を教え、宮居してこの地方を統治したと伝える神亀山頂にある。神社の創建は不明だが神亀二年(七二五)と元慶六年(八八二)の両説あり、鎌倉初期の文献にも建立以来三〇〇年とある。古来九州五所八幡の一つとして、国司が初任するとき必ず奉幣する例であった。中世にはすでに執印職・権執印職以下百数十人の社人がいたという。本書には、「その外の社人四十余家、男女三百余人」とある。近世にはいって水引郷が島津氏の直轄領となり、八六七石の社領が寄進された。祭神はニニギノ命、相殿に天照皇大神と天忍穂耳命を祀る。現在の末社は一九社、特殊神事として武射祭と田植祭が行われている。なお薩摩半島の沖の甑島にも、平安ごろから新田八幡が勧請されて島の総社となり、古い神事芸能や民俗行事を伝えている。

後段はこの神社に連綿と続いた内侍の家と、その女子相続のあり様を記している。巫女ではなく、伊勢神宮や厳島神社と同様、特に内侍と呼んで、その家系の継続を重視していることが分かる。なお上甑島の八幡神社(八幡新田宮)は代々日笠山氏が神官で、例祭には、内侍舞という神楽が今も奉納される。

この随筆の著者喘息軒について未調査であるが、薩摩藩士で享保二十年(一七三五)三月生まれ。江戸湯島の聖堂が安永元年(一七七二)創建されたとき江戸に出、昌平坂の学寮に寄食しながら教えを受け、五年後帰国。造士館に勤め、のち寺社方取次役となったが、天明五年（一七八五）咎めを受けて蟄居（ちっきょ）を命じられた。本書はその謹慎中の著述で、歴史の事項、薩摩に関する地誌が多く記されている。なおここで使用した文書は天保十一年（一八四〇）「昧陽」なる人の写本。

3、文化五年五月　川越人足不行届きの詫び状

【解読文】

差上申一札之事

今十六日御通行被遊候大井川中ニ而、御越立之者けし飛不行届段蒙御察當、一言之申訳無御座奉恐入候、御跡ヲしたひ見附宿役人一同御詫申上候ニ付、漸御聞済被成下難有奉存候、然ル上者向後役人一統申合、御大切御越立可仕候、為後日之一札奉差上候、以上

文化五年辰五月

嶋田宿役人　次兵衛㊞

金谷宿役人　九右衛門㊞

見附宿役人　理兵衛㊞

聖護院宮様
御内
吉祥院様

【読み下し文】

差し上げ申す一札の事

今十六日御通行遊ばされ候大井川中にて、お越立(こしたて)の者けし飛び、不行届きの段御察当(さっとう)を蒙(こう)り、一言の申訳も御座なく恐れ入り奉り候。御跡をしたい、見附(みつけ)宿役人一同、お詫び申し上げ候に付き、漸(ようや)くお聞き済み成し下され、有り難く存じ奉り候。然る上は向後役人一統申し合わせ、お大切のお越し立て仕るべく候。後日の為に一札差し上げ奉り候。以上（年月、差出人名略）

聖護院(しょうごいん)の宮様御内(おんうち)、吉祥(きっしょう)院(いん)様

【筆法・語釈】③けし飛…「希」はをさらにくずした形である。意味はけつまずいて転んだこと。③蒙御察当…御察当はお叱り・お咎め。「蒙」のくずし字は「象」にも少し似ている。頭のがに相当する。③一言之…用紙の下辺が詰まったから、「之」の字が「言」の左に書かれている。④無御座…「御」を見落さぬように。④志たひ…したひ。慕い。⑤詫…偏はイ(にんべん)のようだが、正しくは言(ごんべん)である。旁(つくり)は宅をくずした形。⑥一統…「統」の旁がとなっているが、これは書の常法である。

【解　説】　この文書は、出羽三山の羽黒山修験(しゅげん)、吉祥院に対する東海道の三宿役人の詫び状。

文化五年（一八〇八）に京都に上ろうと、東海道を西に向かった吉祥院は、島田宿と金谷宿の間を流れる大井川で大変な目にあった。御存じの通り、大井川に橋を架けなかったのは徳川氏の防衛策の一つといわれ、旅人は人足

の肩車か、二本棒に板を渡しただけの輦台(れんだい)に乗って越立て（渡河）をするほかなかった。吉祥院は不運にも、人足が「けし飛」んで、川にほうり出されてしまったのであろう。そのときは大変な怒りようで、人足を叱りつけ（察当）、一応は詫びさせたに違いない。だが、それだけでは収まらず、また、人足を管理する島田・金谷両宿の役人としても、手落ちを咎められるかも知れないという恐れから、先に行った吉祥院を、両宿の役人は追いかけ、四宿も先の見附宿で追い付き、その宿役人にも事情を話して一緒に謝ってもらったのであろう。街道脇で簡単に詫びたのでなく、然るべく旅籠の部屋に上がってもらい、この詫び状を書いたという次第で、見附宿役人も連名している。ちなみに、現金谷町から見附（静岡県磐田市）までは約三十キロもある。この文書の文言から推定される状況とは、大要右の通りであったと思われる。

　次の問題は、「聖護院宮様御内」の意味である。聖護院は京都の天台宗門跡(もんぜき)寺院の一つ（今は本山修験宗）。門跡寺院とは、皇族が住持となり法統を継承する寺で、特別の寺格を有していた。聖護院は、室町時代に門跡の道興法親王が熊野系の山伏を統括し、本山派と呼ばれる天台系の修験教団を組織化した。近世には、幕府の政策もあって勢力は少し弱められたが、本山派修験の本寺たる権威は高かった。

　月山(がっさん)・湯殿(ゆどの)山と並ぶ羽黒山（合わせて出羽三山）の修験は、修行の厳しさで知られ、平安時代にはすでに規模の大きい修験教団が成立していた。近世には、寺領千五百石、山内の清僧(せいそう)（戒律をよく守り品行のよい僧）三三院、衆徒（諸大寺に止宿していた多くの僧）三六〇坊、修験・社人ら六千人以上を擁し、東日本各地に講中が置かれていた。吉祥院は羽黒山内の一院であった。しかし、このような詫び状に「聖護院宮様御内」と書かせるのは、やや大げさな感じがする。吉祥院は聖護院と直結している訳ではなく、羽黒山内何々という肩書きで十分と思われる。だが、門跡寺院に連なる修験者であるという、権威と自尊心を発揮させて書かせた詫び状といえるのではないか。

ともあれ、大井川の渡し人足が、川中に「けし飛」んで粗相をした、という事故からして大変興味が深く、その上、奥羽地方から東海道・京都の門跡寺院まで関わった、僅か一〇行余りの文書である。

あとがき

『古文書の研究』という、十年間、隔月刊で六〇号まで続いた小冊子があった。通信講座やカルチャーの講座などで古文書を学び、これからも古文書を学習する機会を持ち続けたいと願っている人たちに、大変喜ばれた八～十ページほどのタイプ印刷の小冊である。

その経緯は、後掲の日笠山正治さんの文章に述べられているが、刊行の初心は、大学などの研究機関に属さず、孤立分散的な古文書愛好者に、学習の機会を恒常的に提供し、自己研修努力に刺激を与えたいという気持ちであった。また同学同志をつなぐ紐帯となり、愛好者の向学心に連携の場を作ろうという願いもあった。

それ以前に開いた「古文書通信講座」は、日笠山さんが儲けを度外視して、文字通り手弁当で始めたものである。幸い多くの賛同者を得て入門講座をどうやら完成したのだが、さらに受講修了者から要請されて、錬成講座を平行して開いて行かねばならなくなった。小さな出版業を営む日笠山さんにとって、それは大変な重荷であったはずであるが、根が古文書大好き人間で、世話好きなお人柄ゆえ、あまり苦労顔をされずにやりとげてしまわれた。しかしさらに修了者たちから要望されたのは、『古文書の研究』誌を出すことであった。

その辺の事情について、今回、日笠山さんから次のような文をよせていただいた。

『古文書の研究』発行事情

「古文書をよんでみたい」「古文書が読めるようになりたい」という歴史愛好者は多く、その機会は少ないのが実状のようです。私自身、日本史を専攻いたしましたが、戦後間もない時代、本物を手にしての学習ではなく、コピー機もありませんし、ガリ版刷りの「古文書演習」では、書体も筆順もしかと覚えられず、忸怩たるものを抱えていました。

昭和五十八年ごろ、各種の通信講座が流行り、各地の文化講座で古文書も開講されるようになりました。若しかしたら通信講座で、古文書を学習することができるかも知れないと、諸先生に相談してみました。「それはおもしろい」と賛成される方、「先生からじかに教わるものだ」と否定される方と、いろいろでした。結局、十分といかなくても、時間的に文化講座などに行けない人や、地方にあって学ぶ機会がない人のために、古文書の通信講座を始めることにいたしました。

日正社に「日正社古文書研究所」を併設し、小葉田淳先生（当時京都大学名誉教授）・村上直先生（当時法政大学教授）・北原進先生（当時立正大学教授）・大谷貞夫先生（國學院大学教授）・浅井潤子先生（当時国立史料館教授）などに御協力をお願いし、準備に掛かりました。

まず初級の「入門講座」を開設することとし、先生方の御指導をいただきながら、教材を探し、講座を組み立て、原稿をお願いしました。「入門講座」の解説・解答や添削のすべてを北原先生が引き受けて下さいました。教材の古文書は、四国産の手漉き和紙を用いて印刷し、古文書の実物に接する思いで学ばれるよう配慮しました。歴史関係の雑誌や新聞に広告を載せると、待ってましたとばかり、全国から受講申込みが殺到し、添削が間に合わないほどとなりました。嬉しい悲鳴でした。

これに勇気づけられて、中級の「錬成講座」を企画、神崎彰利先生（当時明治大学刑事博物館）・柴辻俊六先生（当時早稲田大学図書館古文書室）・渡辺則文先生（当時広島大学教授）にも御協力をお願いしました。こうして二年・二コースの「古文書通信講座」が確立したのでした。

しかし、人びとの学習意欲は盛んで、入門と錬成の二講座を修了したあとも、さらに学習の場が欲しいと多くの方から希望が寄せられ、生涯学習のつもりで『古文書の研究』の発行を企画いたしました。「古文書を読む会」の発足です。この『古文書の研究』は、隔月発行、「課題の古文書」に解答用紙を付け、誤答の多いところや注意すべきところを中心に、次号で解説するという方式でした。平成元年七月から十一年五月までの十年間、「課題の古文書」の古文書探しから評価・解説までのほとんどを北原先生が担当して下さいました。そのほか「古文書に関する話題「課外の古文書」など、この十年間におよそ一二〇名の先生方が執筆して下さいました。全国各大学の先生方が積極的に御協力下さって、古文書学習誌を発行できましたことを、感謝する次第です。私的事情で「古文書を読む会」を終わりたいと申し出た時、全会員が残念がり、先生方も惜しいと言って下さいました。有難いことでした。

この度、『古文書の研究』の一部が北原先生の御著書に採録され、多くの古文書愛好者の学習に役立ちますことを、嬉しく思います。

日笠山さんが最後に述べられている『古文書の研究』の一部とは、私が執筆を担当した「課題の古文書」である。これはある古文書のコピーを示して、その全部ないし一部の解読や解釈を課題として提出しておき、次号にその正解と解説を載せるという形式のものであった。これがクイズのような興味も惹いたのか、楽しみにして解答を寄せて下さる読者が、毎回大勢おられ、御意見や感想なども寄せて頂いた。

本書の原稿と掲載古文書は、この「課題の古文書」に載せたものがほとんどである。本書に収めるにあたり、当時熱心に解答を下さり、感想なども寄せて下さった会員・読者の皆様に厚く御礼申し上げたい。課題に使用した古文書は、私の周辺で使用を許された研究室所蔵・個人所有の文書のほか、会員の方から紹介いただいたものもある。重ねて感謝する次第である。

また日笠山さんご夫妻とともに、入門・錬成の通信講座と、『古文書の研究』誌六〇号までを、周到に編集し、読者の要望などを見極め、終始見届けてくださった大谷淑子さんに、心より御礼申し上げたい。そして日正社古文書研究所（189-0026　東村山市多摩湖畔4―33―1）の古文書通信講座(入門・錬成、各一年のコース)は、小さいながら親切な手作り指導を看板に、現在も続いていることを紹介しておく。また本書に日正社刊の『歴史探訪に便利な日本史小典』から、参考になる個所をあきページに利用させて頂いた。

最後に、『日本古文書学講座』や拙著『近世農村文書の読み方・調べ方』以来のよしみで、この大不況下にもかかわらず、本書の出版を快く引き受けて下さった㈱雄山閣に、厚く感謝申し上げる次第である。また編集を担当して下さった松尾公就氏は、若いころから近世古文書を研究された、近世社会・経済史の専門研究者でもあることを申しそえて御礼としたい。

二〇〇二年春

北原　進

◇著者紹介◇
北原　進（きたはら　すすむ）
1934年、東京都生まれ
前東京都江戸東京博物館都市歴史研究室長
現在、立正大学名誉教授

◇主な著書・共著
日本古文書学講座 7（1979年 雄山閣出版）
近世農村文書の読み方・調べ方（1981年 雄山閣出版）
江戸の札差（1985年 吉川弘文館）
百万都市江戸の生活（1991年 角川書店）
八百八町 いきなやりくり（2000年 教育出版）

2018年 6 月25日　初版発行　《検印省略》

独習 江戸時代の古文書【新装版】

著　者　北原 進
発行者　宮田哲男
発行所　株式会社 雄山閣
〒 102-0071　東京都千代田区富士見 2-6-9
TEL　03-3262-3231 / FAX　03-3262-6938
URL　http://www.yuzankaku.co.jp
e-mail　info@yuzankaku.co.jp
振　替：00130-5-1685
印刷／製本　株式会社ティーケー出版印刷

Printed in Japan
ISBN978-4-639-02591-7 C3021
N.D.C.201　240p　21cm